新 西欧比較政治

池谷知明
河崎 健
加藤秀治郎
［編著］

United Kingdom
France
Germany
Austria
Switzerland
Italy
Spain
Portugal
Netherlands
Belgium
Sweden
Norway
Finland
Denmark
Greece
EU

一藝社

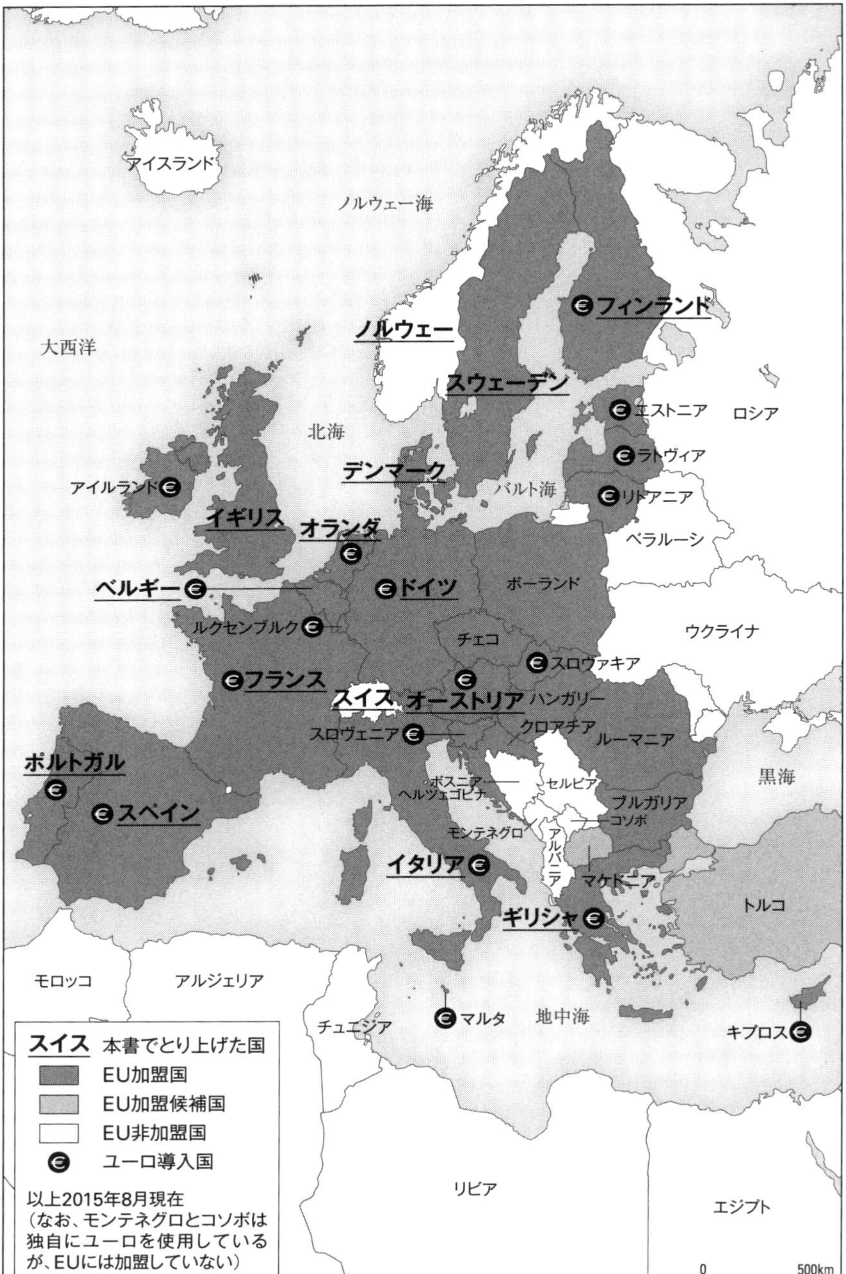
アイスランド
ノルウェー海
大西洋
ノルウェー
フィンランド
スウェーデン
エストニア
ロシア
北海
ラトヴィア
デンマーク
アイルランド
バルト海
リトアニア
イギリス
オランダ
ベラルーシ
ベルギー
ドイツ
ポーランド
ルクセンブルク
ウクライナ
チェコ
スロヴァキア
フランス
スイス
オーストリア
ハンガリー
クロアチア
スロヴェニア
ルーマニア
ポルトガル
黒海
ボスニア・ヘルツェゴビナ
セルビア
スペイン
ブルガリア
コソボ
モンテネグロ
アルバニア
イタリア
マケドニア
トルコ
ギリシャ
モロッコ
アルジェリア
チュニジア
マルタ
地中海
キプロス
リビア
エジプト
0
500km
スイス 本書でとり上げた国
EU加盟国
EU加盟候補国
EU非加盟国
ユーロ導入国
以上2015年8月現在
（なお、モンテネグロとコソボは
独自にユーロを使用している
が、EUには加盟していない）

まえがき

　本書は、加藤秀治郎氏によって2002年に初版が、2004年に第2版が編まれた『西欧比較政治』の、実質的には第3版に相当するものである。これまでは3部構成であったが、本書は2部構成とした。また新たに、河崎健氏と池谷が編者に加わった。書名も『新・西欧比較政治』と改めた。

　第1部は、ヨーロッパの主要各国の政治・制度とEUについての解説、説明である。『西欧比較政治』第2版から10年以上経過し、各国の政治状況も変化し、政治制度の変更もあるため、最新の情報にアップデートするとともに、情報量を増やした。

　第2部では、ヨーロッパ政治を理解するために必要な基礎概念について説明している。こちらも政治状況の変化等から見直して、削除・追加を行った。また、縦組みを横組みにして読みやすくするとともに、図表も、より見やすい、分かりやすいものとした。初版、第2版で別建てにしてあったリーディングスについては、紙幅の関係で削らなければならなくなった。代わりに各章に付した参考文献を参照いただきたい。

　ヨーロッパ政治、比較政治学、比較政治制度論の授業の教科書・参考書としての使用を想定しているが、入門・基礎科目としての政治学などの授業でも十分に活用できると思う。

　書名が改まり、構成も変わったが、「大学でヨーロッパ政治を学ぶ学生のために編まれた」という初版からの編集目的に変わりはない。授業、ゼミで活用されることを願ってやまない。

2015年8月

編著者　池谷 知明

目　次

まえがき ………………………………………………………………………… 4

第1部　西欧各国とEUの政治

01　イギリス ……………………………………………《富崎 隆》11
戦後から現在までの経緯／憲法・国家元首・政治体制／執政府／議 会／政 党／選挙制度と選挙／英国二大政党政治のゆくえ・UKのゆくえ

02　フランス ……………………………………………《増田 正》25
戦後から現在までの経緯／憲法体制／執政府／議 会／選挙制度／政党と政党制／中央・地方関係／男女平等と選挙制度

03　ドイツ ………………………………………………《河崎 健》46
東西ドイツの歴史概略／統一ドイツの歴史概略／憲法体制／執政府／議 会／選挙制度／政党と政党制／中央・地方関係／日本とドイツは真のパートナー？

04　オーストリア ………………………………………《河崎 健》68
成立過程／憲法体制／執政府／議 会／選挙制度／政党と政党制／中央・地方関係／「比例配分民主主義」と社会的パートナーシップ

05　スイス ………………………………………………《河崎 健》77
成立過程／憲法体制／執政府／議 会／選挙制度／政党と政党制／中央・地方関係／直接民主制の制度

06　イタリア ……………………………………………《池谷 知明》83
成立過程／憲 法／執政府／議 会／選挙制度／政 党／中央・地方関係／イタリア政治の特徴

07　スペイン　……………………………（加藤 伸吾）102

成立過程／憲法体制／執政府／議　会／選挙制度／政党と政党制
／中央・地方関係／政治腐敗

08　ポルトガル　…………………………（西脇 靖洋）116

成立過程／憲法体制、執政府、国会、裁判所／政党および政党制
／中央・地方関係／対外関係

09　オランダ　……………………………（正躰 朝香）124

国家元首／議　会／主要政党と政権／オランダの政治社会
／オランダの対外政策

10　ベルギー　……………………………（正躰 朝香）130

国家元首／議　会／主要政党と政権／連邦化の経緯と特色
／ヨーロッパの中のベルギー

11　スウェーデン　………………………（白鳥 浩）137

戦後の展開——福祉国家の形成と中立政策／政治体制
／政党、選挙および選挙制度

12　ノルウェー　…………………………（白鳥 浩）142

歴史的展開と欧州統合／政治体制／政党、選挙および選挙制度

13　フィンランド　………………………（白鳥 浩）147

フィンランドの国家形成——多元的なエスニシティ／政治体制
／政党、選挙および選挙制度

14 デンマーク　　　　　　　　　　　　　　　　　　（吉武 信彦）152

戦後から現在までの経緯／憲 法／国家元首／選挙制度／政 党
／議 会／政 府／ヨーロッパ統合との関係

15 ギリシャ　　　　　　　　　　　　　　　　　　　（河崎 健）160

成立過程／政治体制／執政府／議 会／選挙制度／政党と政党制
／中央・地方関係／トピック《キプロス問題》

16 EU（欧州連合）　　　　　　　　　　　　　　　（坂井 一成）168

統合の道のり／単一通貨ユーロ誕生／基本条約／政策決定システム
／EU諸機関／共通外交・安全保障政策

第2部　西欧政治の基礎知識

17 右と左　　　　　　　　　　　　　　　　　　　　（河崎 健）181

フランス革命から米ソ対立まで／冷戦の崩壊、新しい「右」と「左」
／概念の相対性と利便性／限界と可能性

18 ネオ・コーポラティズム　　　　　　　　　　　（古田 雅雄）186

コーポラティズムの系譜／多元主義とコーポラティズムの相違
／マクロ・レベルのコーポラティズム
／メゾ、ミクロ、ローカルの各レベルでのコーポラティズム
／マクロ・コーポラティズムの変容と衰退傾向

19 ナショナリズム、エスニシティ……（坂井 一成）191

ナショナリズムとは／ナショナリズムの諸段階
／西欧各地のナショナリズム、エスニシティ／「民族」と「国民」
／エスニシティと現代政治／国民国家の存在理由

20 クリーヴィッジ理論……（白鳥 浩）197

クリーヴィッジの定義／クリーヴィッジ論の展開
／「凍結仮説」の形成──ロッカンのクリーヴィッジ理論評価
／「凍結仮説」の意義──メアの解釈を視野に
／「凍結仮説」の批判とニュー・クリーヴィッジ論の台頭
　　── イングルハートのインパクト

21 多数決型民主主義と合意形成型民主主義（古田 雅雄）202

多元社会と民主主義／多数決型民主主義（ウェストミンスターモデル）
／合意形成型民主主義／評 価

22 福祉国家……（藤井 浩司）210

「福祉国家」の誕生／ベヴァリッジ報告／戦後福祉国家の展開
／「福祉国家の危機」と危機以後／福祉国家レジーム論

23 政 党……（河崎 健）217

「包括政党」の時代／「カルテル政党」の出現
／政党の「衰退」と「適応」

24 選挙制度と政党制……（加藤秀治郎）222

多数代表制と比例代表制／政党制の類型／「デュヴェルジェの法則」
／政党の規定要因／選挙制度の作用／政党制と連立政権

25 クライエンテリズム ……………………（池谷 知明）229
　　政治的クライエンテリズム／クライエンテリズムの多様性
　　／クライエンテリズムとデモクラシー／社会の変容とクライエンテリズム

26 宗教と政治 ……………………………（エルンスト・ロコバント）235
　　国家と宗教の関係／教会の政治への影響／宗教教育
　　／キリスト教系の政党／イスラムと西欧政治

27 国民投票 ………………………………………（吉武 信彦）242
　　国民投票とは／直接民主主義と代表制民主主義／国民投票の評価
　　／国民投票の諸類型／西欧における国民投票実施状況

　あとがき …………………………………………………………… 249

　編著者・執筆者紹介 ……………………………………………… 250

装丁・地図作成　　アトリエ・プラン

第1部

西欧各国とEUの政治

01 イギリス
UK

【基礎データ】
○正式名称：グレートブリテン及び北アイルランド連合王国（英国：United Kingdom of Great Britain and Northern Ireland）
○面積：24.3万km² ※日本の約3分の2
○人口：約6411万人(2013年)
○首都：ロンドン（人口約842万人、2013年）
○言語：英語（ウェールズ語、ゲール語等使用地域あり）
○宗教：英国国教等
○政治体制：立憲君主制
○議会：上院および下院の二院制

    下院［庶民院］：議席数定数650、任期5年、解散あり。
    上院［貴族院］：議席数定数なし
        （2015年5月現在779議席。上院の任期は終身。一代貴族、一部の世襲貴族、聖職者等から構成され、公選制は導入されていない）

○GDP(実質)：1兆6550億ポンド(2013年IMF、英国統計局、以下同)
○1人当たりGDP：2万6731ポンド
○経済成長率(実質)：1.7%
○失業率：7.6%
○兵役：徴兵制は廃止。志願制のみ

※本書掲載の各国の【基礎データ】は、基本的に、外務省ホームページ「国・地域」に記載のデータを基に作成（2015年8月最終閲覧）。

1＞ 戦後から現在までの経緯

　チャーチル首班の挙国一致内閣の下、英国はヒトラーとの第二次世界大戦を戦った。ドイツ降伏後に実施された1945年選挙において、国民は救国の英雄といってもよいチャーチル保守党政権ではなく、アトリー労働党政権を選出する。英国史上初の労働党単独政権である。アトリー政権は公約の通り、主要産業の国有化、社会保険などの福祉政策を推進した。英国は「揺りかごから墓場まで」の福祉国家を本格的に実施することになる。

　6年後の51年に保守党が政権に復帰するが、労働党政権が敷いた「福祉国家・混合経済・ケインズ型経済運営」路線を大きく変更することはなかった。50年代・60年代を通じ、政権政党の交替にもかかわらず、この路線は基本的に維持された。このことから、戦後から79年までの政治を「合意の政治（コンセンサス）」の時代と称する場合が多い。なお、51年に発足した保守党政権は、チャーチル、イーデン、マクミラン、ヒュームと首相を交代させながらも、64年まで約13年間継続した。その後は、5年余りのウィルソン労働党政権、4年足らずのヒース保守党政権、5年余りのウィルソン・キャラハン労働党両政権が続く。「合意の政治」は、ヒース以後の70年代には大きく動揺し、79年以降のサッチャー政権で終焉することになる。

　サッチャーは、「合意の政治」を根本的に転換することを掲げ、79年の「不満の冬」と呼ばれる社会混乱を受けて政権に就いた。福祉国家に対する「自助努力の強調、小さい政府、福祉抑制」、混合経済に対する「民営化、公営住宅売却、市場重視、経済的自由主義」、ケインズ型政策運営に対する「マネタリスト的経済政策、公共投資の削減、所得政策の放棄」、そして外交上の対ソ強硬路線といった一連のいわゆる新保守主義的改革路線である。これらの政策や、サッチャー自身の敵対的かつ確信的政策決定スタイルを称して「サッチャリズム」と呼ぶようになった。サッチャリズムは、当初の失業の急上昇等により激しい反発を引き起こしたが、彼女は「失業は政府の責任ではない」「Uターンはしない」（以前のヒース政権が、合意の政治の転換を唱えて政権に就いたが、失業の増大等により政策を元に戻す＝Uターンしたことを指した）と路線を変更しなかった。83年フォークランド紛争勝利の余波もあって総選挙に勝利し、87年の連勝により英国近代史上最長の政権を誇った。

90年、サッチャーは人頭税問題をきっかけに退陣し、その後サッチャー路線の継続を掲げるメージャーが政権を握る。しかし、メージャーはいくつかの点で路線を軌道修正・穏健化させた。彼は、人頭税を廃止し、EU問題でも穏健路線を採り、92年苦戦とされた選挙を乗り切って政権を維持した。保守党は総選挙４連勝したことになる。

　97年５月、ブレア率いる労働党が大勝、18年ぶりの労働党政権が誕生した。ブレアは「新生労働党（ニューレイバー）」を掲げ、圧勝する。彼は、「大きな政府」「市場敵視」「国有化」は「ドグマ的で古い」と断じる。一方で、「市場重視」「自助努力の強調」と共に、「社会的公正へのコミットメント」「コミュニティの重視」が主張される。そして、地方分権、王室・上院改革、福祉改革、北アイルランドとの関係など、サッチャリズムを引き継ぎつつ、いくつかの重要な改革を試みた。外交政策においても、「新生英国（ニュー・ブリテン）」の標榜による英国のイメージ変更を図り、ロンドンオリンピック招致を成功させる。ヨーロッパとの関係においては、ユーロ参加は経済メリットの点から参加を見送る一方、保守党政権と比較し、より積極的な関与を目指した。また、後に「ブレア・ドクトリン」として知られる人道的軍事介入を含めた国際関与路線を標榜し、コソボ問題等を含め国際問題への積極関与を強めた。

　しかし、2001年総選挙勝利後の２期目における9.11テロへの対応とそれに続くイラク戦争への参加が、ブレア政権に複雑な影を投げかけることとなる。それは、国内世論の分裂とブレア首相個人への信頼喪失だけでなく、ドイツ・フランスなどの欧州大陸諸国との亀裂をもたらし、超大国アメリカとの外交距離のとり方にジレンマを生じさせた。05年総選挙で、ブレア労働党は３連勝を果たすが、ブレアが目指した医療・教育分野など公共サービスへの民間活力導入も、時にブラウン財務相を含む労働党内からの反対で、彼自身が標榜したほど十分なものとはならなかった。

　07年、ブレアは首相を辞任、後任はブレア政権で一貫して財務相を務めたブラウンであった。ブレア政権下での比較的良好な経済の運営を実質的に担ったブラウンであったが、その新首相を苦しめたのは、意外にもその経済問題であった。いわゆるリーマン・ショックに始まる世界的金融危機が発生し、ブラウンはその対応に東奔西走するが、有権者の評価は厳しかった。さらに、09年５月に、議員経費スキャンダルが発覚し、二大政党を中心とする既存政治への有権者の不信が高まる。

そうした中で実施された10年総選挙の結果は、単独過半数政党のない「宙吊り議会〔ハング・パーラメント〕」と称されるものとなる。連立交渉の結果、保守党のキャメロンを首相とし、自民党のクレッグを副首相とする戦後初の本格的連立政権が発足する。この保守・自民党連立政権は、国内問題では経済危機への対処を最優先の課題とした。政権は、5年の（事実上の）議会固定任期制導入により政権の安定を図った上で、オズボーン財務相を中心として極めて厳しい歳出削減によって問題に対処することを選択した。また、連立政権樹立の条件であった選挙制度改革に関する国民投票を12年に実施する。しかし、英国の政治システムを大きく変容させる可能性があったこの国民投票の結果は、大差で現行小選挙区制の維持であった。そして、政権を大きく揺さぶったのは、14年に実施されたスコットランド独立に対する住民投票である。結果は、僅差での独立否決であったが、選挙の過程で主要政党はスコットランドへのさらなる権限委譲を約束することとなる。この投票と運動の過程で、スコットランド民族党は同地域で大きく支持基盤を広げることに成功した。

　15年総選挙では、「宙吊り議会」の継続と新たな連立政権形成が予測されていたが、結果的には保守党が過半数をわずかに上回る議席を獲得、18年ぶりの保守党単独政権が成立する。しかし、本総選挙において、スコットランドの59議席中56議席をスコットランド民族党が獲得し、英国の政治地図は大きく塗り替わった。また、保守党はEU脱退に関する国民投票を17年までに実施すると公約しており、その国民投票の結果も予断を許さない。

2＞　憲法・国家元首・政治体制

　政治を論じる場合、「アメリカでは現代の出来事を用い、ドイツでは法律を用い、英国では歴史を語る」と言われる。英国の政治体制は長い歴史の中での漸進的改良により成立してきた。英国は不文憲法の国であり、権利章典・国民代表法（選挙法）を中心とする憲法的法律があるものの、明確な憲法典は存在しない。

　英国の現元首はエリザベス2世女王である。もちろん、立憲君主制下、実質的政治権力はない。英国の政治権力の中心は首相にあり、それを支えるのが議会の政権政党と内閣である。バジョットの指摘するように議院内閣制の下、「行政と立法は融合」し、首相と内閣・政権党は「行政」「立法」を統御しつつ、強力に政治運営の実権を掌握し、公約を実現する力を得ている。

3 > 執政府

　現代英国における権力の中心は、首相と内閣にある。英国の首相と内閣は、現存する自由民主制の中でも最も権力を行使できる範囲を広く有する機関といってよい。首相と内閣の指導性について、今日まで様々な議論がある。伝統的には、「内閣統治（キャビネット・ガヴァメント）」から「首相統治（プライムミニスター・ガヴァメント）」へと変化してきたとされてきたが、今日「中核的執政論（コア・エグゼクティヴ・モデル）」や「大統領制化論（プレジデンシャライゼーション・モデル）」といった議論もある。そして、首相のパーソナリティや人気、連立を含めた政府・与党関係の変化による相違はあるものの、全体として首相周辺への集権化傾向が近年さらに進行している。

　政権政党は内閣を形成し、与党の議員は閣内大臣、閣外大臣、副大臣、政務秘書といった形で、大量に政府に入る。また、政策ユニット・シンクタンクの活用などがなされている。さらに、政策全体の方針決定のあり方は、日本と比較しはるかに「トップ・ダウン」の様相が強く、省庁などの再編も、首相が自由に（閣議を経ずに）行う権限をもち、省庁内の人事、これらが、行政内部における政権政党の強い指導力を担保している。政権公約（マニフェスト）の実現は、政府を首相・政権党が効果的にコントロールしてはじめて実現される。まさに、選挙と政権公約を背景に、首相と政権党が「立法」と「行政」を統御し、強力に国政を運営していく政治システムといってよい。

　野党の役割は、55年体制下の我が国とは大きく異なり、与党に対し野党が議会で「抵抗」して法案成立を阻止することはほとんどない。一方、野党第1党は、常に政権を担ったときに対応できるよう、「影の内閣（シャドー・キャビネット）」を形成する。この制度はその起源を19世紀にさかのぼる。現在の形が定着するのは、ほぼ第二次世界大戦以後で、影の首相である第1野党の党首の下、政府各省の担当領域ごとに影の閣僚が任命される。内閣と同様に定期的に会議を開き、政府の政策に対する批判と代案の提出を行う。その運営費は国庫により補助され、影の首相に対しては政府閣僚並みの報酬と公用車が与えられる。また、議事堂には影の閣議室が設けられ、国家的行事の際には、表の内閣たる現政府と同格の扱いを受けるのである。

　彼らは議会においてはフロント・ベンチに、政府閣僚と対峙するように席を得て、影の首相をはじめとして、現首相や閣僚を批判する。有権者は、その討論を通じ問題点のありかを知り、次回選挙での判断材料とする。それはちょう

戦後イギリスの政権と首相

政権期間	政権党	首相
1945年7月～51年10月	労働党	アトリー
1951年10月～55年4月	保守党	チャーチル
1955年4月～57年1月	保守党	イーデン
1957年1月～63年10月	保守党	マクミラン
1963年10月～64年10月	保守党	ヒューム
1964年10月～70年6月	労働党	ウィルソン
1970年6月～74年3月	保守党	ヒース
1974年3月～76年4月	労働党	ウィルソン
1976年4月～79年5月	労働党	キャラハン
1979年5月～90年11月	保守党	サッチャー
1990年11月～97年5月	保守党	メージャー
1997年5月～2007年6月	労働党	ブレア
2007年6月～10年5月	労働党	ブラウン
2010年5月～15年5月	保守党／自民党	キャメロン
2015年5月～	保守党	キャメロン

ど討論という手段を通じたゲーム（試合）のようなもので、最終的な審判はもちろん有権者であり、その結果は次回選挙によって下されるのである。

4＞ 議会

　議会は二院制で、上院（貴族院 ハウス・オブ・ロード）と下院（庶民院 ハウス・オブ・コモンズ）により構成される。1911年の議会法以来、下院優先の原則が名実共に確立し、実質上は一院制としても機能してきた。英国の上院は、貴族院という名が示すように、身分制議会の名残をとどめるユニークな機関といってよいが、ブレア政権以降、世襲貴族議員が大幅に削減され、今日議員の大半は一代貴族と呼ばれる政府任命議員である（以下、「議会」といえば基本的に下院を指す）。

　しかし、現代英国における議会の役割は、ある面では重大であり、一面では非常に限定的である。重大であるというのは、討論の場・アリーナとしての役割であり、限定的であるというのは政策形成の場としての役割においてである。かつて英国議会は、「男を女にし、女を男にする以外は何でもできる」と称されたが、現代の英国において、成立する法案の8割強、重要法案のほとんどが内閣提出法案（閣法）であり、かつこの閣法の成立率はわが国よりもはるかに高く、100％となる場合すらある。一方、議員立法は、成立率1割強、全成

立法案の２割弱にすぎない。

　つまり、議会の立法過程は圧倒的に内閣（実際には政権党）主導である。この点だけを見るならば、政策決定において英国は日本よりもはるかに「政府（官僚）主導」と解釈されてもおかしくない。しかし、これは以下の点において誤りである。法案形成の過程は、政権党と官僚の関係でみれば、はるかに政権党（現代では特に首相と党首脳）つまり「政治」優位である。サッチャー以降この傾向は、特に顕著となった。しかも、日本とは異なり、政策全体の方針に関して「マニフェスト」と呼ばれる政権公約がきわめて重要である。公約は詳細であり、かつ政権を獲得した政党は基本的にこのマニフェストを実現する義務を有権者に対して負うとされる。

　現代の英国議会は、実質的政策決定の場というよりも、政党間の議論・討論の場（アリーナ）なのである。現代英国の政治体制は、強い権限を首相と政権党に与え、彼（彼女）に選挙公約実現の責任を付与することにより、有権者の負託に応えることを確保させるシステムである。野党は、政策実現のスタッフと政策を準備しつつ、議会において与党と首相を原則（理念）と個別政策の面から詳細に批判し、対案を提出することにより次期選挙での勝利を目指すのである。

　なお、名目上、上院内にあった最高裁判所が分離されるなどの上院改革が近年、紆余曲折を経ながら進行してきた。10年以降の保守・自民連立政権では、クレッグ副首相主導で上院への公選制導入の試みがなされたが、不成功に終わる。民主的正統性をもたない上院は、当然のことながら、立法過程において下院に対し、良識と専門的立場から修正案を考慮する時間を提供するなどの補完的審議会的役割を超えて権力を担うことはなく、英国議会は今日でも、事実上の一院制であるといってよい。

5 ＞ 政　党

　英国の政治体制の中心的アクターは、政党である。英国の政党は、一方で有権者に対し「公約」「党首」「候補者」を提示して、有権者の負託に応えることのできる集団であることを示し、総選挙における勝者は「議会」において党首＝首相を中心とした「内閣」を形成し、公共政策を強力に実現する。敗者は「議会」で勝者を批判しつつ、次期選挙での挽回を目指す。この仕組みを支えているのが二大政党制と呼ばれる政党のあり方である。

英国では、17世紀後半にトーリー党とホイッグ党が近代的名望家政党として成立し、19世紀前半にホイッグ党が自由党、トーリー党が保守党へと変化し、本格的二大政党政治が出現した。20世紀に入り、労働党が議会に進出する一方自由党が衰退し、第二次世界大戦後には保守党・労働党の二大政党政治が展開されることになる。以下、現代の主要政党を簡単に紹介する。

①**保守党**（Conservative Party）

いうまでもなく17世紀以来のトーリー党に起源をもち（現在も、トーリーの呼称は使用される）、19世紀には自由党と対抗し、戦後は労働党に相対して、二大政党の一角としての地位を維持し続けている。

保守党は元来、特定のイデオロギーに導かれた政党というよりも、自然な「統治政党」であることにそのアイデンティティをもってきた。よって、そのイデオロギーを一言で表現するのは実は難しい。保守党は、伝統的に「イデオロギーを拒否する」姿勢をとってきたのである。保守主義の本質的要素は、長く続いてきたものは、それだけ人間性に合致しており、正しい、という感覚である。ここから、国家・君主・教会・家族といった伝統的集団への愛着が生じる。19世紀には、議会主権を唱える自由主義に対抗し王権の擁護を唱え、20世紀に社会主義が台頭すると、自由主義と結びつく形で議会主義と自由市場主義（資本主義）を擁護した。

サッチャー党首以降は、経済的自由主義の傾向が顕著となった。しかし、特にサッチャー退陣以後、EU問題などの路線で党の分裂傾向に苦しんだ。97年の下野後、その傾向はより顕著となり、大胆な中道化戦略をとったブレア労働党に対し、総選挙で3連敗を喫することとなる。3連敗後の05年の党首選挙において、保守党の刷新を掲げる39歳のキャメロンが党首に選出される。

キャメロン保守党は、経済政策については「小さい政府」を掲げるサッチャー路線を基本的に引き継ぐものの、NHSを含めた公共サービスに関して穏健な改革を進めるとし、環境政策や同性愛その他の社会問題に関しては概してリベラルなスタンスを打ち出す形で新たな保守党像提示を試みた。一方で、移民問題やEUへの態度は従来の保守的スタンスをある程度維持し、支持層へのアピールを図ったのである。05年総選挙では、単独過半数獲得はならなかったものの第1党に返り咲き、自民党との連立交渉をまとめ、政権復帰を果たした。

15年総選挙では、再び「宙吊り議会」となるとの予測を覆して単独過半数を回

復させた。キャメロンは保守党がイングランド中南部のミドルクラス以上の人々のための政党であるとの評価を覆すことを標榜し、イングランドのみではなくスコットランド、ウェールズ、北アイルランドを含めた「ひとつの英国民としての保守主義(ワンネイション・コンサバティズム)」、懸命に働く労働者への支援を公式に目指す「ブルー・カラーの保守主義(ブルーカラー・コンサバティズム)」が保守党の掲げる新たな理念となりうると主張している。

　②**労働党**（Labour party）

　1900年に労働組合、社会主義団体、協同組合の連合体として結成され、第二次大戦後二大政党の一翼となった。元来は、徐々に勢力を強めつつあった労働組合が、自らの利益を代表する勢力を議会に送り込むことを目的に結成された政治集団であった。第二次世界大戦中の1945年に成立したアトリー内閣が初の単独過半数政権で、「福祉国家」路線を英国に定着させることになる。議会制民主主義下での社会主義の実現を目指す社会民主主義政党を標榜し、平等指向、市場経済の弊害の除去を党是としてきた。しかし、79年以来の総選挙4連敗を背景に、党首トニー・ブレアは、脱労組政策を展開し、「新生労働党」を掲げ、労働党を「中産階級の党」とすることを宣言し、企業にも献金を求めてきた。ブレアの政策は、伝統的な支持層（特に、左派・労組）には、「保守党ライト」と揶揄されるほど、従来の路線を（保守寄りに）踏み出した。

　また、95年の党首選出以降、労働党の体質を改革し、新生労働党・新しい中道派として97年総選挙で圧勝、ブレアの下、続く二つの総選挙でも勝利し、ブレアとブラウンの労働党政権は、2010年まで続いた。ブラウン労働党下10年総選挙で敗北した後、労働党は、組合の支持を受けたエド・ミリバンドを党首として選出する。ミリバンドは、ブラウンと同様に、ブレア路線よりはやや伝統的労働組合と融和的・左派的な路線をとる。しかし、15年総選挙での敗北を受け、彼は党首は辞任することになる。労働党敗北の重要な要因は、労働党の政策スタンスが、イングランド中南部の有権者には左派的に過ぎ、スコットランドの有権者には中道に寄り過ぎているとみなされている点にあった。さらに、労働党の伝統的支持基盤である労働者層に、特に北部イングランドで英国独立党が一部浸透している点も重要である。労働党は、これら矛盾する複雑な連立方程式に解を出すため、路線選択の上で難しい舵取りと選択を迫られることとなった。

　③**自由民主党**（Liberal Democrats）

　17世紀のホイッグ党以来の伝統をもち19世紀に二大政党の一つとして保守

党と争った自由党は、20世紀に入り衰退したが、1980年代に労働党から分裂した社会民主党と合同し、83年・87年選挙で「自由・社会民主党―連合」として戦い、20％を超える得票を得た。同連合は88年に分裂し、オーエンら一部を除いて、社会自由民主党となり、89年には自由民主党と改名し現在に至っている。

　イデオロギー的にはいわゆる中道であったが、ブレア政権下では、党としては増税と福祉国家再建を主張、労働党のいわば左に位置する政策スタンスをとり、むしろ善戦する。21世紀に入り、自民党は保守党・労働党の二大政党に準ずる主要政党の地位を確保しつつあるようにも見えた。そして、10年総選挙では、英国選挙史上初めて実施されたTVディベートにおいてクレッグ党首が高い評価を獲得、議席は減らしたものの、労働党・保守党共に単独過半数を獲得できず、まさしくキャスティング・ボートを握る形で、結果的に連立政権参加を果たし、念願であった選挙制度改革に関する国民投票実施にこぎつけるのである。

　しかし、その結果は大変苦いものであった。選挙制度改革に関する国民投票では敗北し、かつ政権参加によって、二大政党への批判を重要な要因として築いてきた支持は、大きく減じることとなった。15年総選挙の結果、クレッグ自民党は、わずか8議席となり壊滅的敗北を喫する。得票率では英国独立党（UK Independence Party／以下、UKIP）の後塵を拝し、議席数でスコットランド民族党（Scottish National Party／以下、SNP）にはるかに及ばないこととなった。同党は、連立政権参加のきわめて高い代償を支払ったといえよう。総選挙での大敗を受け、クレッグは党首辞任を表明した。自民党は、主要政党として生き残ることができるか否か、きわめて困難な状況に直面することとなった。

④その他の主要政党

　その他の有力政党として、まずスコットランドのSNP、ウェールズのウェールズ民族党（Plaid Cymru／以下、PC）、北アイルランドのアルスター統一党（Ulster Unionist Party）、社会民主労働党（Social Democratic and Labour Party）といった地域政党がある。これらの地域政党は、ブレア政権におけるスコットランド、ウェールズ、北アイルランドへの自治議会と自治政府設立以降、勢力を徐々に伸張させてきた。

　そして、特にスコットランドにおいて、2014年に実施されたその独立を問う住民投票実施の過程で、SNPがその支持基盤を大きく拡大させたのである。15年総選挙でのTVディベートでSNP党首スタージョンは高い評価を得る。

選挙結果は56議席を獲得して第3党となり、ウェストミンスター議会でも一定の存在感をもつ勢力をもつこととなった。

　UKIPは、欧州連合（EU）脱退と移民制限を掲げるいわゆる右翼ポピュリスト政党である。93年設立以降、長く泡沫的政党とみなされてきたが、英国で根強い反EU意識と東欧を中心とするEU域内からの人々を含めた移民増大への反発を背景に、近年勢力を拡大してきた。14年のヨーロッパ議会選挙においては、得票率27.5％を獲得し英国の第一党となる。15年総選挙では自民党を上回り、二大政党に次ぐ得票率を獲得したものの、獲得議席は1議席に留まった。17年までに実施が予定されるEU離脱を問う住民投票を控え、その動向が注目される。

6 > 選挙制度と選挙

　英国の選挙の焦点は、伝統的に二大政党のどちらが選挙に勝利し政権を獲得するかである。各党はマニフェストと呼ばれる詳細な政権公約を掲げ、政権奪取を目指して戦う。選挙制度は、1選挙区からただ1人を選出する単純小選挙区制である。下院の議席数は650、任期は5年である。第二次世界大戦後一貫して二大政党は議席の90％以上を保持し続けている。ただし、70年代以降の選挙においては、50年代、60年代ほど二大政党に対して得票が集中していない。特に、83年・87年の選挙において、労働党は相対得票率で27.6％、30.8％しか得ることができず、その退潮傾向が顕著であったが、92年選挙で党勢をやや回復、97年、01年選挙では、2度の地滑り的勝利を得ている。

　英国の総選挙は伝統的に木曜日に実施される。この木曜日は、時代を分けるメルクマークであり、時に「歴史」の節目、区切りともなってきた。そして、先に述べたように、英国政治史において総選挙の意味は極めて大きい。それは、実施されてきたそれまでの議論や政策に「決着をつける」場であり、今後数年の政治の方向性と国家を代表する人物を「決定する」場である。同時に、英国の選挙は、候補者の選挙費用100万円強と低額で争われることでも著名で、その選挙のあり方は、日本でも政治改革の一つのモデルとなってきた。

　こうした選挙結果はいかなる要因によって決まっているのであろう。英国の投票行動は、一般的に職業を中心とした「階級」との関連で議論される場合が多かった。英国においては、欧州大陸諸国と異なり、社会構造（社会的属性）

のうち宗教、人種や都市対農村といったクリーヴィッジ（社会的亀裂／p.197参照）と投票行動・政党支持の関連はさほど重要ではない。このような現象を、階級投票（クラス・ヴォーティング）と呼ぶ。具体的には、労働者階級の労働党支持、中産階級の保守党支持への強い傾向を指す。階級投票は50年代、60年代の一般的傾向であり、バトラーとストークスは、英国人は職業階級を媒介として階級に応じた「自然な」政党に一体感をもち、それは長期に安定的であるとした。

　しかし、当然のことながら階級や職業構成などのいわゆる社会的属性は、投票行動を規定する要因であるにしても、これだけでは十分ではない。選挙結果は毎回変動をみせており、変化の少ない属性のみでは選挙の勝敗が説明できないからである。特に70年代に入り、階級の規定力や政党支持が特に労働党において低下し、浮動票が増大し、「強い政党支持」を表明する有権者の減少が指摘されるようになった。階級投票の最盛期とされる64年総選挙において、労働者階級の64％が労働党に、中産階級の62％が保守党に投票したのに対し、15年総選挙においては、その割合は48％と33％にそれぞれ低下している。

　では、投票行動の新しい決定要因は何か。社会構造の点からみると、80年代以降は、特に持ち家層と借家層の相違（前者が保守党、後者が労働党）、北部と南部の地域による投票行動の相違（前者が労働党、後者が保守党）といった連関が増大したことが指摘される。クリューは、争点（イシュー）に注目し、選挙キャンペーンで議論される文字通りの争点と政権担当時における成果を問題とする業績の影響力が増大しているとする。そして、首相・党首への評価・イメージも重要性を増した。

　また、マクロ経済との関係も強い。英国では、人種・民族の基本的な同質性、全国的争点の選挙の帰趨への影響力から、政府・与党の経済実績が選挙の争点や投票行動の決定因となりやすい。そのため、与党は選挙に向けて様々なマクロ経済政策を駆使し、良好な経済状態において選挙を実施しようと図ってきた。少なくとも戦後は保守党・労働党を問わず、（相対的に）低失業・好景気・物価上昇期に選挙を行ってきたようにみえる。結果として、「政治的景気循環」と呼ばれる現象がかなり明瞭に観察される。

　全体としては、50年代・60年代に強固であった、階級投票による二大政党への得票の圧倒的集中から、社会構造の変化と争点や業績要因の増大による浮動票の増加、第3党への投票の移動といった傾向を示している。もちろん、

50年代、60年代にも、選挙の帰趨を決定づけたのは、マージナルなものとはいえ、やはり政策争点、マクロ経済をはじめとする政権実績、党首への評価であった。そして、今日この傾向はより強くなっている。固定的支持はより小さくなり、業績・争点・公約や党首評価によって投票行動を決定する有権者が増大している。投票行動はますます流動化しているといえよう。

そして、15年総選挙におけるTV党首ディベートでは、保守党、労働党、自民党、SNP、UKIP、PC、緑の党の計7党首が壇上に並んだ。英国の政党制と選挙のあり方について、二大政党制が崩れたということはできないが、それが変化に直面していることもまた事実である。

英国型政治システムにおける総選挙は、議員を選出する機会であると同時に、むしろ政権政党と首相を選択する機会である。結果的に、政権政党はきわめて厳しい競争にさらされる。有権者の多数派の見解がどこにあるかを見きわめなければ、勝利はおぼつかない。しかし、同時に他党との差異を見つけ出さなければ、やはり勝利は難しい。また、各党は有権者多数派の「求める」政策に接近しようとする要求と、党内活動家の政策や旧来イデオロギーを実現しようとする要求のせめぎ合いとジレンマを抱えるのである。

7 > 英国二大政党政治のゆくえ・UKのゆくえ

英国の政党政治は、「政党内閣」主導の政治である。それは、政党幹部が内閣に入り、総選挙時に示された公約実現に責任を負う形で一元的に政治を主導するシステムである。英国において、内閣を主導し、政策決定を主導するのは、あくまでも首相を含めた政党政治家である。そしてそれは、官僚機構の上層部に政党政治家が大量に任命され、政策決定における圧倒的優位を確保し、マクロ的な政策方向の決定権をはっきりと確保していることに基づく。

例えば日本では省庁の再編が「世紀の大改革」などと称されたが、英国では首相と閣僚はむしろ政権ごとに（ほとんどの場合、法改正を伴わずに）省庁の改廃を行う。政党・政治家と官僚機構の権力関係ではそれほど政治（政党）主導なのである。官僚機構は、有権者に信託を受けた政権公約を忠実かつ効果的に実現することが求められ、内閣、具体的には個々の大臣に対する政策実現のための具体的方策提示が要求されるのである。

英国の政治形態は、首相と政府・政権党に権力をかなりの程度集中させてい

るシステムである。そして、その首相の権力を抑制するのは、何といっても次回選挙の圧力である。挑戦する野党も、魅力的な党首を据え、有権者の多数に支持される政策を練り上げなければ政権奪取は難しい。サッチャーやブレアの大胆な改革路線も、次回選挙の勝利を目標とするからこそ、党内の反対派を押さえることができたといえる。二大政党が激しく厳しい競争を繰り返しつつ、勝者が政策を強力に実行していくという政治のあり方こそが、英国型政治システム（多数決型民主主義）の本質的要素である。

　なお、この英国伝統の民主政治のあり方は、挑戦にさらされている。特に、ブレア政権以降の分権改革、貴族院改革を含む憲政改革は、一見目立たない印象もあるが、「第三の道」として喧伝された問題群より、むしろ中長期の英国政治のあり方へ重大な影響をもたらすかもしれない。ヨーロッパ議会における選挙制度と同様に、各地域議会の選挙制度には、比例代表的要素を含んでいる。これが、第3党以下の中小政党にとって、二大政党へ挑戦する上での重要な拠点を提供することとなってきた。これは、90年代以降の自民党の善戦とその後の連立政権参加、近年のSNPやUKIP伸張といった現象の重要な制度的背景である。これらは、いわば「パンドラの箱」を開けたごとく、英国民主政治が基本的変化に直面する可能性をいくつかの局面で生じさせているのかもしれない。ただし一方で、現在まで、上記の伝統的な二大政党政治、「多数決型民主政治」が根本的に掘り崩されるほどの変化が生じているということはできない。

　そして、そうした二大政党政治のゆくえ、イングランド、スコットランド、ウェールズ、北アイルランドから成る連合の未来、EUの一員としてのUKの未来、といった点で、英国は文字通り「歴史の岐路」に立っているのである。

（富崎　隆）

［参考文献］
梅川正美・力久昌幸・阪野智一編『現代イギリス政治［第2版］』成文堂、2014年
富崎隆「イギリス議院内閣制とコア・エグゼクティヴ」（堀江湛・加藤秀治郎編『日本の統治システム――官僚主導から政治主導へ』慈学社、2008年）
Flinders, M., Gamble, A., Hay, C. & Kenny, M. *The Oxford Handbook of British Politics.* Oxford Univ. Press. 2011.
Jones, B. & Norton, P. *Politics UK (8th.ed.)* Routledge. 2013.

02 フランス
French Republic

【基礎データ】
○正式名称：フランス共和国（La République française）
○面積：54.4万km²（仏本土、仏国立統計経済研究所）
○人口：約6632万人（2015年1月1日、仏国立統計経済研究所）
○首都：パリ（224.7万人、首都圏人口1030万人［2012年］）※
○言語：フランス語
○宗教：カトリック、イスラム教、プロテスタント、ユダヤ教
○政治体制：共和制
○議会：二院制
　　国民議会：議席定数577、任期5年（2015年4月現在）
　　上院［元老院］：議席定数348、任期6年（同上）
○ＧＤＰ：2兆8070億ドル（2013年、IMF、以下同）
○1人当たりGDP：4万4099ドル
○経済成長率：0.29％
○失業率：10.3％
○兵役：志願兵制度（徴兵制は2001年に仏軍改革の一環として廃止）

※…在日フランス大使館ホームページ参照（2015年8月閲覧）

1 > 戦後から現在までの経緯

　第二次世界大戦後、ドイツ占領下から解放されたフランスは、ヴィシー政府を清算し、救国のドゴールを中心として、新しい国家形成に着手することになった。しかし、政党政治の復活と渦巻く権謀術数の駆け引きに嫌気したドゴールは、まもなく臨時首相を辞任し、ドゴール抜きの「三党政治」が行われることになった。

　冷戦の開始は「三党政治」を解体させ、共産党を閣外に追いやった。中道派主体の連立政権は「第三勢力」と呼ばれ、体制擁護の一点でしか一致せず、戦後処理と植民地政策にかかわる複雑で重要な争点によって容易に内閣の組み換えが促された。政権基盤の維持に苦労する中道派政権からは、プレヴァン内閣以降、社会党が離反し、いわゆる中道右派「第四勢力」の時代を迎える。第四勢力はドゴール派の一部を取り込んだが、体制化したドゴール派は次第に影響力を失い、1953年に解体した。目まぐるしく内閣が交代する中で、政党政治は国民の信頼と統治能力を同時に喪失していった。

　第四共和制末期、1958年5月13日のアルジェリア現地軍の蜂起を契機として、議会優位制は終焉を迎えた。急遽、ドゴール将軍が議会派との合意の下に政権復帰し、新憲法は国民投票により圧倒的多数で承認された。当初、大統領は直接公選制ではなかった。しかし、権力基盤の強化を企図したドゴールは、アルジェリア問題を解決した後、1962年に国民投票を強行し、大統領直接公選制を導入した。

　1969年、上院・地方制度改革に関する国民投票に失敗したドゴールはすぐさま退陣した。後継者ポンピドゥー元首相がドゴール体制を引き継いだ。ポンピドゥーは「開かれた社会」の構築を目指したが、硬直化した社会を転換させるまでには至らなかった。1974年ポンピドゥーが志半ばで倒れると、その年の大統領選挙では、ドゴール派の恒常的パートナーを務めてきたジスカール・デスタンが、ドゴール派の分裂（シラクの造反）を利用して大統領に就任した。非ゴーリスト大統領の誕生はより自由で柔軟な社会の到来を予感させたが、経済的自由主義を別にすれば、大統領の統治スタイルは強硬であった。

　1981年、社会党のミッテランがジスカール・デスタンを僅差でかわし、第五共和制史上初の左翼大統領が誕生した。国際的な新自由主義の潮流に逆行す

る左翼ケインズ主義的改革はまもなく破綻し、財政均衡主義路線へ逆戻りするとともに、共産党は閣外に離脱した。

1986年国民議会選挙では、比例代表制の導入によって社会党は大敗を逃れたものの、内閣首班の座を保守連合のシラクに譲った。これにより党派の異なる大統領と首相が、行政権を分有する事態となった。いわゆる「保革共存政権（コアビタシオン）」である。しかし、第五共和制は創設者の予想を超える柔軟性を発揮し、心配された憲法の危機は回避された。これ以降、大統領が外交、首相が内政という役割分担が定式化された。

1988年、ミッテランが大統領に再選され、盟友ロカールを首相に据えた。社会党は単独過半数を獲得できなかったが、中道派の取り込みと共産党との連携（共和主義的規律）を使い分け、単独少数内閣を運営した。90年代に入ると党勢に陰りが生じ、社会党の政治腐敗は国民の離反を招いた。

1993年の国民議会選挙で社会党は大敗し、議席8割を占める巨大保守連合が議会多数派を奪還した。2度目の保革共存は統治する権力基盤を欠いた左翼大統領と、保守派の圧倒的な院内プレゼンスに立脚したバラデュール首相は静かに共存した。大統領は国民の意志によって生じた国民議会選挙の結果を無視できず、事実上、主導権は首相の側に移行した。バラデュール首相のソフト路線は国民の高い支持を獲得し、そのせいで、保守連合の統一候補が擁立できない事態を招いた。共和国連合（RPR）のシラク総裁と、バラデュール内閣とフランス民主連合（UDF）に立脚する首相という保守重鎮が並び立ち、投票結果を受けて、決選投票にはシラクが進出した。ミッテランの後継、社会党のジョスパンは敗色濃厚の中、予想外に善戦し、左翼陣営の新リーダーとして存在感をアピールした。

大統領に選出されたシラクが首相に選んだのはジュペであった。ジュペは最初こそ女性積極登用内閣を組織し、人気の高揚を図った。ところが、欧州統合と国家の近代化（行政改革）の必要性から、早々に実務家内閣に逆戻りしたことに加え、緊縮財政が響き、次第に政権は不人気に転じていった。

シラクは1997年、突然国民議会を解散した。フランスでは大統領が自由に議会（下院）を解散できると考えられている。仮に多数派の形成に失敗したとしても、大統領は何ら責任を問われることがない。「フランス的例外」である。

だが、1997年の繰り上げ解散は、国民からの思わぬしっぺ返しを受けた。

予想に反して左翼陣営が勝利したため、「驚きの選挙」と称された。シラクは社会党のジョスパンを首相に指名せざるを得ず、バラ（社会党）と赤（共産党）と緑（環境派）の連合が権力の座に就いた。

　3度目の保革共存は、保守の大統領に左翼の首相というそれまでとは逆の権力配置であった。第三次保革共存政権の運営において、大統領と首相はともに大統領任期の短縮化を志向することとなった。2000年の国民投票の結果、大統領任期は5年へと短縮された。第三共和制以来の大統領7年任期は、国民議会の任期にそろえられる形で短縮された。それにより、任期のズレから生じる行政の双頭制出現の可能性は、大いに減じられた。ジョスパン内閣は、週35時間労働制やパリテ法（男女候補者同数制）など左翼色の強い政策を導入した。

　2002年大統領選挙では、極右国民戦線のルペンが社会党のジョスパンを抑えて2位に食い込み、国民を驚愕させた。2回投票制の仕組みでは、極右や極左候補が勝利する可能性は事実上ない。それでも、二大勢力の一角が崩されたことは、左翼支持者のみならず、共和国の基本的な価値を共有する幅広い国民各層に強い動揺を与えた。決選投票ではシラクが圧勝し、ルペンの得票はほとんど伸びなかった。

　再選されたシラクは、元老院議員のラファランを首相に指名した。ルペン・ショックの冷めやらない国民議会議員選挙において、保守連合は議会多数派を回復した。ラファラン内閣は2004年3月の地方選挙にもかかわらず、大統領の意向から3年継続したが、2005年欧州憲法条約の批准に失敗し、結局更迭された。シラクは腹心のドゥ・ヴィルパン外相を新首相に据えた。大統領が任期の後半に、側近を首相に据える人事はフランスではよく見られるパターンである。2005年にはパリ郊外などフランス各地で若者の暴動が頻発し、社会不安を招いた。また、翌年の初期雇用契約（CPE）制度は、若者と労働セクターの反発を招き、国内は混乱した。政治的スキャンダルと内閣の不人気により、ドゥ・ヴィルパンは大統領候補者レースから脱落し、サルコジがシラクの後継者となった。

　2007年大統領選挙では、サルコジが当選した。対立候補の社会党ロワイヤルは女性初の大統領を目指したものの、中道派のバイルらに得票が流れ、左翼自体が停滞する中で及ばなかった。サルコジは歯に衣着せぬ言動と現場主義的な行動力から民衆レベルでの人気を博し、シラクを継承する保守派のリーダーとしての地位を確立した。サルコジは当選後、元老院議員を務めていたフィヨ

ンを首相に据えた。フィヨンは首相指名後、国民議会選挙に出馬し、当選すると第二次内閣を発足させ、2010年の第三次内閣まで一貫して首相を務めた。大統領任期を全うした首相としては、フィヨンが初である。最長の記録としては、ドゴール政権下のポンピドゥー首相の例（6年間、1962～68年）がある。

　2012年大統領選挙では、社会党のオランドが接戦を制し、サルコジを打倒した。現職大統領が選挙に敗れるのは、1981年のジスカール・デスタン以来であった。敗れた側の巨大保守政党UMPは、党首選出をめぐって次第に内紛に突入していく。また、国民戦線のマリーヌ・ルペンは、実父ジャン・マリー・ルペン党首を継ぐ新リーダーとして頭角を現し、17.9％（3位）を獲得して、決選投票まで進んだ2002年大統領選挙水準（16.9％）を凌駕した。

　2度目の社会党大統領となったオランドは、エローを首相に指名し、同性婚法の制定などの社会改革を進めたが、私生活のスキャンダルや経済の不振により、歴史的な不人気にあえいでいる。2014年3月地方選の大敗により、首相をヴァルスに交代し、2015年から不人気政策の富裕税を廃止するなど、政策転換を余儀なくされた。同年1月、「シャルリー・エブド」襲撃事件が発生し、言論の自由と共和国への連帯からオランドの支持率は一時的に回復したが、すぐに下降に転じた。世俗主義を国是とする共和国モデルは、移民や社会不安によって大きく揺らいでいる。

戦後の歴代大統領

[第四共和制]		
1947～1954年	V.オリオール	SFIO
1954～1959年	R.コティ	CNIP
[第五共和制]		
1959～1969年	Ch.ドゴール	UNR
1969～1974年	G.ポンピドゥー	UDR
1974～1981年	V.ジスカール・デスタン	RI→UDF
1981～1995年	F.ミッテラン	社会党
1995～2007年	J.シラク	RPR→UMP
2007～2012年	N.サルコジ	UMP
2012～	F.オランド	社会党

注：党名の略称は、以下の通り。なお、「社会党」と「UMP」については、40、41ページ参照。

SFIO＝旧社会党（労働者インターナショナルフランス支部）　　RI＝独立共和派
CNIP＝全国独立農民センター　　　　　　　　　　　　　　　UDF＝フランス民主連合
UNR＝新共和国連合　　　　　　　　　　　　　　　　　　　RPR＝共和国連合
UDR＝共和国民主連合

2＞ 憲法体制

　現行憲法は第五共和制憲法である。通称ドゴール憲法として知られている。第五共和制憲法がそれまでの憲法と全く違ったのは、ドゴール周辺のドゥブレを中心とした専門家らによってきわめて迅速に4ヵ月で起草されたことであった。前体制の崩壊と政党の無能力は、ドゴール個人に体制の刷新と統治能力の回復を託したのであった。体制崩壊の直接的なきっかけとなったのは、アルジェリア問題であり、地中海対岸の最も古い植民地の切り離しをめぐってであった。

　フランスは、第二次世界大戦中、ドイツに本国を占領されたものの、名目的には戦勝国であった。そのため、戦後も宗主国として世界各地に植民地を抱え続けた。第五共和制憲法には、第四共和制下のフランス連合を改組し、新たにフランス共同体の規定が書き込まれた。しかし、1830年以降、本土との植民化が進められたアルジェリアだけは、本土と一体的に捉えられていた。第五共和制憲法は、第16条により大統領の非常大権が認められるなど、危機の時代を反映した内容になっている。

　第五共和制憲法第89条によれば、共和政体は変更できないものとされている。第三共和制の定着以降、フランスは世俗の君主を戴いておらず、共和政体は定着したと考えられる。第三共和制初期の共和派、王党派（正統派、オルレアン派）、ナポレオン派の主導権争いの中で、暫定的に選択された共和制が結果として定着した形である。1875年1月30日に採決に付されたワロン修正は、賛成353、反対352の1票差で通過した。第三共和制憲法は、1875年2月および7月における三憲法法の集積物であり、正式には1875年7月16日憲法と呼ばれている。共和政体の変更が禁止されたのは、シャンボール伯（フランス国王シャルル10世の孫）の死去した翌年、1884年8月14日の憲法修正による。

　フランスは、第二次世界大戦後、先進国で唯一体制変更を経験した国であった。レイプハルトが民主主義諸国として21ヵ国・22体制を選択し、民主主義を「合意型」「多数決型」に類型化した時（1984）、フランスには第四共和制、第五共和制が含まれていた。フランスはポスト植民地主義へのスムーズな移行に失敗し、アルジェリア問題の解決のために、体制が切断されたのである。1990年代には東側（共産主義）世界からの体制移行が起こり、今日ではいわゆる自由民主主義国家はさらに拡大している。

今日の先進国はさらに拡大しており、戦後、体制変更を経験した唯一の先進国という呼称は、後発の韓国などを入れれば、すでに当てはまらなくなっている。

1958年のアルジェリア紛争によって、第四共和制が崩壊し、ドゴール主導で形成された現行憲法は、国民投票による圧倒的多数の支持を得て発効した。成立の経緯からドゴール憲法（または第五共和制憲法）と呼ばれることが多い。正式名称は「1958年10月4日憲法」である。1958年6月3日に改正案が提出され、同年9月28日の国民投票によって承認された。

フランスでは、1791年憲法から数えて16の憲法が制定されている。総じて憲法は長続きせず、頻繁に政治体制が入れ替わることは、隣国イギリスと常に比較されてきた。イギリスでは、クロムウェルの共和制が挟まれているとしても、君主政体の下で、議会と国王の対立の結果、徐々に議院内閣制が確立してきたといえる。これに対して、フランスは憲法の外側からクーデターによって超法規的に政治体制が倒され、後の体制は全く別の原理に立脚した政治体制を志向したようにも見える。

そのせいもあって、フランスの政体は執政府中心と議会中心の体制が交互に繰り返されてきたとする見方がある。細かく検討すれば、すぐに多くの矛盾に突き当たるが、政治体制の移り変わりの大まかな傾向を捉えるには役に立つ。それによれば、現在の第五共和制は、行政府（大統領）中心の体制と理解されるが、設立当初は大統領の議会に対する優越は、必ずしも明確ではなかった。名実ともに大統領中心の体制へと転換するのは、ドゴールが主導した1962年10月28日の国民投票による大統領公選制の導入が実現してからである。

議会優位制の第四共和制が統治能力を喪失したため、第五共和制が行政府（大統領中心）の政治体制の構築を目指すのは、いわば自然の成り行きであった。権力を掌握したドゴールは、憲法の規定を超えて、さらに大統領権限を押し広げようとした。例えば、大統領による首相の解任は憲法上規定がないにもかかわらず、ドゴールは首相を自由に任免することに躊躇しなかった。第四共和制はしばしば第三共和制の焼き増しと言われた。第三、第四共和制と議会優位制が連続しているようにも思えるかもしれないが、ドイツ占領期のヴィシー政権を一種の権威主義体制と見れば、執行府優位の政治体制として捉えられる。

第五共和制憲法は、ドイツの基本法のような暫定憲法として生まれたわけではないが、半世紀を超えてここまで継続するとは誰もが予想できなかったであ

ろう。現在、継続65年の第三共和制憲法（1875年憲法）に迫っている。

　しかし、この間、憲法条文は頻繁に書き換えられており、大統領任期、多選（3選）禁止、国会改革（機能強化）など、憲法の骨格は大きく変容している。憲法修正はこれまで24回を数え、中でも2008年の改正が最も広範囲にわたる刷新であった。2008年7月23日の憲法改正は、サルコジの大統領選挙公約が「第五共和制の諸制度の近代化と均衡回復に関する検討及び提案委員会」による検討を経て具体化されたものであり、憲法修正案は両院合同会議で必要とされる有効投票数の6割をわずかに1票上回る、賛成539票と僅差の可決であった。

　フランスでは、これまでも第六共和制移行の議論がなされてきた。しかしながら、欧米の民主国家では、極端な政治動員によって体制崩壊する可能性はきわめて低くなっており、フランスも例外ではない。2008年の憲法改正は、ドゴール憲法の大幅刷新であり、議会主義への強化（国会改革）が目指されている以上、体制変更を先取りしようとする最初の大掛かりな取り組みと評価できよう。

　政治運動として、第六共和制（新体制）を志向する立場としては、2007年大統領選挙におけるロワイヤルの公約「100の提案」などにも見られるように、左翼側の提案が目立つ。2014年に左翼戦線のメランションが「第六共和制のための運動」（M6R）をネット上に立ち上げている。同じく社会党系の「第六共和制のための会議」（C6R）もまた、議院内閣制の強化の方向での改革を提案しているが、マイナーな存在である。議会主義や市民参加の抜本的な強化を盛り込んだ第六共和制が成立する可能性はまだ見えない。

3 ＞ 執政府

　公選制の大統領と議会多数派に責任を負う首相が共存する半大統領制であり、執政府の構造は二元化している。いわば、行政権力の双頭制である。大統領が議会多数派に支えられているかぎり、国家元首たる大統領が政府の最終責任者であり、政治の中心となる。しかし、国民議会選挙の結果次第では、大統領が敵対する党派から首相を選ばざるを得ない場合がある。

　大統領と首相の党派が異なる状態をフランスでは「コアビタシオン」（保革共存政権）と呼んでいる。フランス語のコアビタシオンには「保革」の意味はないが、日本語では補われている。コアビタシオンの表現は、最初に1983年

のレクスプレス誌で使われたものであり、制度上および法令上の根拠はない。

　第五共和制では、首相は国会議員である必要はなく、しばしばテクノクラートが首相に抜擢されている。その意味では、コアビタシオンとは、大統領と首相の共存というよりは、大統領とそれに敵対する議会多数派の共存と理解した方がわかりやすい。

　たしかに大統領の任期と議会の任期が一致しなければ、両者の権力的不整合が生じる可能性は高まる。しかし、たとえ任期を統一させたとしても、民意の表れ方によっては、二つの権力セクターが対峙する状況が生まれないとは言い切れないであろう。両選挙の連続実施の場合、選挙日程としては、最初に大統領選挙が行われ、その結果を受け新大統領が首相を指名し、第一次内閣を組閣させる。その後、国民議会選挙が行われ、その議席配置の下で改めて第二次内閣が組織され、院内与党が確定する。新大統領が当選したのちの国民議会選挙で、新大統領の与党が敗退した例はこれまでなく、まるで国民が大統領選挙の結果を追認しているかのようである。

　フランスでは、第三共和制以来、大統領任期は７年に固定されてきたが、2000年の国民投票によって大統領の任期は５年に短縮された。大統領が死亡したり、辞任したりすることによって任期のズレが表面化する可能性は残っているものの、その場合でも、大統領は自由に国民議会を解散できるため、当選した新大統領は選挙の実施によって権力の不整合を解消しようとするだろう。

　大統領は大統領府（エリゼ宮）に、首相は首相府（マティニョン宮）に専門のスタッフを抱えており、大臣会議（閣議）は、それぞれ別々に開催される。留保された領域理論によって、外交・防衛は大統領の専権事項と考えられており、首相は内閣（政府）を通じて内政を統括している。

　半大統領制のコンセプトを最初に定義したのは、デュヴェルジェである。ワイマール・ドイツ、フィンランド、フランス、アイスランド、アイルランド、オーストリア、ポルトガルの７ヵ国の体制が例示されていた。しかし、そのコンセプトの基準を厳格に当てはめようとすれば対象国が減り、基準を緩めようとすれば、対象国は増えるが特性が曖昧化する。デュヴェルジェは対象をヨーロッパに限定してサンプリングしたため、適用例が限られた。もっとも、ワイマール・ドイツを除く６ヵ国は政治体制を変更する可能性があるし、実際にフィンランドやポルトガルは仕組みを変更している。

第1部◆西欧各国とEUの政治

戦後の歴代首相　1947～1959　[第四共和制]

■オリオール大統領期			
	1947年	P.ラマディエ	SFIO（労働者インターナショナル・フランス支部）
	1947～1948年	R.シューマン	MRP（人民共和派）
	1948年	A.マリー	急進社会党
	1948年	R.シューマン	MRP
	1948年	H.クイユ	急進社会党
	1949～1950年	G.A.ビドー	MRP
	1950年	H.クイユ	急進社会党
	1950～1951年	R.プレヴァン	UDSR（レジスタンス民主社会主義連合）
	1951年	H.クイユ	急進社会党
	1951～1952年	R.プレヴァン	UDSR
	1952年	E.フォール	急進社会党
	1952～1953年	A.ピネー	CNIP（全国独立農民センター）
	1953年	R.マイエール	急進社会党
	1953～1954年	J.ラニエル	CNIP
■コティ大統領期			
	（ラニエル内閣・継続）		
	1954～1955年	P.マンデス.フランス	急進社会党
	1955～1956年	E.フォール	急進社会党
	1956～1957年	G.モレ	SFIO
	1957年	M.ブルジェス.モヌリ	急進社会党
	1957～1958年	F.ガイヤール	急進社会党
	1958年	P.フリムラン	MRP（人民共和運動）
	1958～1959年	Ch.ドゴール	非議員

　いったん体制を採用した事実がなくなるわけではないにしても、どこの国は半大統領制だといった議論はしにくい。さらに、デュヴェルジェの例示した国々にしても、オーストリア、アイルランド、アイスランドは議院内閣制に含めるべきだとの主張もある。

　エルジーは、今日では50ヵ国以上の半大統領制諸国があると指摘している。ただ、フリーダムハウスの2004年の調査によれば、その中でも完全な自由民主主義的な体制に限れば23にまで減少する。アジアでは、韓国、台湾が23に含まれている。それに準ずるカテゴリーの9ヵ国を足せば32である。フランスの事例は、半大統領制の典型と考えられることが多いとはいえ、異なる政治体制を比較し、類型化することには慎重であるべきだろう。

戦後の歴代首相　1959〜現在　[第五共和制]

■ドゴール大統領期(2期、10年、辞任)		
1959〜1962年	M.ドゥブレ	UNR(新共和国連合)
1962〜1968年	G.ポンピドゥー	UNR・非議員
1968〜1969年	M.クーヴ・ドゥ・ミュルヴィル	UDR(共和国民主連合)
■ポンピドゥー大統領期(1期、5年、死亡)		
1969〜1972年	J.シャバン・デルマス	UDR
1972〜1974年	P.メスメル	UDR
■ジスカール・デスタン大統領期(1期、7年)		
1974〜1976年	J.シラク	UDR→RPR(共和国連合)
1976〜1981年	R.バール	非議員→UDF(フランス民主連合)
■ミッテラン大統領期(2期、4年)		
1981〜1984年	P.モーロワ	社会党
1984〜1986年	L.ファビウス	社会党
1986〜1988年	J.シラク	RPR　第一次コアビタシオン
1988〜1991年	M.ロカール	社会党
1991〜1992年	E.クレッソン	社会党
1992〜1993年	P.ベレゴヴォワ	社会党
1993〜1995年	E.バラデュール	RPR　第二次コアビタシオン
■シラク大統領期(2期、12年)		
1995〜1997年	A.ジュペ	RPR
1997〜2002年	L.ジョスパン	社会党　第三次コアビタシオン
2002〜2005年	J.P.ラファラン	UMP・元老院議員
2005〜2007年	D.ドゥ・ヴィルパン	UMP・非議員
■サルコジ大統領期(1期、5年)		
2007〜2012年	F.フィヨン	UMP・元老院議員
■オランド大統領期(現職)		
2012〜2014年	J.M.エロー	社会党
2014〜	M.ヴァルス	社会党

注：大統領選挙後の暫定内閣（第一次）、改造内閣（第二次以降）は一括している。
　　なお、「社会党」「UMP」については、40、41ページ参照。

　戦後歴代大統領のリストは29ページ、歴代首相のリストは34、35ページの通りである。今日のフランスでは、「大統領」（プレジダン）とは共和国大統領のことであり、国家元首である。一方、「政府」とは内閣と同義であり、「政府の長」といえば、首相を指す。また、首相が文字通り「首相」（プルミエ・ミニストル）と呼ばれるようになったのは、第五共和制からである。

4 > 議会

　第五共和制憲法では、議会は大統領（第2章）、政府（第3章）に続き、第4章（第24条〜第33条）に置かれている。第24条では、議会は法律を可決し、政府の活動を統制し、公共政策を評価するとされる。議会（パルルマン）と言えば、両院を包摂した概念である。特に両院を表現する必要があるときには、議院（アッサンブレ・複数形）を用いる。

　第五共和制では、議会優位制の統治能力の喪失を反省して、行政府中心の体制の確立が志向された。そのため、議会は「合理化された議会」との考え方の中、憲法第34条において立法範囲が制限され、常任委員会数が6に削減された。なお、常任委員会数は、2008年の憲法改正により8に改められた。また、同改正により、法案の可決を政府の信任問題に置き換える第49条第3項の手続きは制限されるに至った。

　フランスの議会は、直接公選制の国民議会（下院）と、間接選挙の元老院（上院）から構成される。政府（内閣）は議会に対して責任を負う。この場合の議会には両院が含まれる。しかし、不信任動議は国民議会に限定されている。元老院については、政府は一般政策声明に対する承認を求めるに留まる。

　憲法第24条により、国民議会の定数は577、元老院のそれは348を超えることができない。両院にフランス在外選挙区が置かれている。国民議会議員の任期は5年、元老院議員の任期は6年である。国会の定数上限が書き込まれたのは2008年の憲法修正によってであり、国民議会の定数が577になったのは、1986年ミッテラン政権下（ファビウス内閣）において県単位の比例代表制を導入した際、大幅に定数を増やしたからである。当然、県単位（当時100県）でなければ、これほどの定数増は必要ではなく、社会党の人気低落による議席減を食い止めるための、手の込んだ仕掛けにも見える。しかしながら、1985年当時、地域圏が改革途上であり、広域の自治体は県しかなかった。そのため、第四共和制において実施されていた県単位の選挙区が再導入されたことを全くの党利党略として説明することには無理があろう。それでも、たしかに公約を順守した側面はあるからだ。

　フランスの首相は国会議員から選ばれる必要がない。大統領が首相に指名すれば足りるため、非議員の首相が制度的に可能である。1962年、ドゴール大

統領がポンピドゥーを最初に首相に指名した時、ポンピドゥーは憲法院審査官であり、非議員であった。次いで、1978年、ジスカール・デスタン大統領が指名したバールも非議員であり、直前のシラク内閣では通商大臣を務めていた。第二次シラク政権では、非議員（外相）からドゥ・ヴィルパン（2005年）が首相に就任している。

わが国でも首相は国会議員であればよい。ただ実際には衆議院議員が首相となる慣例が続いている。フランスにおいて、元老院議員が首相となったのは、第二次シラク政権におけるラファラン首相（2002年）、サルコジ政権におけるフィヨン首相（2007年）の例がある。2002年から2012年の10年間は3代にわたって国民議会から首相が選ばれなかったことになる。

フランスでは、権力分立の要請から、首相および閣僚は政府のメンバーとなる際、議員を辞職する。閣僚に選出された場合、議会には閣僚の身代わりとなる補充議員が議席を占める。その意味では、首相を含む全ての閣僚が形式的には非議員となるのであり、首相が非議員出身であっても「原理的には」なんら不思議ではない。とはいえ、議会対策上、内部に人的ネットワークがあり、とりわけ与党内部にくさびを打ち込むという意味において、首相が国民議会議員出身の方がやりやすいと言える。両院関係は、国民議会の優位である。

一般法案については、両院における同一条文での議決が必要である。議決が一致しない場合、両院協議会が開催される。それでも合意できない場合、政府は両院の再審議の後、最終的な議決を国民議会に求めることができる。憲法および組織法案については、両院の権限は同等である。

5 > 選挙制度

（1）国民議会（下院）

国民議会（下院）の選挙制度は小選挙区2回投票制である。候補者が第1回投票において当選するためには、有効得票数の過半数（かつ有権者の25％）が必要である。このため、小選挙区絶対多数制と呼ばれることがある。小選挙区制といえば、イギリスなどで使われる小選挙区相対多数制が一般的であるが、現在でも、フランス本国、アフリカなどその旧植民地、旧ソ連・東ヨーロッパなどのごく一部で使われている。小選挙区2回投票制は、かつてヨーロッパ大陸諸国では、選挙制度のスタンダードであった。しかし、比例代表制が発明さ

れると、次第にそれに代わられるようになった。フランスでは、第三共和制の時に頻繁に利用され、第四共和制では使われず、第五共和制において復活した。

国民議会の小選挙区2回投票制では、第1回投票において当選者がいない場合、決選投票が行われる。決選投票に進出できるのは、第1回投票で有効投票数の8分の1を獲得した候補者か、該当者がいなければ上位2者である。主要な政党は、政治傾向の近いブロック内においてデジストマン協定と呼ばれる有力候補者への一本化協定（相互の立候補取り下げ協定）を締結している。そのため、左右二大ブロック以外の政党が決選投票に進出することは少なかったが、極右の国民戦線（FN）が次第に支持を広げ、左・右・極右という「三つ巴の戦い」が行われることが次第に増えてきている。決選投票が3者間で行われる場合、当選者が過半数を獲得する保証はない。その意味では、小選挙区2回投票制は、厳密には絶対多数・相対多数の組み合わせである。

フランスでは、2回投票制が国民に定着しているため、決選投票における絶対多数・相対多数の区別はあまり意識されていない。実際、決選投票への進出要件も、5％、10％、12.5％と次第に引き上げられてきた。歴史的に小選挙区2回投票制を使い続けてきた県議会議員選挙は、2015年3月から「男女ペア連記式2回投票制」へと変更された。男女ペア（ビノーム）の2名連記投票制は世界に例がない。小選挙区2回投票制は、比例代表制が考案されるまでにヨーロッパ大陸で使われていた古い選挙制度である。第四共和制時代にいったん使われなくなっており、第三共和制時代の旧制度を、刷新志向の強いフランスが今後も使い続ける理由はすでに乏しくなっている。

想定し得る改革の方向は、比例代表的要素を加味した名簿式（多数派プレミアム付き）への置き換えか、男女ペア（ビノーム）であろう。いずれにしても、2回投票制のコンセプトは、フランスでは生き延びるのではないか。

（2）元老院（上院）

元老院（上院）は間接選挙であり、国民議会に対して劣位に置かれている。選挙制度は2回投票制であるが、定数2以上の選挙区を含んでおり、定数3以上は名簿式となっている。定数3以上の選挙区ではパリテ（男女候補者同数制）が義務づけられており、男女交互に名簿登載される。県単位の選挙区であり、当該県選出の国民議会議員、地域圏議会議員、県議会議員、市議会議員が選挙

人団となる。元老院議員の任期は、第五共和制創設以降、9年であったが、2003年7月30日の組織法により、6年とされた。

（3） その他の選挙

　欧州議会議員選挙は、フランスでも比例代表制（5％阻止条項有）で行われている。比例代表制は多党制をもたらす傾向があるため、これを抑制するため、2004年から選挙区を8のブロック（ユーロレジョン）に分割している。

　州レベルに相当する地域圏議会議員選挙では、25％多数派プレミアム（首位ボーナス）付きの比例代表2回投票制が採られている。第2回投票で首位の名簿が過半数を獲得すれば、その時点で25％の議席ボーナスが与えられる。過半数を獲得した名簿がなければ、第2回投票の首位名簿に同様のボーナスが与えられる。

　市町村議会議員選挙の場合、多数派プレミアムが50％に増加される。2回投票制に多数派プレミアムを加えた制度は、比例代表制と呼ぶこと自体に疑問が残る特殊な制度である。強制的に多数派をつくり出す制度と言える。

6 > 政党と政党制

　政党制は多党制である。小選挙区2回投票制のせいで、国民議会においては左右二大ブロックへの集約化が進んでいる。一方で、地方選挙の一部や欧州議会議員選挙で使われている比例代表制（名簿式投票）は、政党や候補者を分散化させる効果を果たしており、国民議会では議席を獲得できない政党でも、消滅せず残存し続けることが可能となっている。フランスの政党は十分に組織化されておらず、他のヨーロッパ諸国と比べて、党員数が少ない。大統領選挙のせいもあって、特定のリーダーとフォロワーの一時的な結びつきが多く、リーダーを中心にした政党や政治団体は瞬間的に注目や支持を集めることがあるが、概して長続きしない。

　政党では、「〜党」（パルティ）との呼称は必ずしも一般的ではなく、名称的には運動体的なダイナミックな動きのあるものが好まれる。そのため、選挙共闘組織と政党の区別がつきにくい。通称・「〜主義者」（ゴーリストとか、社会主義者とか）と呼びならわされることも多く、政党名が頻繁に変更されることで、むしろ通称の方が定着している場合も少なくない。政党のほか、連合、運

動、戦線などが好んで使われる。極左から極右まで、幅の広い多種多様な政治スペクトラムが観察される。

　フランスの政党制は、第四共和制末期に政党増殖し、極端な多党化の状況が生まれた。第五共和制の成立以降、救国のカリスマ、ドゴール大統領の下でドゴール派中心の政党制が出現した。しかし、ドゴール個人は政党を完全に従属させるスタンスであり、1968年国民議会選挙を別とすれば、ドゴール派の議席数は相対多数に過ぎなかった。選挙を重ねるごとに政党は徐々に整理されていき、1970年代には左右4党中心の政党体制となった。すなわち、ドゴール派（RPR）、ジスカール派（RI→UDF）、社会党、共産党であった。左右ブロックの議席率が伯仲し、政権交代の可能性が語られるようになったのである。この時期の政党制は、穏健な多党制と呼んでもよいであろう。ただ、ジスカール・デスタン支持派のフランス民主連合（UDF）は、保守・中道派の寄り合い所帯的性格が強く、政党連合だった点に留意する必要がある。

　1981年社会党のミッテラン政権が成立し、左右の政権交代が実現した。これ以降、共産党は徐々に社会党のジュニアパートナーに成り下がっていく。1986年には比例代表制の導入に伴い、極右国民戦線（FN）が35議席を獲得し、存在感を示した。しかし、1988年に選挙制度が小選挙区2回投票制に戻されたことで、国民戦線の議席数は激減する。

　1979年から欧州議会議員選挙が直接選挙となり、国政における政党制の集約度が部分的に打ち消され、攪乱（かくらん）されるようになる。1986年から地域圏議会議員選挙も行われるようになり、なかなか小政党が消滅せず、延命されるようになっていく。与党が選挙に勝利したのち、敗れた野党ブロック内部では刷新のメカニズムが作用する。環境派にしろ、中道派にしろ、第三極を目指した動きは小選挙区2回投票制の効果で抑え込まれてしまいがちである。今後、国民戦線がソフト化することで、従来の政党制が大きく再編される可能性が出ている。

　①社会党（PS）

　左翼ブロックでは、オランド政権直系与党の社会党が常に比較第一党である。現在の社会党は1969年に創設され、1971年、エピネー大会でミッテラン派が参画するなど、社会主義者が大同団結して結成した。ただ、フランスでは、もともと「社会主義者」と呼ばれたのは、1905年創設の旧社会党（SFIO）、すなわち「労働者インターナショナルフランス支部」であり、過去フランスに

は、それ以外にも社会主義者の団体が存在した。SFIOを旧社会党と呼ぶのは、その正式名称には「社会主義」と書かれていないにもかかわらず、一般的には「社会主義者」（社会党）と呼ばれていたからである。

　左翼ブロック内で社会党が共産党を凌駕するようになるのは1970年代の左右四党制を経て、1980年代以降である。現在の党首は2014年5月より、カンバデリス第一書記である。

　②共産党（PCF）

　左翼ブロックのもう一つの中心政党であるフランス共産党（PCF）は、1920年12月の結党時はSFIC、1921年に共産党（PC）となり、1943年からはフランス共産党（PCF）に改称している。第五共和制下では長きにわたって反体制政党であったが、1981年、第一次ミッテラン政権下のモーロワ内閣において社共連合政権を形成し、左翼ケインズ主義とも呼ばれた「ミッテランの実験」に閣内から参画した。しかし、社会党の政策転換により、ファビウス内閣から閣外に離脱した。それでも、社会党との選挙協力関係は一貫しており、勢力は次第に衰えつつも、左翼ブロックの一角を占めている。1997年には、「複数左翼」の一員としてジョスパン内閣に復帰した。党首はピエール・ロラン全国書記である。

　社会党の安定したパートナーであるが、補完勢力と見なされる傾向があり、支持は低迷している。2008年共産党と左翼党（党首メランション）を中心に選挙共闘組織である左翼戦線を創設し、社会党に代わるもう一つの左翼の極としての存在をアピールしている。2012年大統領選挙では、メランションは第4位（11.11%）の得票を獲得した。

　③共和党（旧UMP）

　保守ブロックでは、シラク～サルコジ時代の大統領与党はUMPであった。もともと大統領多数派連合の略称を借用した党名UMPは、民衆運動連合、国民運動連合、人民運動連合などと訳されており、わが国での定訳はない。

　サルコジが2012年大統領選挙でオランドに敗れると、フィヨンとコペの間で主導権争いが生じ、党首選での両者の得票が僅差であったため、内紛となった。フィヨン派は院内に一時独立会派を立ち上げたが、徐々に軟化し、紛争は終息したように見えた。だが、その後、政治資金疑惑のビグマリオン事件が発覚し、コペは総裁を辞任することになり、2014年11月の総裁選において党首を継いだのはサルコジだった。2015年5月、同党はサルコジ総裁の提案によ

り「共和党」(Les Républicains) に改称した。

　シラクが立ち上げたRPR（共和国連合）は、新ヨーロッパ主義的なUDF（フランス民主連合）との対比において、ゴーリスト（ドゴール派）と呼ばれることがあった。しかしながら、シラク支持の保守・中道が大同団結した時点で、UMPはゴーリストと呼ばれることはなくなった。伝統的なドゴール主義は消滅したと見るのが妥当であろう。

　④国民戦線（FN）

　1972年創設の極右政党である。反移民・反EUの立場から愛国主義的政策を主張する国民戦線(FN)は、カリスマ的リーダー、創始者J-M・ルペンが運動を引っ張ってきた。極端な反移民、反ユダヤ、反イスラム的な思想は、共和国の基盤的な価値観を大きく損なうものであり、抗議票の域を出ない異端勢力と長らく見なされてきた。しかし、2002年大統領選挙では、社会党のジョスパンを抑えて決選投票に進出し、結果的には大差で落選したものの、大統領候補者の有力な選択肢として極右候補が第2位に浮上したことは全世界に衝撃を与えた。

　FNは2011年、党首が娘のマリーヌ・ルペンに交代し、翌年の大統領選挙では17.9％と躍進した。マリーヌは、支持者拡大のため、国是とぶつかる極端な主張は封印し、表向きソフト路線をとっている。2014年、欧州議会選挙では、フランス74議席中24議席を獲得し、ついにフランス第1党に躍り出た。一方で、新旧党首（親子）間の路線対立が激化し、内紛状態が続いている。

　⑤ヨーロッパ・エコロジー・緑の党（EELV）

　フランスの環境派は、もともと左右ブロックと距離を取る独自路線をとっていた。1982年に結党した緑の党は、89年の欧州議会選挙議員では10.59％（9議席）を獲得し、存在感を示した。だが、小選挙区2回投票制で実施される国民議会選挙では振るわず、1997年国民議会選挙では、「複数左翼」の一員として、左ブロックと共闘する路線へと転換し、ジョスパン内閣に参画した。2009年欧州議会議員選挙において、環境主義政党と市民運動の選挙共闘組織ヨーロッパ・エコロジー（EE）が形成され、社会党と肩を並べる14議席を獲得した。この方式の好調が続いたことで、2009年にはヨーロッパ・エコロジー・緑の党が結成された。

　2012年オランド政権が誕生し、エロー内閣では、ヨーロッパ・エコロジー・緑の党は連立与党を構成した。しかし、2014年、同党は党内の路線対立により、ヴァルス内閣から離脱した。党首はエマニュエル・コス全国書記である。

7 > 中央・地方関係

　フランスの地方自治は、ヨーロッパ大陸型に分類される。わが国地方自治のひな形とされたドイツと同一のカテゴリーに分類されており、上からの地方自治のタイプであり、団体自治色が強い。国家と地方の関係では、フランス革命およびナポレオン統治を経験し、単一不可分の共和国の理念が浸透していた。しかし、1982年のミッテラン＝ドフェール改革以降、内務省系の官選知事（グラン・コールとしての知事団）を中心とした国家行政系列の「知事」と、地方議会の多数派から選出される「議会議長（首長）」に役割が分化された。また、ミッテラン改革期において、国の地方自治体に対する後見監督権が否定された。

　フランスの地方自治体は、伝統的にコミューン（市町村）と県の２層制であった。コミューンは、教区に起源をもつ中世以来の自治体である。フランス全土に３万6000以上存在し、規模は非常に小さい。1971年マルスラン法は、未整理の自治体の合併を促したが、ほとんど成功しなかった。近年では、合併誘導策ではなく、広域行政組織を活用する方式が一般化している。今日のコミューン間協力は、課税自主権を有するEPCI（コミューン間公施設法人）の形式で行われており、地域の特性に応じて様々なメニューが用意されている。大都市圏では、2015年から「メトロポール」が新設され、移行が進んでいる。

　フランス革命とナポレオン帝制期に整備された「県」（デパルトマン）は、国家行政の要であり、人為的に切断された上からの行政区画である。海外県を含め、101県（うち本土96県）である。県の面積は5700km²が標準とされる。面積が機械的に区切られたのは、馬車時代の交通（県庁所在地から県境まで２日で往復可）を考慮してのことである。

　パリ市は県であると同時に市でもある。パリ市の行政番号75は、旧セーヌ県を引き継いでいる。また、2011年、マヨットは第五の海外県となった。

　われわれには分かりにくいが、パリでは、区議と市議を同時に１票で選んでいる。区議会議員の上位者が市議会議員を兼ねる方式であり、下位者は区議専任となる。パリ市議会の定数は163であり、区議会の総定数は364である。原則として上位３分の１が市議（つまり、市議１人、区議２人）になるが、区議を最低10人確保するルールが優先であるため、定数の少ない区では市議が少なくなる。最も定数の少ない１区では市議１人、区議10人であり、最も多

い15区では、市議18人、区議36人となっている。パリ市は行政区の形がカタツムリの殻にたとえられることがある。中心から時計回りに放射状にナンバリングされており、中心の区は人口および面積の規模が小さくなっている。

　公選職を兼職する方式は、ヨーロッパ各地で見られるが、フランスほど兼職の範囲が広く、一般化しているところはない。公選職の兼任には批判も強く、公選職制限法などにより段階的に制限が強化されてきた。その一方で、地方制度改革の議論の中では、地域圏と県の議員を兼職させようとする考え方も検討されており、兼職にもメリットがあるとの立場は根強い。

　地域圏（レジオン）は、州レベルに相当する広域自治体である。地域圏はもともと経済政策上の単位として設定されたが、フランス革命期に解体された、歴史的・文化的な自立性と一体性を備えた「州」（プロヴァンス）の再興という側面がある。ミッテラン改革によって完全自治体化され、現在、フランス本国で22、海外5の地域圏がある。しかし、地域圏が規模的に小さすぎるとの批判が常にあり、2016年から地域圏を13に統合する法律が成立した。ただ、全てが統合・再編されるわけではなく、6地域圏は変更されず、そのうち、サントル地域圏は2015年よりサントル・ヴァル・ドゥ・ロワール地域圏に名称変更された。

　2003年の憲法改正により、コミューンと県に加えて、地域圏が地方自治体として憲法第72条に書き込まれた。また、憲法第1条には、国是である「単一不可分性」と矛盾しない形で、「その組織は地方分権化される」と付け加えられた。それはまるで、第2条に「共和国の言語はフランス語」と謳われながら、第75条の1に「地域言語はフランスの遺産に属する」と付け加えられたことと似ている。

8＞ 男女平等と選挙制度

　フランスでは、1999年の憲法改正によって加えられた公職への男女平等促進条項と、それを具現化させた翌年のパリテ法によって、選挙制度に男女同数制の考え方が埋め込まれた。

　パリテは最初、2001年の市町村議会選挙に導入され、6人ごとの男女同数制としてスタートした。一方、2004年の地域圏議会議員選挙では、男女交互名簿とされ、いっそうの男女同数化が進んだ。現在では、すべての名簿は男女

交互の配列となっている。

　小選挙区２回投票制の国民議会議員選挙では、男女の候補者を同数にするのは依然として困難である。小選挙区制の場合、立候補者数を同数にしたとしても、当選者には必然的に男女間の偏りが出る。実際には、政党助成金の配分を減額するペナルティによって、各党ともに立候補者数を男女同数にするように促されてはいるが、特に二大政党では、男女の候補者数にかなりの差が見られる。もし完全男性、完全女性のリストを作成すれば、政党助成金は50％減額される。

　2015年の県議会議員選挙では、小選挙区２回投票制における男女同数を実現させるために、世界初の男女ペア立候補制（ビノーム）が実施された。それは、定数２の完全連記（２名連記）であり、定数が単純に２倍になるほかは、党派の構成としては、小選挙区制と全く同じ結果をもたらすものである。この制度では、一見すると２名が同時に選出されているように思えるが、両性の補欠を含めた４名選出である。

　現時点では、国民議会議員選挙において男女ペア立候補制が導入されるかどうかは定かではない。しかし、県議会での実践は必ずや国政選挙への適用を求める運動を誘発させるであろうし、近い将来、左翼政権が支持の拡大を狙って、小選挙区２回投票制を維持したまま、制度の導入を模索するであろう。国民議会の定数が憲法によって577以下に縛られていることや、一票の格差の是正など、制度導入までにクリアする問題は少なくない。

　割当制を飛び越えて、一気に完全同数を実現させるフランス的な急進性・刷新性には正直驚きを禁じ得ないが、理念先行・原理原則主義のフランスらしいといえば、そういえなくもない。

（増田　正）

［参考文献］
自治体国際化協会 編『フランスの地方自治』財団法人自治体国際化協会、2009年
渡邊啓貴『フランス現代史――英雄の時代から保革共存へ』中公新書、1998年
増田正『現代フランスの政治と選挙』芦書房、2001年

03 ドイツ
Federal Republic of Germany

【基礎データ】
○正式名称：ドイツ連邦共和国（Bundesrepublik Deutschland）
○面積：35.7万km² ※日本の約94%
○人口：8094万人（2014年、独連邦統計庁）
○首都：ベルリン（約343万人、2012年、連邦統計庁）
○言語：ドイツ語
○宗教：キリスト教[カトリック2546万人、プロテスタント2483万人]、
　　　　ユダヤ教［11万人］（2012年、連邦統計庁）、
　　　　イスラム教［400万人］（2009年、連邦内務省）
○政治体制：連邦共和制
○議会：二院制（ただし、連邦議会と比べ連邦参議院の権限は限られている）
　　連邦議会：定数598議席（任期4年。ただし、調整議席を含め現在631議席）
　　連邦参議院：定数69議席（各州首相および州の閣僚、人口比により各州3〜6名）
○実質GDP：2兆7250億ユーロ（2014年、以下同、独連邦統計庁ほか）
○1人当たり名目GDP：3万5230ユーロ
○実質GDP成長率：1.6%
○失業率：6.7%
○兵役：徴兵制は2011年に一時停止（実際は廃止に限りなく近い）

1 > 東西ドイツの歴史概略

　1945年の敗戦・無条件降伏から4年後の1949年5月8日に、ドイツ連邦共和国（通称、西ドイツ）は建国された。同年10月8日には、ドイツ民主共和国（通称、東ドイツ）が誕生している。このもう一つのドイツとその背後の共産主義陣営の存在と、第二次世界大戦終結までのナチスの独裁体制が、戦後の西ドイツの国家体制を規定してきたといえる。後述のように連邦共和国の政治システムには、ワイマールの失敗を反省した措置が様々な形で施されているのである。

　同時に、冷戦体制の急激な進展も西ドイツの国際的な位置づけを決めていった。ドイツ再統一を掲げる勢力に抗して、初代首相のアデナウアー（キリスト教民主同盟［CDU］党首）は独仏関係を基盤とした西側統合を推進していく。50年代の高度経済成長（「経済の奇跡」）を背景に同首相は「宰相民主制」とも呼ばれる強力なリーダーシップを発揮。西ドイツは1955年には主権を回復し、NATO（北大西洋条約機構）への加盟も果たした。

　東ドイツとの関係が大きな懸案になった一大事件は、1961年の「ベルリンの壁」構築である。西側統合重視による安全保障と経済復興を第一義の政策課題としながらも、同じドイツ民族の国家である「隣国」は常に西ドイツ外交の懸案事項の一つであった。この東側との関係改善が進展したのは、1966年成立の大連立政権とそれに続く1969年成立のドイツ社会民主党（SPD）／自由民主党（FDP）政権のブラント首相時代である。とりわけブラントの功績は目覚しく、1970年には対ソ連、対ポーランドとの友好条約を、1972年には東西ドイツ基本条約を締結したのである。再統一ではなく、事実上一つの「国」として東ドイツを認知したことについて国内では賛否両論が渦巻いたが、東西緊張緩和が進む中で、ブラントの東方外交が高く評価されたことに相違はなかろう。これを機に東西ドイツは1973年に国連加盟も果たしている。

　1974年側近のスパイ疑惑発覚で辞任したブラントに代わって首相に就任した同じくSPDのシュミットは、石油ショックに端を発する経済不況の時代、再び西欧統合の発展に努めた。1979年発足の欧州通貨制度（EMS）は、その成果である。だが、ソ連のアフガニスタン侵攻から再び悪化した東西関係や、核兵器配備問題、国内の経済危機、失業率の増大等に対する批判の高まりから1982年再び政権は交代、中道右派連立与党のコール（CDU）政権が誕生した。

第 1 部◆西欧各国と EU の政治

戦後の歴代ドイツ首相 （1990年までは、西ドイツ首相）

在任期間	首相名	所属政党	連立与党
1949～1963年	K.アデナウアー	CDU	CDU/CSU/FDP
			（1957～1961年は、CDU/CSU）
1963～1966年	L.エアハルト	CDU	CDU/CSU/FDP
1966～1969年	K.G.キージンガー	CDU	CDU/CSU/SPD
1969～1974年	W.ブラント	SPD	SPD/FDP
1974～1982年	H.シュミット	SPD	SPD/FDP
1982～1998年	H.コール	CDU	CDU/CSU/FDP
1998～2005年	G.シュレーダー	SPD	SPD/連合90・緑の党
2005年～	A.メルケル	CDU	CDU/CSU/SPD
			※ただし、2005～2009年、および2013年以降
			（2009～2013年は、CDU/CSU/FDP）

注：党名の略称は、右の通り。　　CDU＝キリスト教民主同盟
（59～61ページ参照）　　　　　CSU＝キリスト教社会同盟
　　　　　　　　　　　　　　　FDP＝自由民主党
　　　　　　　　　　　　　　　SPD＝ドイツ社会民主党

　コールは翌1983年に解散・総選挙を実施するが、この選挙で初めて議席を獲得したのが、緑の党である。70年代後半より次第に問題視されてきた酸性雨を始めとする環境保護の問題、冷戦激化による軍拡政策への反発が同党の勢力拡大の要因であるが、この党の存在の必要性を強烈に知らしめたのが1986年のウクライナ・チェルノブイリでの原発事故である。この事件を機に、西ドイツ社会の環境への意識は大きく高まっていった。

　東西冷戦は1985年、ソ連にゴルバチョフ書記長が就任したことで、大きな転機を迎える。1988年にはハンガリーで政権交代があり、民主化推進勢力が次第に定着、同国はゴルバチョフの後ろ盾を得て、翌年オーストリア国境を開放した。これを知った東ドイツ市民は、ハンガリー経由で西側への亡命を図るようになる。共産主義陣営の中では優等国とされていた東ドイツ経済は、80年代にはかなり深刻な状況に陥っていた。強力な監視体制が敷かれ、表面的な反体制運動は封じられていたが、水面下では一般市民の不満は高まっていたのである。

　1989年10月の東ドイツ40周年を祝う国家エリートを尻目に東ドイツ市民は民主化デモを展開、11月9日にはベルリンの壁が崩壊した。この時点では民主化された東ドイツ国家の新設が主張され、再統一は第一目標ではなかったのである。

同年11月に就任したモドロウ東ドイツ首相も、西ドイツとの条約共同体案を提示するに留まった。これに対して西ドイツのコール首相は翌年の総選挙での劣勢を挽回すべく、独自の統一プランをもって介入してきた。これにより東西ドイツ統一への道のりは西ドイツの既成政党間の選挙戦を意識して進むようになる。

西ドイツが対ポーランド国境を承認したことで東西ドイツ統一は、国際的にはソ連が認知するかどうかが大きな焦点になった。とりわけ統一ドイツのNATO帰属問題が最後まで論議されたが、最終的には1990年8月に戦勝国と東西ドイツ間で合意が得られ（2＋4条約）、10月3日ドイツは統一された。

2＞ 統一ドイツの歴史概略

東西ドイツ統一から2ヵ月後の総選挙では、東ドイツ市民の厚い支持もあり、コール政権が圧勝した。この勝利を機に同首相は国内で強力な権力基盤を獲得、長年の念願であったヨーロッパ統合を推進していく。1992年にはEC（欧州共同体）域内の市場統合が完成、1993年にはマーストリヒト条約が発効してEU（欧州連合）が誕生、統合は大きく前進した。

冷戦後の西側軍事機構（とりわけNATO）の役割が、防共同盟から地域紛争処理機構へと変貌する中で、経済大国ドイツにも国際貢献を求める声が高まってきた。たび重なるユーゴスラビアの民族紛争へのドイツの関与は不可避的になり、1994年に連邦憲法裁判所が連邦議会の同意を条件に、連邦軍のNATO域外派兵に合憲判決を下した。ドイツ連邦軍は、1999年のNATOのコソボ空爆時に初めて域外での軍事行動に参加したのである。

外交的成果とは裏腹に、国内の不況と旧東ドイツ地域の経済復興は芳しくなかった。同地域では経済的な不満のみならず、社会的・文化的に新体制に戸惑う人々も少なくなかった。そのような不満層は、一方では旧共産党の後継政党である民主社会党を支持し、他方では若年層を中心にネオナチなどの右翼活動に参加して、外国人排斥を主張したりしたのである。

旧西ドイツ側でも政治に対する不満は大きくなっていった。統一ドイツの国際的地位の上昇、ヨーロッパ統合の推進役として立場が内外で認識される一方で、グローバリゼーションの進展、社会福祉制度の改革の必要性が、次第に意識されるようになっていったのである。移民の増加、失業率の悪化あるいは政治家のスキャンダルも不満の一端であった。

そのような不満は、1998年総選挙でのコール降ろしに端的に見られた。この選挙でのコールへの不満票の多くが、かつて彼を華々しく支持した旧東ドイツ地域の中高年婦人層であったことは皮肉である。

　この選挙で政権は再び交代、SPDと、連合90・緑の党の連立による中道左派のシュレーダー政権の誕生となった。SPDのシュレーダー首相はイギリスのブレア首相を意識して「新しい中道」というスローガンを提示、グローバリゼーション下でドイツの進むべき新たな方向を模索した。

　また、初の連邦レベルでの政権参加となった緑の党とともに原発停止、二重国籍容認といった政策を掲げて論争を巻き起こした。外交面では、1999年3月にNATOのコソボ空爆で、ドイツ連邦軍が初の域外派兵を実現している。さらに、2001年のアメリカ同時多発テロ後のアフガニスタンでのタリバン攻撃には、米国との同盟関係を重視して連邦軍を派遣している。しかし、大量破壊兵器保有疑惑に端を発した米国のイラク攻撃には同調しなかったため、シュレーダー政権期の対米関係は悪化したといわれる。

　統一以降のドイツとヨーロッパの関係は、どう発展したのだろうか。統一したことでドイツは冷戦下での分断国家としての脆弱性を克服し、以前にも増してヨーロッパの主要国としての地位を固めてきた。しかし、戦後70年を経た現在でもナチスの犯罪的行為に対する内外の批判は大きく、ドイツが経済力を背景に自国の国益のみを声高に主張するのが困難な状況に変わりはない。そのため、ドイツの外交は冷戦下以上に「ヨーロッパの中のドイツ」という基本方針に貫かれている。90年代、共通通貨ユーロの導入をめぐってはドイツ国内には賛否両論があった。強い通貨であるマルクを手放すことに懐疑的な国民や経済界の意見が多かったのである。しかし、ユーロ導入からおよそ10年が経過、2009年のギリシャ危機に端を発したユーロ危機下でユーロ安が進行、輸出主導型のドイツ経済は活況を呈している。

　さて就任以降、国内制度改革を思うように進められなかったシュレーダーだが、2002年末にドイツの財政赤字が深刻化していることに危機感を抱き、翌2003年3月に大胆な構造改革構想「アジェンダ2010」を発表する。

　これは、職業訓練制度の規制緩和や軽微労働・派遣労働の創出、起業促進などによる雇用の流動化の促進、失業保険制度を中心とした社会保障制度改革、法人税減税などの税制改革を柱とするもので、特に統一以降「ドイツ病」と非

難された高福祉高負担の社会福祉国家制度を改革し、就業促進を促そうというものであった。具体的な施策をフォルクスワーゲン社の理事を座長にしたハルツ委員会で検討させた首相はその後、ハルツⅠからⅣまでの法案パッケージを通して改革を断行したのである。

だが、改革の効果は即時には現れず、失業保険制度の改革等により2004年から2005年にかけて旧東ドイツの州など、特に失業率の高い地域で不満が噴出、SPDは州議会選挙で敗北するようになった。シュレーダーは連邦議会選挙を1年前倒しで実施したが、僅差でCDU／CSU（キリスト教社会同盟）に敗れ、首相に再選されなかった。

2005年に就任した初の女性首相メルケルの政権は、第一次（2005年〜2009年）と第三次（2013年以降）がSPDとの大連立政権、第二次（2009年〜2013年）がFDPとの中道右派政権と、選挙のたびごとに与党の組み合わせが代わっている。これは二大政党（CDU／CSUとSPD）の得票率が低下し、小政党（FDP、B90／G［連合90・緑の党］、DL［左派党］）の得票率が上昇したためである。

特にシュレーダーの改革に抗議してSPDを脱党した党内左派と旧東ドイツの共産主義政党の後継である民主社会党（PDS）が合併して誕生したDLがドイツの政党制に定着したことで、これまでのような左右陣営それぞれでの2党のみの連立（CDU／CSUとFDP、SPDとB90／G）では過半数を取れない状況が増してきたのである。旧独裁政党の後継ということもあり、連邦レベルでDLと組む政党がいないこともそれまでのような連立政権の構成を難しくしている。

2005年と2013年誕生した大連立政権は、60年代とは異なり、他の組み合わせで過半数を獲得できなかった末の最後の選択肢だったのである。党首就任時の脆弱なイメージと異なり、メルケル首相の評価は日増しに高まっていくことになった。大連立政権下では野党時代から懸案であった連邦制改革を実現、連邦と州の権限の分担を進め、赤字国債の発行に歯止めをかけるいわゆる債務ブレーキ規定を締結した。家族政策でも就業と子育ての両立を進めるべく、保育施設の充実などに尽力している。

しかし、国内政治でメルケルが最も注目を集めたのは、日本の福島第一原発事故直後に決定した原発政策の転換であろう。2011年、政権は2022年までの国内原発全廃の決定をし、再生可能エネルギーの普及を図る断を下したのである。

首相の人気が高まった背景には、政権発足後まもなくドイツ経済が上向いてきたことがある。前任者シュレーダーの改革政策の効果が発揮されてきたのである。国内は未曾有の好景気に沸き、失業率は急速に低下、ドイツ企業の多国籍化が進み、企業は東欧、さらには旧ソ連諸国や中国にまで進出することになった。

　メルケルがそれまでの首相と異なるところは、ヨーロッパ政治での活躍が、国内での高評価につながっている点である。確かに過去の首相のヨーロッパ政策も国民の評価対象になってはいただろう。しかしそれは、統合に向かうヨーロッパについてであり、内政問題とは基本的に別次元のものがほとんどであった。

　それに対して、メルケル政権下では、日常的な内政の問題がヨーロッパ政治と直結することになったのである。とりわけ、2009年のギリシャの粉飾決算発覚に始まる一連のユーロ危機に直面して、メルケルは欧州の首脳の中でも飛び抜けたリーダーシップを発揮、特に南欧諸国が財政赤字と景気後退に苦しむ中、ユーロ圏外との貿易量で他国を圧倒するドイツでは、ユーロ安にも助けられ、輸出が増大、EU諸国随一の経済力をもつに至ったのである。

　もちろん、懸案材料がないわけではない。国際的にはEU外での紛争問題がドイツにも影響を及ぼすようになってきた。北アフリカのリビアやシリア内戦に際しては、英仏が空爆を遂行したのに対して、メルケル政権は軍事介入には消極的な態度に終始し、一部で非難を浴びている。アフガニスタンでは、ドイツ兵がイスラム過激派との戦闘で死亡する事件も起きた。ユーロ問題では、一貫して財政再建路線を主張し、フランスや南欧諸国の求める経済成長優先の考えに批判的なスタンスを崩していない。堅実な経済運営を続ける北部の加盟国はドイツの政策に同調するものの、財政赤字に苦しむ南欧諸国はドイツの路線に批判的である。とりわけ、2012年に就任したフランス・オランド大統領とメルケルとの関係は良好とはいいがたい。

　しかし、メルケル政権下最大の懸念は、2014年のウクライナ危機を契機に深刻化した対ロシア関係であろう。両国の関係悪化は2004年のウクライナの民主化革命（オレンジ革命）と、翌2005年のロシアからウクライナ経由でヨーロッパに配給していたパイプラインガスの停止、さらに2008年のロシアによるグルジア侵攻に始まっており、その根は深い。

　政権は米国と共同歩調を取りながら対露経済制裁を続けているが、ドイツ国内ではロシアに進出している企業を中心に、経済界の対露強硬路線に対する批

判も根強い。ロシア・プーチン大統領の強硬路線は、NATOとEUの拙速な東方拡大が原因であるという指摘もあり、ドイツ国内には米国や西欧諸国の対露政策を非難する声も少なくない。そのためメルケルは、ヨーロッパ諸国との協調関係に留意しながら、ウクライナ問題に対処しつつ、エネルギー安全保障の必要からバルト海海底を通してロシアから直接天然ガスを輸入する「ノーストリーム・パイプライン」の拡充も図っているのである。

　一方、国内ではギリシャ支援に反発する市民の支持を集めて、反ユーロ政党「ドイツのための選択肢」が躍進、2013年の連邦議会選挙では、わずかに議席獲得に届かなかったものの、続く州議会選挙や欧州議会選挙では大幅な議席獲得を果たしている。また、国内の好景気が続き、失業率は低いままであるが、改革で軽微労働や派遣労働が増加した結果、働きながらも生活が苦しいままという、いわゆる「ワーキング・プア」が増加したといわれる。そのため国民の間の格差が拡大してきているのである。

　2013年の連邦議会選挙では、建国以来議席を維持してきたFDPが議席を喪失、格差拡大を非難するB90／G、DLといった左派政党の議席が増えたのである。再びSPDとの大連立政権となったメルケル政権は、最低賃金制度導入を決めるなど、左派色の強い政策を遂行するようになっている。

3 ＞ 憲法体制

　ドイツの憲法は、正式にはドイツ連邦共和国基本法（Grundgesetz）と呼ばれる。憲法と表記されないのは、この基本法が統一までの暫定的なものであることを表しているためである。1949年5月8日に採択された基本法の様々な箇所からワイマール憲法の失敗への反省が垣間見られる。例えば、国民投票制の排除、首相と議会の権限強化、政党条項の導入などである。

　基本法に掲げられる諸原則には、法治国家、民主国家、連邦国家、社会国家がある。基本法改正には、連邦議会の3分の2の多数が必要である。国民投票制は敷いていない。1990年にドイツが統一した際、左派を中心に基本法改正による新憲法制定を求める動きはあった。左派の中には改正により国民投票制の導入や社会的基本権の拡充をめざす勢力もあった。しかし、ドイツ統一は当時の第23条の規定により西ドイツ（ドイツ連邦共和国）による東ドイツの編入という形を取り、統一後に第23条は削除されたため、1949年時のドイツ連邦共和国基本法という

名称は、(西ドイツ時代の延長ということで) 残存することになった。基本法の効力は、ドイツ国民の自由な意思で新憲法が制定された時に失効する (第146条) ことになっている。なお、第23条にはその後、統一ヨーロッパでのドイツの役割を規定する新しい条項 (ヨーロッパ条項) が充てられている。

基本法は1949年から2014年の間に、60回もの改正が行われている。非常事態法などの新条項の追加以外では、特に連邦制改革に伴う財政規定の改正のほか、立法、司法、選挙法関連で複数回の改正が実施された。さらに近年では、第23条のような統合ヨーロッパへの適合上必要な改正もなされている。

4 > 執政府

ドイツの国家元首は、連邦大統領である。ワイマール時代とは異なり、連邦共和国では大統領の権限はもっぱら象徴的なものに限定されており、その権限は条約の締結や連邦裁判官等の任免、連邦首相候補の提議などに限定されている。これはワイマール時代に議会の機能が低下し、大統領権限がヒトラーに利用されたためである。

国民の直接投票で選ばれたワイマール時代の大統領と異なり、連邦大統領は連邦議会議員と、これと同数の州議会議員によって構成される連邦集会 (Bundesversammlung) の場で投票により選ばれる。2回の投票で過半数を得る者がいない場合には、3回目で最多数得票者が当選する。任期5年で1回のみ再選可能である。

戦後の歴代ドイツ大統領 (1990年までは、西ドイツ大統領)

1949〜1959年	Th.ホイス	FDP (自由民主党)
1959〜1969年	H.リュプケ	CDU (キリスト教民主同盟)
1969〜1974年	G.ハイネマン	SPD (ドイツ社民主党)
1974〜1979年	W.シェール	FDP
1979〜1984年	K.カーステンス	CDU
1984〜1994年	R.v.ヴァイツゼッカー	CDU
1994〜1999年	R.ヘルツォーク	CDU
1999〜2004年	J.ラウ	SPD
2004〜2010年	H.ケーラー	CDU
2010〜2012年	C.ヴルフ	CDU
2012年〜	J.ガウック	無所属

一方、ドイツの連邦首相は「宰相民主制」と呼ばれる制度下で強大な権限を有している。連邦首相と連邦大臣が構成する内閣には、以下の三つの原則がある（基本法第65条）。

①首相は政治の方針を決定する（首相の原則）
②各連邦大臣は、独立して、かつ自己の責任において所管の事務を指揮する（所管の原則）
③連邦大臣間の意見の相違については、連邦政府が決定する（内閣の原則）

この三つの原理の運用は、状況に応じた形でなされる。首相にはこれらの権限のほかに連邦政府組織編成権がある（同第64-1・65条）。これは連邦省庁の統合分離などの組織再編を可能にする権利で、例えばシュレーダー政権では一時期、経済省と労働省が合併している。また、連邦首相には連邦大統領に連邦閣僚を推挙する権限がある（同第64条）。

連邦制を採用するドイツでは内務行政の多くの領域が州の管轄であり、連邦専属の行政分野は外交・防衛等の限定的な分野である。他方でヨーロッパ統合の進展により、行政の国際化も顕著になってきている。

1990年代には連邦政府機関の民営化も増えており、1994年には連邦鉄道が、1995年には連邦郵便が民営化されている。また統一後、旧東ドイツ軍も吸収した連邦軍は漸次、縮小が進められ、2011年には徴兵制が停止（廃止ではなく）された。

5＞ 議 会（下院＝連邦議会、上院＝連邦参議院）

(1) 連邦議会（議席数631［第17会期、2013年以降］、任期4年、選挙権18歳以上）

ドイツの下院であるドイツ連邦議会は、国民代表機関である。やはり、ワイマール時代の反省から戦後は連邦首相と連邦議会の権限強化が図られた。連邦議会の主な任務は立法と首相・大統領の選出にある。

議会の権限強化は具体的には、解散権の濫用の防止や首相選出条件の厳格化に見られる。新たに首相を選出するには、連邦議会議員総数の過半数の信任が必要であるし、首相への不信任案を提出するには、後継首相がやはり議員総数の過半数をもって選出されなくてはならない（建設的不信任案［基本法第67条］）。これは首相退陣による権力の空白を防止するためである。このほかにも、連邦憲法裁判所裁判官（半数）の任命や議会内調査委員会の設置などの権限を有する。

また、議会の停止による権力の空白期間を極力少なくするために、首相による議会の解散権も制限されている。建設的不信任案の制度ゆえに、連邦議会の提出する不信任案可決による首相の解散権行使は不可能である（不信任案可決は同時に後継首相の選出になるため）。そのため、首相が解散権を行使するには、連邦議会の与党の提出する「信任」案が否決されるという手続きが必要になってくる。しかし、本来であれば首相を支える側である与党が首相に信任案を提出し、それが否決されるということはありえず、与党側には否決するためのなんらかの理由（大義名分）が不可欠となる。

首相の解散権行使は1949年の建国以降、合計3回行使されているが（1972年、1983年、2005年）、前2回は建設的不信任案提出後に成立した新政権（1972年は再任されたブラント政権、1983年は新任のコール政権）が国民に信を問うという理由で行ったもので、2005年は、改革政策の影響により州議会選挙で敗北を重ねたシュレーダー政権が選挙を早めて改革の評価を国民に問うという理由で挙行した解散であった。

しかし、他国と比べると連邦議会が解散する回数はきわめて少なく、ドイツ連邦議会選挙は、ほぼ全て4年ごとに実施されている（基本法では、新選挙が前の選挙後の会期開始後早くても45ヵ月後、遅くても47ヵ月後に実施されることを謳っている［第39条］）。

(2) 連邦参議院

連邦参議院は、16州の政府構成員かその代理人（通常は州首相と閣僚・高級官僚）により構成される。各州の議席数は人口比に応じて6、5、4、3議席ずつ有する（総議席69。参議院メンバーの選挙そのものはない）。連邦参議院が関与できる立法分野は、主に州が関与する分野で「同意を必要とする法律」に限定されているが、この範囲で連邦議会と連邦参議院の意見が一致しない場合には両院協議会（両院同数の代表より構成）で妥協が図られる。

連邦議会と参議院で与野党関係が逆転している場合には、両院が与野党の対立関係を反映し、法案成立の障害になるケースもある。ただし、州代表により構成される参議院と選挙区代表である連邦議会では代表する主体が異なるため、両院の多数派が同じ政党であっても、連邦と州、州と州の利害関係をめぐって対立状況が生じる可能性もある。

近年では各州での政党間の連立パターンが多様化したため、州政府には連邦の与党と野党が連立する政権が増えてきた。参議院の採決の際には、同一州の構成員は全員同じ投票行動をしなくてはならないため（連邦参議院メンバーは独立の行動をする議員ではない）、この与野党混合型の州は時に棄権をせざるをえないこともあり、参議院の立法過程は複雑化している。

6 > 選挙制度

ドイツの選挙制度は日本では「小選挙区比例代表併用制」と呼ばれ、有権者が小選挙区と比例代表区用に2票有している点は日本と同じである。ドイツ語での正式名称を直訳すれば「個人化された比例代表制」となり、基本的には比例代表制の一種である。ワイマール共和国の帝国議会内で小党が乱立し、機能不全の一因になった反省から、現行の選挙制度は考案された。その仕組みは以下の通りである（改正前）。

① 総議席数（定数は598）は、比例代表区に投票された第2票により各党に配分される（配分方法はヘアー・ニーマイヤー方式。現在はサンラグ方式）。その際、総得票数が全体の5％未満で、かつ全国で小選挙区3議席を獲得できなかった政党の得票は除外して計算する（阻止条項）。

② 議席配分決定の後、各党の議席数を州別に配分する（計算方法は同じ）。これで各党の各州の総議席数が決定する。

③ 次に各々の州内で小選挙区当選者（小選挙区票は第1票）に優先的に議席配分、余った議席を各党提出の州比例名簿の上位から配分していく（非拘束名簿）。小選挙区は、全部で総議席数の半数の299である。ある党のある州の小選挙区当選者数が、第2票により配分された議席数を上回る場合には超過議席として加算される。連邦議会の総議席数が選挙ごとに変化するのはこのためである（現在の第17会期は631議席）。

しかし1990年のドイツ統一後、この選挙制度をめぐって様々な問題点が浮上するようになってきた。とりわけ2005年の連邦議会選挙において1選挙区で順延選挙が実施された際、メディアのシミュレーションで「得票を増した政党の議席が減る」という珍現象が世間で知られるようになった。これを契機に選挙制度改革の議論が沸き起こり、2011年に連邦憲法裁判所が現行選挙法に違憲判決を下した。

政党間の駆け引きなどの紆余曲折の末、2013年に新憲法が制定された。主な

改正点は、議席配分の順序を変更し、政党別に配分する前に全議席を州別に配分したこと、第2票による比例配分率を維持するために、超過議席が生じた場合に全党間の得票率の比率に合わせて他党に調整議席を付与するということである。新選挙法下で初めて実施された2013年の選挙では、定数は598のままながら総議席数は631になった。新選挙法で新たに導入した調整議席ゆえに、今後の選挙では場合によっては総議席数700以上、定数より100人以上の追加議席が生じる可能性も指摘されている。阻止条項の5％も近年では、小党の議席獲得を妨害しているとして批判的に見られがちになってきた。

2013年の選挙で5％以下の死票が15.8％にも達したことも、この議論に拍車をかけた。連邦議会選挙では阻止条項の改革はなされていないが、欧州議会選挙の阻止条項には連邦憲法裁判所の違憲判決が下り、2014年の選挙から阻止条項は消滅した。裁判所の判決理由は、議院内閣制で首相や内閣を擁立するために安定多数が不可欠な国内の議会（連邦議会）と異なり、行政府の長を選出する権限のない欧州議会では極力多様な意見を表出すべきで、そのためには阻止条項で小党の議席獲得を妨げてはならないというものであった。

過去の反省を踏まえて設計された選挙制度は、左右諸勢力の妥協の産物ではありながら、西ドイツ時代には他国に模範となる選挙制度として評価される存在になった。しかし、念願の統一が達成された後、東西ドイツ間格差が埋まらない中で、二大政党の得票率低下、新党の台頭などの影響により、次第に問題点を露呈するようになってきたのである。具体的には、小選挙区と比例代表制の併用方法、阻止条項、超過議席にまつわる問題と、西ドイツ時代に評価の対象となっていたドイツの選挙制度に特徴的な仕組みばかりである。

2013年に新選挙法は成立し、すでに運用されているが、問題点が完全に除去されたわけではない。今後も、なんらかの形で改正をめぐる議論が再燃する可能性は排除できないのである。

7 ＞ 政党と政党制

ナチス時代の反省から、ドイツ連邦共和国では憲法（基本法）で政党の法的地位が明記され、政党内部の民主的秩序の必要性等が唱えられている（基本法第21条）。1967年には政党法も制定され、政党への国庫補助も法文化された。政党財政については、増大する拠出額や配分方法をめぐって連邦憲法裁判所の

違憲判決が下されることもあるが、現在まで存続している。

　また、左右の過激政党については違憲判決が下され、解党に追い込まれたこともある。このような法的枠組の中で、ドイツの主要政党（連邦議会で議席をもつ政党）は、以下のような少数に限定され、近年はとりわけ、二大政党を中心に国家機関との結びつきが密になってきたという批判が沸き起こっている。

① キリスト教民主同盟／社会同盟
（CDU／CSU=Christlich Demokratische Union Deutschlands／Christlich Soziale Union）

　党員数約45万人（CDU、2015年）、14万7000人（CSU、2014年）。1945年以降、各州レベルで新たに設立された政党。ワイマール時代のカトリック中央党などがその前身。戦後は新旧キリスト教勢力から支持される政党として出発した。CDUとCSUは別々の政党で、CSUが南部バイエルン州のみに存在し、CDUは同州以外で活動している。したがって両党が競合する地域はなく、連邦議会でも共同の会派を結成している。政策面では自由主義経済推進、また、冷戦下では西側統合の必要性を掲げてきた。ドイツ国内では両党合わせて、ほぼ毎回の選挙で最大政党になっている中道右派の大政党である。

　党内にはキリスト教系労働組合も組織されており、また、戦後福祉国家の拡充の中心的存在であったことからも、英米の保守系政党のように党全体で新自由主義的な経済政策を推し進めてきたわけではない。CDU／CSUは建国当初から1969年まで与党の一角を占めており、1982年から1998年までもコール首相（CDU党首）の下で首班政党でありつづけた。

　しかし、1998年の下野後、コールの首相時代の収賄疑惑が浮上、多くの党幹部が関与した汚職事件が発覚した。これにより党内の人事を刷新、2000年にはメルケルがCDU史上初の女性党首に選出されている。これ以降のCDUは、家族政策では子持ち女性の就業支援、原発からは撤退し再生可能エネルギーを奨励するなど、路線をややマイルドな方向にシフトさせている。

　「妹」に当たるCSUはCDUよりも保守的な政党として知られる。これは活動するバイエルン州の政治文化に起因している。同州ではカトリック教徒の比率が高く、経済的にはハイテク産業などが発達した国内有数の先進地域でもある。そのためCSUは例えば文化政策では伝統的な家族重視のスタンスであり、経済的には国家介入主義を信奉するなど、姉政党とはやや異なる志向を有して

いる。1州に限定されていることから連邦でのプレゼンスは姉政党に比べて劣らざるをえないが、カリスマ的指導力をもつ政治家を擁することで、その規模以上の存在感を発揮することも少なくない。

② ドイツ社会民主党（SPD = Sozialdemokratische Partei Deutschlands）

党員数は約45万9000人（2014年）。1875年、社会主義者労働者党として設立。第二次世界大戦中は非合法化されていたが、戦後再建される。西欧社会民主主義政党の代表的存在。1959年制定のバート・ゴーデスベルク綱領でマルクス主義を相対化し、1966年よりCDU／CSUと大連立政権を結成した。1969年にはブラント首相の下で首班政権を形成した。1982年に下野した後人材難等で低迷したが、シュレーダー首相の下、1998年、連合90・緑の党との連立で与党に復帰している。

SPDは戦後以来、労働者の政党として雇用の確保や社会保障制度の充実、共同決定制度をはじめとする労働・賃金政策やケインズ主義型経済政策の推進に努めてきた。しかし、70年代後半以降は環境保護や反核運動など、労働者に特化されない社会問題への対処が求められるようになってきた。さらに、90年代以降顕著になったグローバリゼーション進展下での新自由主義の席巻に対しては、ドイツ型の「第三の道」である「新中道」路線が模索された。そして2003年、シュレーダー首相は財政赤字の深刻化を目の当たりにしたことで大胆な構造改革案「アジェンダ2010」を発表、雇用規制の緩和、社会保障改革、税制改革などの改革を矢継ぎ早に実行に移した。

この改革は数年後に効果を発揮しだし、2000年代後半よりドイツは未曾有の好景気を迎えるようになった。しかし、SPD内ではシュレーダーの改革に反対する声も少なくなく、改革政策実施直後の2004年に元党首ラフォンティーヌを筆頭に党内左派が脱党、旧東独の共産主義政党の後継であるPDSと合併し、左派党（DL／p.62参照）を結成するに至った。

それ以降、SPDの弱体化が進行し、2005年の総選挙以降、連邦レベルでは20％台半ばの得票率しか獲得できない中規模の勢力に減退し、CDU／CSUからは大きく水をあけられている。それでも、メルケル政権下では2度にわたって与党入りしており、2013年成立の2度目（通算3度目）の大連立政権下では、最低賃金制導入、年金支給年齢の（一時的）引き下げなど、政権の左傾化に一役買っている。

③ 自由民主党（FDP=Freie Demokratische Partei）

　自由主義系の政党で、党員数約5万5000人（2014年）。党内には自由主義右派と左派がおり、時に路線対立を引き起こしたりしてきた。FDPは連邦議会ではふつう5〜10％ほどしか得票率を挙げられず、左右の大政党との連立関係が常に問題になっている。1949年から1966年まで（1957〜1961年を除く）と1982年から1998年まではCDU／CSUと、1969年から1982年まではSPDと連立与党を構成してきた。連立パートナーを代えることで政権参加を続けたFDPの戦略には批判も少なくないが、キャスティング・ボートを握っていたことから党の規模以上の存在感を示し、シェール元大統領、ゲンシャー元外相など有力政治家を輩出してきた。しかし、90年代以降は緑の党台頭もあり次第に低迷、1998年の選挙で下野した。

　野党時代には、CDUの汚職渦の影響で支持を伸ばし、また政策面では民営化推進など、主要政党間では唯一、徹底した新自由主義的経済政策を唱えることで存在感を増してきた。2009年、CDU／CSUとの連立でほぼ10年ぶりに政権復帰（メルケル政権）を果たしたが、FDPの求めた減税策などは首尾よく実施されず、公約違反を批判されることになった。

　長年パートナーを組んでいながら、左傾化傾向を見せていたメルケル政権内で、連立与党間の政策一致は必ずしもうまくいかず、FDPの支持は急落、2013年総選挙では連邦レベルで初めて比例票の得票率で5％を下回り議席を喪失、建国以降初めて連邦議会に議席をもたない苦境に陥ることになった。

④ 連合90・緑の党（Bündnis 90／Die Grünen）

　70年代末より環境保護を謳う人々が中心になって1980年に結成。1983年に連邦議会で議席を獲得した。68年世代と呼ばれる60年代末の学生運動の担い手の多くが参加しており、当時の西ドイツの既成政党批判などを展開した。党の名称が「緑の人々」（Die Grünen）というのも、その反政党的性格を表している。党内にはしかし、ラディカルに社会批判を展開する原理派と既成勢力との折り合いを模索する現実派が共存し、時に深刻な路線対立が展開される。1990年の統一後、旧東ドイツの市民運動連合体の「連合90」と東の「緑の党」と合併、現在の名称になった。統一直後の総選挙で旧西ドイツ地域の緑の党が議席を失ったことも影響してか、党内の原理派の多くが脱党し、同党は穏健化していく。

1998年にはシュレーダー政権下で初めて連邦レベルで与党となり、原発廃止、二重国籍容認など斬新な政策を打ち出した。また、与党入りした半年後には、連邦軍はコソボ空爆に参加、9.11後のアフガン侵攻にも連邦軍は参加しており、かつての平和主義政党・緑の党の下で、ドイツは戦後初めて実質的な軍事活動を遂行することになったのである。

　2005年の下野後、特に外交政策面では再び平和主義路線に回帰しているが、その一方で同党の党員・支持者の層には変化が見られている。左翼色の強い学生運動の担い手から、都市に住む穏健左派の若年層が増えてきたのである。そのため緑の党のイデオロギーも、社会主義色を交えたラディカルなものから、穏健な形での自由を志向する自由主義左派の傾向が顕著になってきた。

　とりわけ、2013年の選挙でFDPが議席を喪失すると、連邦議会で唯一、自由主義的な政党として存在感を増している。州レベルではSPD以外の右派政党（CDUやFDP）と連立する機会も出てきた。連邦レベルでの実現の可否は不明だが、近年ではCDU／CSUとの連立可能性も取り沙汰されるようになり、両党のシンボルカラーを模した黒緑政権待望論も登場している。党員数は約6万人（2014年）。

⑤ **左派党**（DL = Die Linke）

　旧東ドイツの支配政党であった社会主義統一党（SED）の後継政党として1990年に結成された。同年の連邦議会選挙は特例で議席を獲得。その後、次第に社会主義時代のSEDの独裁的な行為、党幹部の犯罪行為などが明るみに出るにつれ、国内で批判を浴びるようになってきた。旧東ドイツの復興とともに泡沫化すると予想されたが、経済復興の遅滞、失業率の上昇などに起因する旧東ドイツ住民の不満を吸収することに成功。旧東ドイツ地域の州ではCDUに匹敵するほどに党勢を拡大してきた。東の地域政党、左翼のポピュリスト政党として地歩を固めた。

　2004年に、シュレーダーの構造改革に批判的なSPD左派が脱党してPDSと合併、2005年に現在の左派党（DL）が誕生した。PDSは、当初は旧東ドイツの地域政党という特徴を前面に出していた。しかし、SPD左派と合併して旧西ドイツの党員や支持者も獲得、近年では左派色の強い社会主義政党としての側面が強調されるようになってきた。

　統一時の予想に反して躍進・安定しだしたPDSやDLを目の当たりにして、他党は次第に対立のみならず協力関係も模索するようになってきた。旧東独地

域では、1994年に一部の州でSPDと連立政権を組むようになり、2014年にはテューリンゲン州で初めて首班政党としてSPDと連合90・緑の党と連立し、州首相を輩出している。しかし、旧西ドイツ側では未だに反共イデオロギーが強く、また、PDSの前身のSEDの東ドイツ時代の反民主的活動を問題視する人が多いため、SPDによる州レベルでの連立の試みは挫折している。DL党内でも他党との連立模索も含めた路線対立が繰り返されている。党員数は約6万人（2014年）。

⑥ その他の政党

阻止条項を採用しているドイツでは、小政党が議席を獲得することは難しい。それでも、近年は二大政党の得票率低下の影響もあり、連邦議会進出をうかがわせる小党がいくつか現れている。

右翼からは建国当初から様々な政党が登場しているが、全国レベルでの統合が進まないため、連邦議会では未だに5％を獲得できていない（州議会で議席を得た政党は存在する）。その中でも、近年注目を集めているのは、国家民主党（NPD）である。NPDは60年代末に台頭しているが、当時は戦中のナチスやヒトラーを同時代に知っていたいわゆるオールド・ナチスが中心であった。

それに対して、特に統一後に旧東ドイツ地域で勢力を伸ばした勢力は、外国人排斥を謳うネオナチ政党である。ネオナチ政党台頭の原因は様々に分析されているが、学校をドロップアウトし職も得られない低年齢層が多いことから、社会的な不満層が外国人を敵視して集団化したという見方が有力である。失業率の高い旧東ドイツ地域で勢力を拡大していることが、その証左であろう。

2000年代初頭、NPDは首都ベルリンの目抜き通りでかつてのナチスを彷彿させるような大規模な行進を行い、ドイツ社会に議論を巻き起こした。50年代のように基本法第21条に抵触するとして強制的に解党措置を施す案も検討されたが、民主主義を脅かす政党と認知されるには至らなかったため、見送られている。それでも近年は、NPDの関連団体に殺人事件などの犯罪にかかわった嫌疑がかけられ、大規模な裁判が行われている。

インターネットや様々なSNSの発達によって台頭した政党も存在する。海賊党（Die Piraten）は、書籍やAVメディアなどをはじめとする知的財産権の自由化を主張して、特に大都市で支持を伸ばしてきた。同時に、大都市の問題（家賃の高騰や高額な交通費など）も併せてテーマにすることで、特に2011年のベルリン市議会選挙で注目を集めたのである。だが、党の幹部層が多くの

重要な政治的テーマに習熟していなかったり、党内対立が顕在化したりすることで支持を減らしている。

2009年のギリシャ危機以降、メルケル政権はギリシャや南欧諸国に対して、財政再建の勧告と支援策の実施など、硬軟入り混じったユーロ政策を展開している。しかし、ドイツ国内ではメルケルのユーロ政策を批判する反ユーロ政党「ドイツのための選択肢」（AfD）が結成された。

AfDはバイエルン州の小政党をルーツにしており、CDUやCSUより右寄りに位置する政党として注目された。2013年の連邦議会選挙では、わずかに5％を下回り議席獲得には至らなかった。反ユーロとともにナショナリズムを喚起するような主張も見られるが、同党を従来の右翼政党と見なすかどうかには議論の余地がある。例えば、AfDは移民自体には反対しないが、移民の、ドイツの社会保障システムへの編入は拒否すると主張している。従来の右翼政党とは異なるという判断から、CDU／CSUの一部の保守系議員の中にはAfDとの連立可能性に言及する者もいるが、大勢は批判的である。

8＞ 中央・地方関係

(1) 連邦制

ドイツは16の州（Land）により構成される連邦制を採用している。第二次世界大戦後、ドイツが再び軍国主義化することを恐れた戦勝国は、地域レベルからドイツを復興させ、国に先んじて州を再建させた。1990年の統一まで西ドイツには11の州があり、うち1州は東ドイツ領土内にある西ベルリンであった。統一後には東の5州が新たに加入、東西ベルリンは合併して1州となった。

ドイツ基本法では、第30条で連邦と州の権限配分を、第70条では立法権限の配分が規定されている。ドイツの連邦制は米国やカナダに比べると画一的であり、各州の独自性は相対的に低い。政策領域でも文化や教育といった一部の分野を除くと連邦全体で統一的になってきている。そのため、立法府としても州議会の役割は低下しており、一般的には立法権が連邦に、行政権が州の管轄になっている。現在では、州が立法権に関与できるのは連邦参議院を介する場合が主である。

しかし、連邦参議院の同意が必要な法案が多くなり、州の拒否権が重要性を増してくると、連邦と州が協調しないと新たな政策遂行が難しくなってくる。

構造改革が叫ばれるようになった90年代半ばより、この協調的連邦制の非効率性が問題視されるようになった。紆余曲折の末、2008年には連邦制改革が実現した。この改革により連邦と州の立法権限が一部分割され、連邦参議院の同意が必要な法案数の減少が企図されたのである。

また、ヨーロッパ統合の進展は、ドイツの州にも大きな影響を及ぼしている。西ドイツ時代に、統一の際のドイツの領土について規定していた基本法第23条は統一とともに削除され、代わってヨーロッパに関する規定（ヨーロッパ条項）が充てられるようになった。これは、連邦制下で州が専属的に有している権限（文化政策関連など）にかかわる場合には、州代表も（連邦［国］の代表と並んで）EUでの決定過程に参画できることを規定したものである。これにより州は、連邦とは別に独自のヨーロッパ政策を遂行できるようになったといえよう。実際、州によっては隣国の地域共同体（フランスのレジオンなど）と地域間での経済関係を進展させるなど、国を介さない独自の外交関係を築いている。

ただこのような展開が、ドイツの全ての州にとって望ましい傾向とはいえない。西ドイツ時代の80年代以降連邦制の規制緩和が進み、州が独自に経済発展できる余地が高まった。その結果、経済力のある州（特に南部）と、経済力に乏しい州（特に北部）の間で格差が拡大（南北問題）、さらに1990年のドイツ統一で編入された旧東ドイツ地域の州の復興が遅れることで、新たな格差（東西問題）が生じたのである。経済力のある州は、連邦の規制緩和が進んで自州の経済発展の可能性がさらに高まることを望むが、発展の遅れた州にとっては、自由化が進んだ州同士の「弱肉強食」の競争によりさらに格差が拡大する脅威がある。

この州格差が複雑なのは、一つには州の間での財政調整が、基本法で義務づけられているためである。財政調整には連邦が州間格差を是正する垂直的財政調整と、富裕な州から貧しい州への財政移転である水平的財政調整の二種類がある。富裕な州は規制緩和が進んで自州の歳入が増えても、水平的な財政調整で貧しい州への拠出をせざるをえない。それを回避すべく連邦の垂直的財政調整を当てにすれば、州に対する連邦の規制の強化につながりかねない。

さらに、ヨーロッパ統合の進展により、州同士の競争関係はドイツ国内に留まらなくなっている。ドイツの周辺国、例えばオランダやベルギーといった国は、人口や経済規模から見ると、ドイツの大きな州と大差がない。しかし、周辺の中小国では国家介入による官民挙げての産業振興が可能であるし、連邦制

でなければ州間財政移転の必要もない。ドイツ国内で弱小州が競争を恐れて規制強化を求めた場合、国内の富裕な州の競争力が阻まれて周辺国の企業に遅れをとるおそれもある。富裕な州も財源に乏しい州も、競争が激化した統合ヨーロッパにおいては、複雑な条件下での経済運営を迫られているのである。

（2）地方自治

基本法は、市町村や郡の自治権を明記している。市町村法の制定は各州の管轄下にあり、地方行政は州により様々である。市町村は財政面や権限の面から自立した政策実施が困難な場合が少なくない。権限の面では上位の行政単位である郡への権限委譲、財政面では連邦や州との間での税配分が議論されている。

9 > 日本とドイツは真のパートナー？

ともに第二次世界大戦の敗戦国として、また戦後、未曾有の成長により経済大国となった日本とドイツ。洋の東西に分かれた両国には共通点が多い。そのためか、日独両国は基本的には良好な関係を保っている。

しかし21世紀になると、いささか様相が変わってきた。急速な経済成長で企業投資を呼び込む中国と、ユーロ危機のさなか、輸出大国としてヨーロッパで一人勝ちしているドイツの友好関係が進展しているのである。近年では独中両国の貿易関係はさらに緊密化が進む。不況で中国から撤退した日本企業に代わってヨーロッパ、とりわけドイツ企業の中国進出が目立ってきた。

それにより中国市場で日独間が経済競争をするケースも出てきた。中国の高速鉄道の電車車両の受注をめぐる争いが好例である。歴史的にみれば、良好な関係を保ちながら、これまでは別世界の住人であった遠くの友人と、初めて利害がぶつかるようになったといったところだろうか。

一方中国は、反日政策からドイツとの緊密化を企図しているという見方もある。第二次世界大戦の戦争責任を着実に精算しているドイツをもち上げることで、日本の対中戦争責任の不備を批判しようとしているというのである。ドイツは、このような日中の政治的な対立には巻き込まれないように慎重な姿勢を取っているが、巨大な市場をもつ中国の魅力は捨てがたい。

メルケル首相は就任後の約10年間、ほぼ毎年のように数多くの企業関係者を引き連れて中国訪問をしているが、日本に来たのはわずかに2回だけである。

もちろん、民主化していない中国への警戒心も隠さない。メルケルは過去、折に触れて中国の人権問題に言及してきたし、(中国との民族問題がある) チベットの仏教高僧ダライ・ラマ14世は、ドイツで歓待されている。また、ベトナムなど中国以外のアジア諸国との経済関係緊密化にも余念がない。

　この中国への警戒感から、最近ドイツは日本との関係を改めて重視しだしたともいわれている。アジア随一の経済大国として、また、長年の友好国として最も自国に近い存在と認識しているのかもしれない。だがそれでも、日独が相互に理解可能になったとはいえまい。2015年3月に訪日したメルケルは、やんわりとした口調ながら、日本の戦争責任問題、原発政策、財政赤字に苦言を呈した。日本には日本の言い分があるだろうが、これらの問題でドイツが、日本に対して不満・不安をもっているのは間違いない。

　この両国の関係の変化は、世界規模の話にもつながってきた。2015年、中国は大規模な開発などへの金融支援を可能にするアジア・インフラ投資銀行(AIIB) を設立すると発表し、世界各国に出資を呼びかけた。イギリスを皮切りにヨーロッパ主要国はこぞってAIIBに参加、もちろんドイツも加盟している。一方、日本と米国は未だに加盟には慎重な姿勢を崩していない (2015年8月現在)。日米は1966年設立のアジア開発銀行 (ADB) 最大の出資国であり、ADBを通したアジア太平洋地域への支援が基本路線であるためである。

　軍事と違って経済には、相互依存が不可欠である。中国も日本のAIIB加盟を拒否しているわけではないし、日本にも加盟を促す論調がある。しかし、目下のところは中国とヨーロッパの経済協力の進展と、中国の膨張を警戒する日米とが対峙するような構図になりつつあり、今後の日本とドイツの関係も、この米中両大国の関係に影響を受けざるをえないのである。

(河崎　健)

[参考文献]

近藤正基・西田慎編『現代ドイツ政治』ミネルヴァ書房、2015年

森井裕一『現代ドイツの政治と外交』信山社、2008年

河崎健編『21世紀のドイツ——政治・経済・社会からみた過去・現在・未来』ぎょうせい、2011年

オーストリア
Republic of Austria

【基礎データ】
○正式名称：オーストリア共和国（Republik Österreich）
○面積：約8.4万km²　※北海道とほぼ同じ
○人口：約850万人
○首都：ウィーン（約176万人）
○言語：ドイツ語
○宗教：カトリック約63.1％、プロテスタント約3.55％、
　　　　イスラム約6.8％
○政治体制：連邦共和制
○議会：二院制
　　　　国民議会[第一院]183議席（比例代表制・直接選挙、任期5年）
　　　　連邦参議院[第二院]62議席（各州議会から各州の人口比に従い選出。
　　　　　　　　　　　　　　　　　任期は州議会任期に一致）
○GDP(名目)：3131億ユーロ（2013年、EU統計局、以下同）
○1人当たりGDP：3万3200ユーロ
○実質GDP成長率：0.3％
○失業率：4.9％
○兵役：徴兵制を18歳以上の男性に適用
　　　　（2013年、徴兵制の維持を問う国民アンケートの結果、今後も
　　　　引き続き、徴兵制を維持することに決した）

1＞ 成立過程

　オーストリア第一共和国（1918年発足）は、1938年にナチス・ドイツに併合されて消滅したが、1945年にカール・レンナー暫定内閣による第二共和国が誕生し、独立が宣言された。その後、占領体制下へ移行し、しばらくは米英仏ソの共同占領体制下に置かれていたが、1955年に占領4ヵ国と国家条約を調印して主権を回復し、同時に永世中立国となり、国連にも加盟した。

　中立政策維持のため国民皆兵制度を導入、連邦軍も創設した。主要政党はおおむね親EC（欧州共同体）であったが、中立政策のために冷戦期には西側陣営には加われなかった。加えて、チロルの領土保有をめぐるイタリアとの対立が、オーストリアのEC加盟を阻んだ主要原因である。自由貿易地域の創設という趣旨から、1960年にEFTA（ヨーロッパ自由貿易連合）への加盟は実現された。

　冷戦終結直前の1989年に正式にECに加盟申請をし、1994年6月にEU（欧州連合）への加盟を問う国民投票が実施されて、可決された。1995年1月EUに正式加盟。90年代の加盟交渉進展には、東欧革命が大きく影響した。EC(EU)の東方拡大政策推進の上でオーストリアは地理上、加盟が不可欠な国とみなされるようになり、また、冷戦の終結により北欧のほかの中立国も加盟を視野に入れはじめたからである。1999年には共通通貨ユーロを導入し、経済面でもヨーロッパの一員としての地位を得ている。

　第二次世界大戦ではナチス・ドイツの傘下で参戦したものの、戦後、連合国はオーストリアをも被害国と規定し、オーストリア自身も被害国として自己規定をしてきた。そのため、現在に至るまで過去の犯罪を問う作業が不徹底のままである点が指摘される。オーストリアのこの矛盾した立場は、1986年に元国連事務総長ワルトハイムが大統領選挙に立候補した時に、世界的に注目を集めた。ワルトハイムは第二次世界大戦中にバルカン地域でドイツ軍将校としてユダヤ人殺害に関与した疑いがもたれた。批判的な国際世論にもかかわらず、ワルトハイムは大統領に当選している。

　1945年の建国から1970年までと、1987年から2000年まで、戦後のかなりの期間、オーストリアは二大政党による大連立政権により運営されている。経営者側の代表でもある保守系の国民党と、労働組合を支持母体にする左派の

社会党（社民党）の大連立は、「ネオ・コーポラティズム」と呼ばれる政府を介在させた労使協調体制を定着させ、オーストリア社会の安定に寄与してきたといえる［参照「ネオ・コーポラティズム」p.186~］。反面、政権は固定的で刷新は望めず、既得権益者の保護につながると社会的批判を浴びる機会も増えている。

　1999年10月の総選挙で、自由党が第二党に躍進。二大政党である国民党と社民党の連立交渉が失敗したために、2000年1月に国民党と自由党による連立政権が誕生した（シュッセル首相）。中道右派であった自由党は、外国人追放や親ナチス的発言をしたとされるハイダー党首（当時）の下で右傾化、連立与党の一角を担ったことから国内外で批判が起こり、欧州各国が制裁措置を発動し、オーストリアとの外交的接触を一時的に中断したりした。

　自由党の支持が拡大したのは、冷戦終結後、急増する東からの外国人への流入への不満票を吸収した側面もあるが、当時のオーストリア国内でハイダーおよび自由党に対する批判とは別に、長年大連立政権を維持してきた二大政党を問題視する人も多かった。オーストリアの国全体で国民党・社民党両党が既得権益を独占する体制が定着してきたためである。このような閉塞感が、1999年の自由党支持につながったという指摘もある。

　また、選挙制度が比例代表制で阻止条項（4％条項）を敷いているため、主要な三つの政党のうち、二つが連立しないと安定多数を形成できない。イデオロギー配置状況からみて、国民党と社民党の連立が不可能な場合、事実上、国民党と自由党の連立政権しか選択肢がなかったのである。

　このような政党制特有の事情から、2007年にシュッセル政権が退陣すると、再び大連立政権（クーゼンバウアー首相）が成立している。

2 > 憲法体制

　1920年制定の連邦憲法は何度も改正されているが、1929年の改正によって大統領職を伴う議院内閣制としての特徴を、兼ね備えるようになった。連邦憲法は、民主主義、連邦制、法治国家、権力分立、自由主義を原則としている。第二次世界大戦後の第二共和制でも1929年憲法が継承されている。1955年10月26日には、中立法が憲法に制定された。

戦後の歴代オーストリア連邦首相

在任期間	首相名	所属政党	連立与党
1945～1945年	K.レンナー	社会党	社会党/国民党/共産党
1945～1953年	L.フィグル	国民党	国民党/社会党
1953～1961年	J.ラープ	国民党	国民党/社会党
1961～1964年	A.ゴルバッハ	国民党	国民党/社会党
1964～1970年	J.クラウス	国民党	国民党/社会党 ※ただし、1964～66年（1966～70年は、国民党単独）
1970～1983年	B.クライスキー	社会党	社会党
1983～1986年	F.ジノヴァツ	社会党	社党/自由党
1986～1997年	F.ヴラニツキー	社会(民)党	社会党/自由党 ※ただし、1986～87年（1987～97年は、社会(民)党/国民党）
1997～2000年	V.グリーマ	社民党	社民党/国民党
2000～2007年	W.シュッセル	国民党	国民党/自由党 ※ただし、2000～05年（2005～07年は、国民党/未来同盟）
2007～2008年	A.グーゼンバウアー	社民党	社民党/国民党
2008年～	W.ファイマン	社民党	社民党/国民党

注：「社会党」は、ヴラニツキー政権時代の1991年、「社会民主党」に改称。「社(民)党」はそれを表し、その後は、「社民党」と表記。

3 > 執政府

　オーストリアの国家元首は連邦大統領である。1929年の憲法への追加条項で大統領の権限が強化された。1950年以降は直接選挙で選出され、任期は6年。再選は1回可能である。連邦政府の任免権（連邦憲法第70条1項）、連邦議会・州議会の解散権（同29条1項・100条1項）、さらに連邦軍の統帥権（同80条）をもつ。このように大統領は強大な権限を有するのだが、実際には超党派的存在として国内政治にはあまり関与せず、影響力も小さい。2015年現在の連邦大統領は、ハインツ・フィッシャー（社会民主党）である。

　第二共和制では政治の実権を握っているのは、連邦首相である。連邦首相は大統領によって任命される。閣僚も大統領が任命するが、実際の人選は連立与党間の交渉で事前に内定していることがほとんどである。大連立の第一期には内閣とは別に二大政党の有力者約10名による連立委員会があり、事実上の決定機関として機能していた。60年代半ば以降、内閣の影響力は増してきたといわれる。だが、強力な社会的パートナーシップの下では、関係利益集団と政党関係者の事前調整が行われており、内閣は追認機関にすぎないと批判されている。

4 > 議会

　国民議会（Nationalrat）は、地域・州・連邦の順に選挙される。全183議席。選挙方法は比例代表制に人物の要素を加味したもので、現在の任期は5年（2007年の選挙法改正前までは4年）。選挙権は16歳以上の男女にある。国民議会は個別閣僚や内閣全体に不信任案を提出できる。国民議会の特徴の一つが議員団会議である。議長団とクラブと呼ばれる院内会派（議員団）の執行部から構成される議員団会議の任務は、超党派的な話し合いの場であり、本会議・委員会の議事日程から各会派の発言時間の配分なども、この議員団会議で党派を超えた合意形成が図られる。

　第二院である連邦参議院（Bundesrat）は、全9州を代表する機関である。全62議席は、州議会から派遣される代表から構成される（各州の定数は人口比で配分）。任期5年。州の利益を代表する機関だが、参議院メンバーは国民議会のクラブに所属しており、実際には州の代表としてよりも、党派利益を代表する方が重視されるようになっている。そのため大連立政権下では、あまり重要な機能は果たせなかった。また、それ以外の時期は政党間競争の場となりやすく、州の利益を十分に実現しているとは言いがたい。

5 > 選挙制度

　1920年に比例代表制が導入された。その後、1971年と1972年に一部が改正され、4％の阻止条項が規定された。90年代に入ると人物本位の要素を求める声が高まり、再び改正された。この新選挙制度では全議席の配分は比例配分で決定するが、選挙区で高得票した候補者の名簿順位を上げることなどが可能になるなど、現在では人物本位の要素が加味されている（非拘束名簿式比例代表制）。また、4％の阻止条項があるため、小政党の議席獲得は困難になっている。

　比例代表の投票を行う選挙区の単位は、43の地域選挙区（定数1〜8人）、9の州選挙区（定数7〜36人）、1の全国選挙区（定数はなし）に分かれている（総議席数は183）。有権者は1票を地域選挙区の政党に、もう1票を地域選挙区の政党の候補者に投票できる。加えて、州選挙区の政党の候補者にも投票できる。

　特徴的なのは、投票対象の候補者は、投票した政党名簿と同一の政党の候補

者でなくてはいけないことである。ドイツに見られるような、投票した政党と別の候補者を選ぶという「分割投票」は、大政党に不利になるとして禁じられたのである。

6> 政党と政党制

　1945年から1966年、1987年から2000年までの間、国民党と社会（民）党の二大政党による大連立政権が続き、二大政党は一時期合わせて90％以上の得票率を誇っていた。しかし、80年代以降は小政党が躍進するようになり、二大政党の得票率は低下している。それでも戦後合計で40年以上は二大連立政権が結成されており、政党制には大きな変化は生じていない。

　①オーストリア国民党（Österreichische Volkspartei=ÖVP）

　キリスト教民主主義系の政党。保守系。カトリック教会、および経済界と緊密な関係にある。前身はキリスト教社会党であり、当初は急進的であったが、20世紀初頭より保守勢力も取り込み、包括的な政党へ変貌していった。第二次世界大戦後、現在の国民党として再建された。イデオロギー的には、保守主義・自由主義・キリスト教社会主義を標榜しており、現在では中道右派の中核として、長年与党の一角を占めている。

　②オーストリア社会民主党（Sozialdemokratische Partei Österreichs=SPÖ）

　1888年、オーストリア社会民主労働党として結党された。第二次世界大戦後オーストリア社会党として再建され、すぐさま政権内で首班政党となった（首相はカール・レンナー）。だが、60年代までは停滞。その後、党首クライスキーを中心に党勢を刷新、1970年より13年間、単独政権を実現させている。ドイツの社会民主党同様、マルクス主義に固執しない国民政党へと変貌した。1991年には社会民主党に改称。

　③オーストリア自由党（Freiheitliche Partei Österreichs=FPÖ）

　欧州自由主義の一角を担うが、ナチスとの関係は戦後当初より指摘されていた。その後穏健化し、1983年には社会党と連立政権を組むが、1986年にハイダー党首が就任すると右翼ポピュリズム政党と化し、1987年に下野している。党内の左派勢力は脱党し、リベラル・フォーラム（LIF）を結成した。自由党は二大政党による政党支配体制を批判する抗議政党として支持を拡大、2000年には国民党と連立政権を結成するに至った。

④オーストリア未来同盟（Bündnis Zukunft Österreich＝BZÖ）

ハイダーらFPÖ幹部の一部が離党して2005年に結成。ハイダー党首期には極右政党と位置づけられていたが、2008年にハイダーが交通事故死した後、党は穏健化していった。2013年選挙で5％を下回り、議席を失っている。

⑤緑の党

1978年、国内の原発操業が国民投票で否決された。この頃よりオーストリアでも原発反対・環境保護を訴える緑の党の運動が活発化してきた。1986年より議会に議席を獲得し、その後は安定した勢力を保っている。

⑥オーストリア共産党（Kommunistische Partei Österreichs＝KPÖ）

戦後すぐには党勢を拡大したが、その後は衰退。

7＞ 中央・地方関係

オーストリアは、九つの州からなる連邦制を敷いている。歴史的には、伝統のある各州の独立意識が強かった。だが、第二共和国下で州の権限は非常に限定的になっており、司法権や財政権限は連邦（国）の管轄になっている。それでも各州には州首相がおり、州内での権限は強力である。また、政党組織が分権的で州・自治体組織に強い権限を与えていることで、公的機関の権限も間接的に強くなっている。

連邦同様、各州の政治制度も議院内閣制で、州議会が州首相と閣僚を選任する。ウィーン州とフォアアールベルク州を除く七つの州では、州憲法で州政府の構成についての規定がなされており、一定の勢力を有する政党が政府に参加する「比例代表型民主主義政府」の結成が可能になっている（次節を参照）。しかし90年代以降、この与野党合意による比例代表型民主主義への批判が高まっている。

8＞「比例配分民主主義」と社会的パートナーシップ

オーストリアでは、中央集権的な利益集団である労組と、経営者団体と、政府の三者からなる協議体制が、所得政策など主に経済面での政策決定に大きな影響力を行使してきた。このような体制を比較政治学では「ネオ・コーポラティズム」というが、オーストリアでは、「社会的パートナーシップ」と呼んでいる。

集権化した四大利益集団は二大政党と緊密な関係にあり（「四大利益集団」とは、経済会議所・農業会議所・労働者会議所・オーストリア労働総同盟［ÖGB］のことである。前二者が特に国民党と、後二者が社会［社民］党と密接な関係にある）、大連立政権下でこれら利益集団が、政府との協調関係を深めていった。このようなオーストリアの特徴は、「プロポルツ」（「比例配分民主主義」ともいわれる）という独特の仕組みからなる。これは、異なる政党同士が連立政権を組み妥協的な政策を採ることで、連邦制によって連邦（国）の野党が州あるいは自治体では与党になっていることもあることから、与野党を問わず、この妥協の政治が全国に普及している。

　さらに、このプロポルツは政党間のみならず、主要な利益集団（経営者団体、労働組合、農業団体、スポーツ団体など）にも広く浸透しており、社会全体での協調・協同組合的な体制が定着しているのである。その頂点に位置づけられているのが、国民党と社会（社民）党の二大政党であり（両政党は1953年の連立協定で、二大政党間に広く政府関連の役職比例配分制が導入され、国有企業の幹部職にも適用されることになった）、両政党の大連立政権は、広く社会に受け入れられている現象ともいえよう。選挙制度が比例代表制で（イギリスのような小選挙区制でないため）、単独政党での政権構成が困難なことも連立政権の結成に拍車をかけている。

　プロポルツは、オーストリアの歴史的伝統に根ざしている。第一次世界大戦前まで多民族による国家構成であったオーストリアでは、クリーヴィッジに沿って形成された各下位文化を代表する多極共存型の体制が定着していた。多民族国家であるがゆえの紛争解決処理は、諸勢力間の妥協でのみ解決可能であったのである［参照「クリーヴィッジ理論」p.197~］。

　政党（エリート）はこの下位文化を代表する存在となっており、これに呼応して議会では、多数決よりも政党間の比例配分（プロポルツ）による協調的な利益媒介システムが採られてきたのである。このような特徴は「三十年戦争」が起きた17世紀より発展してきたといわれる。当時、オーストリアの地域を占めていたのは神聖ローマ帝国であったが、宗教戦争（カトリック対プロテスタント）の混乱を沈静化するために帝国内の役職を宗派間で配分し合った措置が、プロポルツ制度の始まりといわれるのである。

　とはいえ、このような二大政党による半ば常態化した大連立政権を批判する

声もしばしば大きくなる。その最大の出来事が、上述の自由党の躍進であろう。同党の固定支持層は長らく減少傾向にあったのだが、80年代以降ポピュリズム的傾向を強め、ハイダー党首（当時）の巧みな演説の効果もあり、確実に党勢を拡大していったのである。二大政党への独占状態の揺らぎは社会組織の中にも見られ、1998年には戦後一貫して全労組が加盟していたオーストリア労働総同盟の独占が崩れ、自由党系の労組「自由労組」が誕生している。

　政党勢力以外では、国民投票や司法が、時に野党的役割を果たすこともある。第二共和国下で国民投票は、1978年の原発操業問題と1994年のEU加盟の2回実施されているが、前者は否決、後者は可決されている。また、1975年の憲法改正で連邦裁判所への提訴手続が簡素化されたことで訴訟数は急増し、それに伴い、憲法裁判所の政治問題への介入も増してきた。司法が違憲判決などにより政権に反対する立場に立つ可能性も高まったのである。

（河崎　健）

［参考文献］
　大西健夫・酒井晨史編『オーストリア――永世中立国際国家』早稲田大学出版部、1996年
　V.ラウバー・須藤博忠訳『現代オーストリアの政治』信山社出版、1997年
　東海大学平和戦略国際研究所編『オーストリア――統合その夢と現実』東海大学出版会、
　　　2001年

スイス
Swiss Confederation

【基礎データ】

○正式名称：スイス連邦（Confoederatio Helvetica［ラテン語］）※

○面積：約4.1万km² ※九州と同じくらい

○人口：約824万人（2014年、スイス連邦統計庁）

○首都：ベルン（人口約13万人、2013年、スイス連邦統計庁）

○言語：ドイツ語64％、フランス語23％、イタリア語8％、
レートロマン語［ロマンシュ語］1％
（2013年、スイス連邦統計庁）

○宗教：カトリック38％、プロテスタント26％、その他キリスト教
6％、イスラム教5％（2013年、スイス連邦統計庁）

○政治体制：連邦共和制

○議会：二院制
上院［全州議会］46議席、下院［国民議会］200議席

○GDP：6359億スイスフラン（2013年、スイス連邦経済省）

○1人当たりGDP：7万8539スイスフラン
（2013年、スイス連邦統計庁）

○実質GDP成長率：2.0％（2014年、スイス連邦経済省）

○失業率：3.1％（2015年、スイス連邦統計庁）

○兵役：徴兵制を19歳以上の男性に適用

※…「ヘルヴェティアHelvetiaの連合」という意味。スイスに住んでいたケルト部族のヘルヴェティア族に由来している。スイス政府観光局ホームページ参照（2015年8月閲覧）

1 ＞ 成立過程

　スイスの永世中立の歴史は古く、1815年のウィーン会議で認められた。とはいえスイスは、一体性をもつ国民国家というより独立性の高い州(カントン)の緩やかな連合体という性格をもつ国であった。分離同盟を結成した保守派と自由憲法を求める自由派の内戦状態が続いた後、1848年の連邦憲法制定により、スイス連邦が成立した。1920年には軍事制裁に加わらないことを前提に国際連盟に加盟した。しかし1938年、イタリアのエチオピア侵攻に対する経済制裁をめぐり、イタリアの報復を恐れて制裁参加を見合せて、加盟国としての活動を事実上停止した。戦後、冷戦下では1948年に国際連合（国連）のオブザーバーの地位についたものの、東西の狭間で一貫して中立政策を堅持してきた。1986年には、国民投票で国連加盟が否決されている。その厳格な中立政策の意義は冷戦終結で薄らぎ、1992年には国連加盟申請がなされ、2002年3月の国民投票で可決された。国内では1958年に武装中立、国民皆兵制が敷かれた。1959年からは四大政党による大連立政権が続いている。

　スイスは長年、ヨーロッパ統合に対しては、加盟には消極的だが個別問題では協定締結も検討するといったスタンスを取ってきた。1973年には、ECと自由貿易協定を締結している。1992年には議会がEEA（欧州経済地域）への加盟を決定しているものの、国民投票で否決された。

　1997年、スイス・EU協定が締結され、EU加盟についても、もはや統合ヨーロッパに加盟するしか選択肢はないのでは、という意見が出てきている。が、その一方で、統合によって永世中立や直接民主制といった、スイスの伝統的な特徴が損なわれることを警戒する国民も多く、実際、EU加盟交渉の即時開始の是非を問う2001年の国民投票は、76.7%が反対して否決された。

2 ＞ 憲法体制

　1798年に単一国家としてのヘルヴェティア共和国が建設され、スイス初の憲法が制定された。1848年に連邦憲法が制定され、スイスは国家連合から連邦国家に移行した。同憲法は、米国独立革命とフランス革命の影響を強く受けている。

　その後1866年に一部が、1874年に、全面的な改正がされた。この改正により、連邦の権限と国民の権利が明記されている。2度目の全面改正への議論は

1967年より始まり、90年代に本格的な準備作業が行われた。そして1999年の国民投票により新憲法が成立、2000年より発効している。スイスの憲法体制の基本的特徴は、法治国家、民主国家、連邦国家、社会国家の四つである。このうち、民主国家はスイス独特であり、憲法改正には必ず国民投票が実施されることになっている。またスイスは多言語国家で、ドイツ語・フランス語・イタリア語を公用語、レートロマン語(ロマンシュ語)を加えた四つの言語を国語と規定している。

3 > 執政府

スイスの国家元首は、大統領である。大統領は7人の連邦会議構成員の中から1年任期の輪番制で任命される。だが、閣議の議長を務める以外には、権限では他の閣僚と大差はなく、会議も合議制を採用している。大統領に任命されても、閣僚としての職務を引き続き担当する。首相職は存在しない。

内閣(連邦会議Bundesrat)は、上下両院合同会議が任命する7名から構成される。閣僚の任期は4年。7名の閣僚は7省(外務、内務、財務、司法・警察、経済、防衛・スポーツ、環境・運輸・エネルギー)を率いる。閣僚は1年交代で連邦会議の議長となり、対外的な代表として連邦大統領も務める。1943年の社民党初の政権参加以降、閣僚ポストは四大政党で占められるようになった。

1959年には全閣僚ポストが、「自由民主党：キリスト教民主党：社会民主党：スイス国民党＝2：2：2：1」になるように定められた(「魔法の公式」Zauberformelという)。憲法では、同一カントンから2名以上の閣僚は出せないことになっている。また閣僚の人事は国内の言語・地域・宗教・党派などのバランスに配慮したもので、多くの場合、諸勢力間の妥協の上で人選がなされる。

諸勢力間の協調は、立法過程においても見られる。1947年、憲法に主要利益団体に対する「事前聴取」制度が明記された(第147条)。これは商工業連盟、営業連合、労働総同盟、農民同盟の4団体を頂点とする利益団体が、実際の政策決定過程に編入されることを制度化したものである。法案は議会で決議される前に、政府は様々な専門家や関係者、関係団体を召集して専門委員会を設置する。メンバーは地域や言語のバランスを考慮した人選に基づいて決定される。

この法案が議会で承認されない可能性は低く、むしろ国民投票での否決される危険を考慮しなければならない。利益集団に対するこうした事前聴取制を採ることで、できるだけ広範囲の意見を集約して妥協案を模索し、国民投票での

否決を回避する方策が採られている。

4 > 議会

　スイスの憲法では、連邦議会が連邦最高の機関と位置づけられており、行政・司法よりも優越した地位が与えられている。そのため連邦会議には議会解散権はないし、連邦裁判所には連邦の法律に対する違憲立法審査権はない。

　連邦議会は、国民会議（Nationalrat）と全州会議（Ständerat）の両院から構成される。国民議会（下院）は定数200議席で、各カントン（州に相当）・準カントンに最低1名の議席が割り当てられる。選挙は比例代表制だが、定員1名のカントンでは多数代表制が採られている。全州会議（上院）はカントン代表の集いの場で、全46議席のうち、20のカントンが各2議席、6の準カントンが各1議席をもつ。両院の権限は平等である。法案はすべて両院の賛同を得られないと成立しない。一方の院で可決されない場合、両院間で審議を繰り返すのがふつうで、両院協議会の設置はまれである。

　両院の会議は通常、別々の場所で同時に開催され、年に最低1回合同会議を開催し、内閣（連邦評議会）、内閣の長となる大統領、副大統領、連邦評議会事務局長、連邦裁判所判事（ローザンヌとルツェルン）を選出する。

5 > 選挙制度

　スイスでは直接民主制の要素が大きくなっていることと、政府が長らく大連立政権による合議制を採っていることから、連邦レベルでの選挙の重要性は相対的に低く見られている。むしろ、政府構成員がカントンで選ばれることから、カントンの選挙の方が重要とされる。国民会議の選挙制度では、1918年に比例代表制が導入された。女性の参政権導入は遅く、1971年になって初めて認められた。

6 > 政党と政党制

1959年以来、以下の四つの政党による大連立政権が続いている。

①**自由民主党（FDP）**

　フランス語圏では急進民主党（PLR）と名乗っている。1894年に結成。総じてドイツ語圏のFDPの方が、保守色が強い。保守層を代表し、連邦では長期間与党の中心を占めている。

②保守人民党

1957年に改称、キリスト教民主党（CVP）となる（ドイツ語圏）。フランス語圏では、キリスト教民主党（PDC）として宗派を超えた国民投票を標榜している。カトリック社会層がおもな支持母体である。

③社会民主党（SPS：ドイツ語圏／PSS：フランス語圏）

1888年に結党されて以来、党内左派の正統派マルクス主義者と、右派の改革派の対立が続いている。1959年初頭のヴァイタトール党大会でマルクス主義に固執しない国民政党へと路線変更をし、同年、与党入りした。

④スイス国民党（SVP：ドイツ語圏／UDC：フランス語圏［中道民主同盟］）

旧農民党が前身であり、1971年よりこの名称となった。ベルン州を中心とする主な農民が支持母体である。国民党は四大政党の中では長らく弱小勢力であったが、90年代に他党に対して野党的な姿勢を取ると、支持率が上昇し、2000年代には最大政党にまで躍進している。

このほかには、民主党、自由党、独立者同盟、プロテスタント人民党、スイス進歩組織、労働党、緑の党などの政党が存在する。スイスの政党は、政治体制同様に連邦的な組織構造を有し、党内は分権的である。

7 > 中央・地方関係

スイス連邦憲法第3条には、「州は連邦憲法が許すかぎりの主権を有する。州は連邦に委任できない全ての権利を行使する」とあり、原則的には連邦は、カントン（州）やゲマインデ（市町村）が扱えない課題を管轄するという、補完性の原理を採用している。この規定は、19世紀の建国の過程で対立した中央集権派と分権派の間のバランスを取った規程であり、その後の改正（1874年）で、やや集権的な傾向が強まったと評される。

ゲマインデ（3000以上）、カントン（26＝20の州＋6の準州）と連邦の3層構造。カントン政府は合議制を採り、5、7、9名のいずれかの人数で構成される。これらの政府構成員は、一部のカントンを除いて州民の投票によって選ばれる。カントン議会は大評議会、もしくはカントン評議会と呼ばれ、それぞれ一院制である。任期は多くのカントンで通常、4年。カントンの財源には直接税が充てられる。各カントンの専権事項としては教育・社会福祉分野が挙げられる。また、国全体では四つの国語（ドイツ語、フランス語、イタリア語、

レートロマン語[ロマンシュ語]）と二つの宗教（カトリック、プロテスタント）があることでも知られているが、各カントン内部の言語・宗教は同質性が高い。

8 ▶ 直接民主制の制度

　大連立政権が長く続くスイスでは、選挙や政権交代で政策転換が行われることはまれである。そのスイスで国民が直接に行使できる最も有効な権限は、イニシアティブとレファレンダムという国民投票制であろう。いわゆる直接民主制とは住民集会（ランズゲマインデ）のことを指し、国民投票制は半直接民主制と呼ばれる。イニシアティブとは、国民が憲法改正や法律制定などを要求する場合に実施される国民投票のことで、実施には一定数の署名の回収が前提となる。

　これに対してレファレンダムは、議会が決定した憲法改正、法律制定や政府決定、あるいは条約締結に国民が不服を申し立てる際に実施を要求できる。レファレンダムには義務的なものと任意のものの２種類があり、任意の方の実施には、一定数の署名が必要である。レファレンダムはカントンでも実施されるが、その手続き方法はカントンにより様々である［参照「国民投票」p.242~］。

　スイスでは、1815年以来、300回以上のレファレンダムが実施されてきたが、これはスイス連邦の権限が憲法上にのみ列記されているため、連邦が新たな権限を付与される場合には、その都度、憲法改正をする必要があるためである。このような頻繁なレファレンダムの結果、憲法改正の回数が増え、憲法規範の一貫性が損なわれだしたことが、90年代の新憲法制定につながったのである。

　しかし、レファレンダムの関する制度が変わらない以上、旧憲法同様の問題が生じる可能性は残る。そこで、国民発案による法律制定を可能にするための憲法改正が実施された（2003年）。これにより、レファレンダムによる法改正が憲法だけではなく一般法律レベルでも可能になったのである。しかし、一般的な法律は複雑多岐にわたるため、国民発案による法律改正のための手続きが煩雑になり、また、国民への理解の浸透が難しいといった問題が指摘されている。

（河崎　健）

［参考文献］
　森田安一『物語 スイスの歴史――知恵ある孤高の小国』中公新書、2000年
　田口晃「スイス」矢田俊隆・田口晃『オーストリア・スイス現代史・第二版』山川出版社、1994年
　U.イム・ホーフ／森田安一訳『スイスの歴史』刀水書房、1997年

06 イタリア
Italian Republic

【基礎データ】
○正式名称：イタリア共和国（Repubblica Italiana）
○面積：約30.1万km² ※日本の約5分の4
○人口：6080万人（2014年1月）
○首都：ローマ
○言語：イタリア語（地域により独、仏語等少数言語あり）
○宗教：キリスト教(カトリック)が国民の約80%。
　　　　その他、キリスト教(プロテスタント)、ユダヤ教、イスラム教、仏教。
○政治体制：共和制
○議会：上院・下院の二院制で任期は両院とも5年（両院の権限は同等）
　　　　上院：議席定数315＋終身議員6（2015年7月現在）
　　　　下院：議席定数630（2015年4月現在）
○GDP：2万1376億ドル（2013年、IMF、以下同）
○1人当たりGDP：3万5815ドル
○実質経済成長率：－1.7%
○失業率：12.2%
○兵役：徴兵制は2004年末まで。2005年より完全志願制に
　　　　移行（志願制の任期は、1年〜4年の期限付と終身の二種）。

1 ＞ 成立過程

　1943年9月に連合軍との休戦条約が公表された後、イタリアは南部に連合軍支配下の国王政府、北部にムッソリーニ率いるイタリア社会共和国（サロ共和国）が存在する二重政府状態となった。ローマ以南は連合軍によって解放されたが、北部はキリスト教民主党、社会党、共産党などが結集して結成されたCLN（国民解放委員会）が一般市民とともにレジスタンス（抵抗闘争）を展開し、1945年4月25日に国土解放を達成した。

　第二次世界大戦後の政治体制は、CLNに結集した諸政党が中心となって構築された。国家再建に当たっての課題は、政体問題（君主制の存続か共和制への移行か）の解決と新憲法の制定にあった。特に政体問題については、CLN内部でも統一した方針を打ち立てることができず、憲法制定議会で決定するという当初の方針を廃棄し、国民投票で決することとなった。

　1946年6月2日に実施されたレファレンダム（国民投票）では共和制支持派が勝利し、君主制が廃止され、イタリア共和国が誕生することになった（共和制支持54.3％、君主制支持45.7％）。

　国民投票と同時に行われた憲法制定議会選挙では、キリスト教民主党（得票率35.2％）、社会党（同20.7％）、共産党（同18.9％）が躍進し、これら三党の協力と妥協の上に憲法が制定された（1947年12月22日可決、1948年1月1日施行）。憲法制定において政党が中心的な役割を果たしたことから、誕生したイタリア共和国は政党の共和国と呼ばれた。伝統的に官僚機構が弱かったこともあり、政党主導の政党支配体制（partitocrazia）が築かれていく。比例代表制の下で不安定な政権交代が続く一方で、本格的な政権交代を欠き、政治腐敗を生んでいった。

　戦後のイタリア政治は、南北、聖俗、左右という三つの対立軸を中心にして展開するが、これらは1861年のイタリア統一に由来する。南北の対立は、多様な地域を統合したことによって生じた地域対立、特に北部と南部の格差、およびそれに由来する蔑視が伴う南部問題に象徴された。聖俗の対立は、統一によって自由主義国家が誕生したことに由来し、国家が教皇領であるローマを併合したことによって決定的となった。イタリア王国の誕生によって生じた、これら二つの対立軸に、ヨーロッパに共通する左右の対立が加わった。ファシス

ト体制の成立（1922年）と反ファシストとの闘争から誕生したイタリア共和国の政治においては、さらに反ファシストとファシストという対立軸が加わった。こうした対立軸が政党制に反映し、イタリアにおいては、近隣ヨーロッパ諸国に比べて複雑な政党政治が展開することとなった。

　南北の対立は、1980年代中頃までは、もっぱら社会・経済問題、政策課題であった。北部と南部との経済格差は、戦争によって荒廃したイタリア経済が1960年代に「奇跡の経済成長」を遂げても解決せず、南部の発展は歴代内閣の課題であった。南部開発のために多額の補助金が使われたが、それはやがてキリスト教民主党の政治資源となり、政治腐敗の温床ともなった。マフィアをはじめとする組織犯罪の存在も南部の発展を阻害するとともに、南部への差別・蔑視を助長した。1980年代末からロンバルディア同盟（のちに北部同盟）が、北部イタリアの独立や連邦制の導入を主張して台頭することによって、南北の対立軸は政治的対立軸として顕在化することになった。

　左右の対立は、東西冷戦の進行とともに深刻化した。憲法制定議会成立時に存在したキリスト教民主党、社会党、共産党による連立政権は早々に崩壊した。1960年代にキリスト教民主党が左への開放路線を取ることによって社会党が政権に参加するようになるが、共産党が入閣することはなかった。

　1970年代に入ると、第1党であるキリスト教民主党がやや退潮し、他方で共産党が躍進することにより、議会内では両党が協力する場面も多くなった。これに反発するかのように、議会外での左右の対立が激化し、イタリア各地で左右のテロが勃発した。ベルリンの壁崩壊後は、体制選択としての左右の対立はなくなったが、経済・社会面で平等と連帯を重視するか、自由と効率を重視するかという点で、なお対立軸として存続する。

　聖俗の対立に関していえば、1929年のラテラノ協定の締結と同協定の憲法への挿入（第7条第2項）により、統一時ほどの激しい対立はなくなったものの、キリスト教民主党の存在によって政党対立として顕在化していた。キリスト教民主党は教会を後ろ盾にしていたが、他方で1948年上下両院選挙で過半数議席を獲得したにもかかわらず、自由党、共和党と連立を組むことによって、教会からの自律性を確保しようとした。

　1960年代の高度経済成長に伴うイタリア社会における世俗化の進行は、社会生活における教会の影響力を弱めた。このことは、1974年離婚法の廃止に

関する国民投票、1981年中絶法に関する国民投票がいずれも失敗したことで確認された（いずれも賛成が少数となり、離婚・中絶を認める法律は廃止されなかった）。今日では、聖俗の対立は基本的な対立軸としての地位を失ったが、それでも、同性愛・同性婚に関しては、他のヨーロッパ諸国に比べ、容認が厳しい状況にある。

　戦後の共和体制の成立から続いたキリスト教民主党を中心とする連立政権と、本格的な政権交代の欠如に特徴づけられたイタリア政治は、1980年代末から大きく変化した。ベルリンの壁の崩壊と冷戦の終焉は、旧来の左右の対立軸を揺るがした。北部の独立とイタリアへの連邦制導入を訴える北部同盟が台頭し、南部では反マフィア運動が展開された。政権交代が可能なデモクラシーを求める政治改革運動が起こり、1990年代に入ると選挙制度改革に関するレファレンダムが実施された。さらに、1992年にミラノで摘発された汚職事件に端を発した全国的な汚職事件（タンジェントポリ）に対する捜査が、キリスト教民主党、社会党などの国会議員に及んだだけでなく、これら連立政権を担ってきた伝統的な中道諸政党を崩壊、没落させるに至った。

　1993年には選挙制度が改められ、翌1994年の上下両院選挙には共産党、イタリア社会運動の左右両党がそれぞれ左翼民主党、国民運動と名称を変えて臨むとともに、メディアの帝王と呼ばれたベルルスコーニがフォルツァ・イタリアを率いて選挙戦に加わり、イタリア政治のアクターは様変わりした。政党単位の選挙競合は、中道・左翼と中道・右翼の二つの選挙連合による選挙競合に移り、1994年選挙では中道・右翼連合が、1996年選挙では中道・左翼連合が、2001年選挙では再び中道・右翼連合が勝利し、政権交代も実現した。

　選挙制度というゲームのルールの変更と、戦後の共和体制をつくったキリスト教民主党、社会党などの伝統的なゲームのプレーヤーが政治の舞台から消え、他方で、フォルツァ・イタリアや北部同盟といった新たなプレーヤーが登場したことにより、憲法の全面改正はないものの、体制移行が生じたとみなされるようになった。そのため、戦後の共和制の成立から1993年頃までを第一共和制、それ以降を第二共和制と呼ぶことが一般的となっている。

　中道・左翼、中道・右翼の選挙競合と両連合による政権交代は、2005年に選挙法が変わってからも継続し、イタリア政治は安定化の様相を見せていたが、欧州経済危機の影響を受けて、2011年11月にベルルスコーニ政権が倒れてか

ら、再び不安定となった。後継首相となった経済学者のモンティはテクノクラート内閣を率いたが、2年と持たなかった。

　2013年2月に上下両院が行われたが、下院で安定多数を確保した民主党を中心とする中道左派連合は、上院で過半数議席を獲得できなかった。結局、中道右派の一部勢力の支持を取りつけた大連合政権が誕生したが、同年末には崩壊した。後継のレンツィ内閣は選挙制度をはじめとする制度改革に精力的に取り組んでいるが、新興政党の五つ星運動の台頭などもあり、イタリア政治が安定するかについては不明である。

2＞ 憲　法

　イタリア共和国憲法は、1946年6月から翌47年12月にかけて開かれた憲法制定議会で審議・可決され、1948年1月1日から施行された。

　「基本原理」「第一部 市民の権利および義務」「第二部 共和国の組織」「経過および補足規定」から構成されるイタリア共和国憲法は、以下のような特徴をもつ。

　第一に、キリスト教民主党、社会党、共産党などCLNに結集した政党が憲法制定議会選挙を主導して制定されたため、これら3党の協力・妥協の産物という性格をもつ。

　第二に、非ファシズムの自由主義体制からファシスト体制が成立したということを反省し、ファシスト体制を二度と成立させない反ファシズムを基調とする。補足規定第12条で、ファシスト党の再建を禁止している。

　第三に、ファシスト体制期にムッソリーニを長とするファシズム大評議会に権力が集中したことを反省し、多元主義（権力分散）的な政治制度設計がなされている。三権分立を採用し、議院内閣制を基本としながらも、国家元首である大統領に実質的な権限行使（首相の任命、議会の解散など）を認める点、二院制を採用し、さらに上下両院を対等とした点、間接デモクラシーを基本としながら法律の廃止に関する国民投票をも規定する点などに、多元的な制度設計を見いだすことができる。

　第四の特徴は、人権規定に見られる。基本的人権を自由権、社会権に分けるのではなく、社会的諸関係の観点から、市民的権利（人身の自由、表現の自由など）、倫理的社会的権利（家族・健康の権利、芸術・学問の自由など）、経済的権利（勤労の権利、組合結成権、経済的自由など）、政治的権利（選挙権、

政党結成権など）を規定している。

　第五の特徴は、憲法保障（第6章）を定め、共和体制・憲法秩序を擁護している点である。第1節で定める憲法裁判所は15名の裁判官で構成され、3分の1が大統領によって、3分の1が上下両院の合同会議によって、残りの3分の1が最高通常裁判機関、および最高通常行政裁判機関が任命する（第135条第1項）。任期は9年で再任は認められない（同第2項）。

　第2節の憲法改正に関する規定は、以下の通りである。第2節の憲法改正法律および憲法的法律は、上院、下院で、少なくとも3ヵ月の期間をおいて2回の議決をすることで採択するものとする（第138条第1項）。また、憲法改正法律および憲法的法律は、その公示から3ヵ月以内に、上院または下院の議員の5分の1、50万人の有権者、または五つの州議会が要求するときは、国民投票に付さなければならない（同第2項）。ただし、各議院の2回目の表決で、3分の2以上の議員の多数で可決されたときは、国民投票は行わない（同第3項）。なお、共和政体は、憲法改正の対象とすることはできない（第139条）。

　2012年まで16回の改正が行われた。2001年には第2部第5章の改正が行われ、中央集権主義から連邦主義への移行がなされた。

3＞ 執政府

(1) 大統領

　君主制が廃止され、共和制に移行したことにより、大統領が国家元首となった。大統領は、上下両院議員の合同会議に、各州議会が選出した3名（ヴァレ・ダオスタ州は1名）の代表（ただし、少数派の代表が確保されなければならない）を加えた会議（下院議長を議長とする）で選出される。50歳以上の市民に被選挙権が与えられ、任期は7年である。当選には、3分の2以上の得票が必要であるが、3回目以降の選挙では過半数の得票でよい。破片化した政党状況の下で政党間の調整がなかなかつかず、大統領の選出に20回を超える投票が行われることもある（最多はレオーネ選出時の23回）。

　大統領の再選は禁止されていないが、一期で退くことが慣例化していた。しかし、2013年2月の上下両院選挙後、ただちに、新内閣が成立し得ない状況が続いたまま5月に大統領選挙を迎えた際に、困難な状況で左右両派の支持を獲得できるのは現職のナポリターノしかいなかった。共和国史上初めて再選され

たナポリターノは、まさに大統領として「国の統一を代表する」（憲法第87条第1項）ことになった。

大統領は外交使節の信任・接受、官吏の任命、栄典の授与などの形式的儀礼的権能をもつほかに、法律の効力を有する命令および規則の制定、両議院への教書の送付、最高国防会議の主宰、首相の任命、議会の解散などで実質的な権能を行使することができる。

歴代イタリア大統領

在任期間	大統領名
1948年	E.デ・ニコラ (De Nicola)
1948～1955年	L.エイナウディ (Einaudi)
1955～1962年	G.グロンキ (Gronchi)
1962～1964年	A.セーニ (Segni)
1964～1971年	G.サラガト (Saragat)
1971～1978年	G.レオーネ (Leone)
1978～1985年	S.ペルティーニ (Pertini)
1985～1992年	F.コッシーガ (Cossiga)
1992～1999年	O.L.スカルファロ (Scalfaro)
1999～2006年	C.A.チャンピ (Ciampi)
2006～2015年	G.ナポリターノ (Napolitano)
2015年～	S.マッタレッラ (Mattarella)

キリスト教民主党が政権の座にあった第一共和制の時代には、これらの実質的権能は一般に抑制される傾向にあった。1990年代に入ると、大統領がこれらの権能を行使して、政局を左右したり、政権危機を打開したりする場面が多くなってきている。それは非国会議員内閣の成立に典型的に看取できる。

(2) 内閣と首相

イタリア議院内閣制の特徴は、首相の任命における大統領の役割にある。首相の任命権が大統領にあるからである。上下両院選挙において勝者が明白な場合、大統領による首相の任命は形式的なものになるが、2013年選挙後のように明確な勝利政党連合が存在しない場合や、任期半ばで政権が倒れて後継首相を決めなければならない場合などでは、大統領の役割がきわめて重要となる。大統領が各党の指導者や両院議長の意見を聞き、各党の合意を得た上で首相を任命するからである。

大統領が政局打開の調整・調停者となることに加え、イタリアでは首相はじめ大臣が国会議員である必要はないので、1990年代以降、チャンピ、ディーニ、モンティなど非議員が率いる内閣が成立した。特にディーニ、モンティ両内閣は全閣僚が非議員のテクノクラート内閣であった。

大臣は首相の推薦に基づき、大統領が任命する。内閣成立後、10日以内に上下両院の信任を得なければならない。両院は対等であるため、いずれかの院で信任を失うと、内閣は総辞職することになる。

歴代イタリア首相と内閣

在任期間	首相名	内閣
1943〜1944年	バドーリョ（Badoglio）I	テクノクラート内閣(costituto da tecnici)
1944年	バドーリョII	テクノクラートおよび国民解放委員会代表
1944年	ボノミ（Bonomi）I	DC/PCI/PSIUP/Pd'A/PDL/PLI
1944〜1945年	ボノミII	DC/PCI/PDL/PLI
1945年	パッリ（Parri）	DC / PCI / PSIUP / PLI / Pd'A / DL
1945〜1946年	デ・ガスペリ（De Gasperi）I	DC / PCI / PSIUP / PLI / Pd'A / PDL
1946〜1947年	デ・ガスペリII	DC /PCI / PSI / PRI
1947年	デ・ガスペリIII	DC / PCI / PSI
1947〜1948年	デ・ガスペリIV	DC / PLI / PSLI / PRI
1948〜1950年	デ・ガスペリV	DC / PSLI / PRI / PLI
1950〜1951年	デ・ガスペリVI	DC / PRI / PSLI
1951〜1953年	デ・ガスペリVII	DC / PRI
1953年	デ・ガスペリVIII	DC
1953〜1954年	ペッラ（Pella）	DC / Indip.
1954年	ファンファーニ（Fanfani）I	DC
1954〜1955年	シェルバ（Scelba）	DC / PSDI / PLI
1955〜1957年	セーニ（Segni）I	DC / PSDI / PLI
1957〜1958年	ゾーリ（Zoli）	DC
1958〜1959年	ファンファーニII	DC / PSDI
1959〜1960年	セーニII	DC
1960年	タンブローニ（Tambroni）	DC
1960〜1962年	ファンファーニIII	DC
1962〜1963年	ファンファーニIV	DC / PRI / PSDI
1963年	レオーネI（Leone）	DC
1963〜1964年	モーロ（Moro）I	DC / PSI / PSDI / PRI
1964〜1966年	モーロII	DC / PSI / PSDI / PRI
1966〜1968年	モーロIII	DC / PSI / PSDI / PRI
1968年	レオーネII	DC
1968〜1969年	ルモール（Rumor）I	DC / PSI / PRI / PSDI
1969〜1970年	ルモールII	DC
1970年	ルモールIII	DC / PSI / PSU / PRI
1970〜1972年	コロンボ（Colombo）	DC / PSI / PSU 〜 PSDI / PRI
1972年	アンドレオッティ（Andreotti）I	DC
1972〜1973年	アンドレオッティII	DC / PLI / PSDI
1973〜1974年	ルモールIV	DC / PSI / PSDI / PRI
1974年	ルモールV	DC / PSI / PSDI
1974〜1976年	モーロIV	DC / PRI
1976年	モーロV	DC
1976〜1978年	アンドレオッティIII	DC
1978〜1979年	アンドレオッティIV	DC
1979年	アンドレオッティV	DC/ PSI / PSDI

1979～1980年	コッシーガ（Cossiga）I	DC / PLI / PSDI
1980年	コッシーガII	DC / PSI / PRI
1980～1981年	フォルラーニ（Forlani）I	DC / PSI / PSDI / PRI
1981～1982年	スパドリーニ（Spadolini）I	DC / PSI / PSDI / PRI / PLI
1982年	スパドリーニII	DC / PSI / PSDI / PRI / PLI
1982～1983年	ファンファーニV	DC / PSI / PSDI / PLI
1983～1986年	クラクシ（Craxi）I	DC / PSI / PSDI / PRI / PLI
1986～1987年	クラクシII	DC / PSI / PSDI / PRI / PLI
1987年	ファンファーニVI	DC / Indipendenti
1987～1988年	ゴリーア（Goria）	DC / PSI / PSDI / PRI / PLI
1988～1989年	デ・ミータ（De Mita）	DC / PSI / PSDI / PRI / PLI
1989～1991年	アンドレオッティVI	DC / PSI / PSDI / PRI / PLI
1991～1992年	アンドレオッティVII	DC / PSI / PSDI / PLI
1992～1993年	アマート（Amato）I	DC / PSI / PSDI / PLI
1993～1994年	チャンピ（Ciampi）	DC / PSI / PSDI / PLI
1994年	ベルルスコーニ（Berlusconi）I	FI / LN / AN / CCD / UDC
1995～1996年	ディーニ（Dini）	Indipendenti
1996～1998年	プローディ（Prodi）	オリーブの木
1998～1999年	ダレーマ（D'Alema）I	オリーブの木 / PDCI / UDR
1999～2000年	ダレーマII	オリーブの木 / PDCI / UDR
2000～2001年	アマートII	オリーブの木 / PDCI / UDR
2001～2005年	ベルルスコーニII	自由の家
2005～2006年	ベルルスコーニIII	自由の家
2006～2008年	プローディII	ユニオン
2008～2011年	ベルルスコーニIV	自由の国民
2011～2013年	モンティ	テクノクラート内閣
2013～2014年	レッタ	大連立
2014年～	レンツィ	大連立

注：党名の略称は、以下の通り（一覧に登場順）

DC＝キリスト教民主党　　　　PSDI＝イタリア社会民主党
PCI＝イタリア共産党　　　　　PSU＝統一社会党
PSIUP＝プロレタリア統一イタリア社会党　　FI＝フォルツァ・イタリア
Pd'A＝行動党　　　　　　　　LN＝北部同盟
PDL＝労働者民主党　　　　　　AN＝国民同盟
PLI＝イタリア自由党　　　　　CCD＝キリスト教民主中道
DL＝労働民主党　　　　　　　UDC＝中道連合
PSI＝イタリア社会党　　　　　PDCI＝イタリア共産主義者党
PRI＝イタリア共和党　　　　　UDR＝共和国民主連合
PSLI＝イタリア労働社会党

内閣は首相と大臣（省担当大臣と無任所大臣）から構成される。首相は、「政府の一般政策を指揮し、その責任を負う」（第95条第1項）ことが定められているが、大臣の罷免権をもたないなど、「同輩中の首席」程度の権限しかもたず、指導力は大きく制約された。そもそも首相と呼ばれるが、その正式名称は、「大臣会議の長」（il presidente del consiglio dei ministri）である。さらに大臣の選任などで、連立を組む与党から様々な拘束を受けることが多い。

　首相に強い指導性を与えない憲法上の規定は、ファシズム時代にムッソリーニに全権を与えたことに対する反省に基づく。1980年代に入ってインナー・キャビネットの制度が取り入れられたり、行政機関内調整を行う機関として首相を直接補佐する首相事務総局が設置されたりして、指導性が強化されてきた。

　内閣は法案提出権を有するが、憲法上、立法過程をコントロールできず、政府法案は優先的に審議されることはない。そのため、政府はしばしば法律命令（暫定措置令）に訴えることになった。法律命令は両院で60日以内に通常の法律に転換しないと無効になるため、再導入されることも多い。

　第一共和制の内閣は、キリスト教民主党を中心とした連立内閣がほとんどであり、クラクシ内閣などの例外はあるが、その多くが短命に終わったことから、イタリアは連立内閣が不安定である典型国として知られてきた。第二共和制移行後、政権の安定化の兆しが見られたものの、2011年のベルルスコーニ政権崩壊後は、政権の不安定性が増している。

　政権は短命であるが、7度も政権を率いたアンドレオッティや、1994年に最初に政権を率いたのち2008年に3度目の組閣を果たしたベルルスコーニのように、何度も首相を務める政治家が多い。

4 ▷ 議 会 （二院制：上院＝共和国元老院、下院＝代議院）

　下院の定数は630で、上院の定数は315である。上院議員の任期は6年であったが、1963年に下院議員と同じ5年に改められた。大統領経験者は終身上院議員となる。また、大統領は、社会、科学、芸術、文学の各分野で祖国の名誉を高めた市民5人を終身上院議員に任命することができる。

　イタリアの議会制度の特徴は、上下両院が対等なことにあり、「立法権能は両院が共同して行使する」（憲法第70条）。法律の発案権は、政府、両院の各議員、憲法的法律で定める機関（経済労働国民会議）および団体、国民（少な

くとも5万人の選挙人による条文の形で起草された草案の提出により、法律の発案権を行使する）（憲法第71条）、州議会（憲法第121条第2項）にある。

提出された法案は、上下両院で可決されて成立するが、委員会立法が認められている点に、立法過程の特徴がある。すなわち、本会議の議決を経ずに委員会での議決で法律案を成立させることができる。ただし、政府、またはその院の10分の1、もしくは委員会の5分の1が審議・表決を本会議で行うよう要求した場合は、本会議の議決が必要となる。なお、憲法および選挙に関する法律案、立法の委任に関する法律案、国際公約の批准の承認に関する法律案、予算および決算の承認に関する法律案は、常に本会議で審議し、議決しなければならない。法律は大統領が審署したのち公布されるが、大統領は教書を両院に送付することによって再議を求めることができる。ただし、両院が再議決した際には、大統領は審署しなければならない。

議会の立法機能に対するチェック機能として、租税および予算に関する法律、大赦および減刑に関する法律、ならびに国際条約の批准の承認に関する法律以外の法律について、50万人の有権者あるいは五つの州議会の要求に基づき、その一部または全てを廃止するレファレンダムが憲法第75条で規定されている。レファレンダムは、離婚法の廃止（1974年）、原発の建設関連法（1987年、2011年）や選挙法の一部規程の廃止（1990年、1992年）など世論を二分する争点に関して行われ、社会、政治に大きな影響を与えた。他方で、投票率が50％未満のため、成立しないレファレンダムも多い。

議会の権能は、立法のほかに、内閣の信任を通じての政府形成、戦争状態の決定、大赦・減刑を付与する法律の制定、条約の批准、予算および決算の承認、政府と行政機構の調査が挙げられる。

上下両院が対等なことで、効率的な政治運営ができないとして、上院の権限を縮小する改革が進行中である。下院の権限との差異化、定数の削減、議員の公選をやめ、州代表などを議員とする案などが検討されている。

5＞ 選挙制度

共和制への移行に伴って、下院議員に加え、任命制であった上院議員も国民の直接選挙で選ばれるようになった。下院議員選挙は比例代表制で、名簿に登載された候補者への優先投票が認められていた。上院議員選挙は、小選挙区制

であったが、当選には65％以上の得票率が必要であったため、小選挙区での当選者はほとんどなく、実質的に比例代表制で議席配分がなされていた。

　比例代表制の導入は、聖俗の対立、左右の対立などにより、多様な政治勢力が存在するイタリアにおいて、ファシズムの反省の上に国民の政治的意思を正確に議席に反映することと、諸勢力が競争しつつ協力することによって戦後のデモクラシー体制を構築することを求めたためであった。

　1953年に下院の選挙制度が改められ、得票率50％を1票でも上回った政党に65％の議席を与えるプレミアム制が導入された。しかし、同年に行われた選挙で、キリスト教民主党を中心とした政党連合の得票率は49.2％で、プレミアムを獲得することはできなかった。野党からインチキ法と呼ばれた選挙法は、選挙後に改正され、もとの比例代表制に復した。比例代表制によって多党化状況が生み出され、その結果として不安定な連立政権が恒常化し、本格的な政権交代がないことによって、政権政党が政治腐敗にまみれる状態が続いた。

　選挙制度は、1993年に実施された、上院議員選挙の小選挙区における65％条項の廃止を求めるレファレンダム（国民投票）が成立したことを受けて、レファレンダムの対象でなかった下院議員選挙制度と合わせて、改められた。1993年選挙法は、政権交代を実現するために、上下両院ともに相対多数で選ばれる小選挙区（定数の75％）と比例代表（同25％）の混合選挙制度となった。小選挙区制を主としたのは、二党化は無理であっても、諸政党が左右二極の選挙連合に収斂して選挙競合を行うことによって、政権交代が起こることを求めたからであった。実際、1994年は中道・右翼連合が、1996年選挙では中道・左翼連合が、2001年選挙では中道・右翼連合が勝利し、政権交代が現実のものとなった。

　選挙法は2005年に再び改められ、上下両院ともにプレミアム付きの比例代表制となった。下院議員選挙では、候補者を擁立する政党または政党連合に、選挙綱領を提出し、首相候補を指名することを求めた。議席の配分は比例代表に基づくが、一定の得票率を獲得することが条件となる（阻止条項）。阻止条項は、政党連合の全国区得票率が10％以上か否かで異なり、10％以上の場合は2％かつ2％未満の政党のうち最大得票政党に、10％未満の場合は4％の得票率が必要である。諸政党がより大きな政党連合に結集することを求めたからであるが、逆に政党連合内の政党破片化を促すことにもなった。政権の安定

を確保するために、プレミアム制が導入され、最多得票政党連合の議席が340に達しない場合、同連合に340議席を与え、残余議席が各政党に比例配分されることになった。

　阻止条項、プレミアム制は上院議員選挙でも導入されたが、州を単位とする選挙区ごとに適用、付与することになった。プレミアム制は、各選挙区で最多得票を獲得した政党連合が議席の55％を獲得することができなかった場合、同連合に55％の議席を付与するというものであり、全国レベルで55％の議席を獲得する安定した多数派が形成されることを保証したものではなかった。実際、2006年両院選挙では、上院で勝利した中道左派連合は過半数議席をわずか3議席上回ったに過ぎず、不安定な政権運営を余儀なくされた。さらに、2013年両院選挙では、上院で過半数議席を獲得する政党連合が存在しない事態となり、新内閣を発足させることができなかった。

　なお、下院選挙制度に関して、得票率に比してプレミアムとして付与される議席が多い点、選挙区の定数が大きいにもかかわらず、優先投票を認めておらず、有権者が候補者選択をできない点の2点について、2013年12月に憲法裁判所で違憲とする判決が下された。

　この判決を受け、また、2013年両院選挙後の混乱状況を踏まえて、選挙制度改革の議論が高まり、2015年5月に下院選挙制度が改められた。この選挙制度では、下院の定数630のうち618を各州を単位として、12を海外選挙区から選出する。一部を除き、各州に複数の選挙区が設けられ、全体として100選挙区に分けられる。政党は単独また連合を組んでも候補者を擁立できるが、いずれの場合であっても候補者名簿は一つでなければならない。政党（連合）の安易な分解を防ぐためである。

　憲法第51条第1項の公職就任への男女機会均等の規定に基づき、候補者名簿には両性の候補者を交互に登載しなければならず、また、筆頭登載者が一方の性で占める比率は60％を超えてはならない、有権者は選択した候補者名簿に登載された候補者2名に対する選好を表明できるが、2名は異なる性でなければならない、ただし、候補者名簿の筆頭登載者については選考の対象から外され、また、一方の性が60％を超えてはならないことが規定された。

　議席配分は複雑である。まず阻止条項が設けられ、全国集計された得票率が3％に達していない政党には議席は配分されない。プレミアム制が導入され、

40％の得票率を獲得した候補者名簿に対して340議席を与え、残余議席を各政党（連合）に比例配分する。もし40％の得票率に達する政党（連合）が存在しない場合は、上位2政党（連合）で決選投票を行い、勝利した政党（連合）が340議席を獲得する。政党連合であっても単一の候補者名簿を提出することを求めた、決戦投票・プレミアム付き比例代表制という選挙制度は、安定した政権の樹立を求めた結果であるが、きわめて特異な制度となった。この選挙法は2016年7月1日より効力をもつ。なお、上院の選挙制度は改正されなかったが、それは上院の権限を縮小するとともに議員を公選としない改革を行っているためである。

　下院の選挙権、被選挙権は、それぞれ18歳、25歳、上院は、それぞれ25歳、40歳である。

6 > 政 党

　第二次世界大戦後、キリスト教民主党（DC）、社会党（PSI）、共産党（PCI）など、諸政党の協力と妥協の下で新たな共和体制がつくられたことから、イタリアは政党の共和国として出発した。聖俗、南北、左右の対立軸はイタリアを多元的な社会にしたが、その多元性は比例代表制によって議会に反映された。

　憲法制定議会で協力したDC、PSI、PCIによる3党連立政権は早々に崩れ、DCは戦前からの伝統をもつ自由党（PLI）、共和党（PRI）さらに社会党から分かれた社会民主党（PSDI）と連立政権を組んだ。PCIは政権外の存在であったが第2党の地位を築き、特に中部イタリアにおいて大きな影響力をもっていた。

　君主制から共和制に移行したことに加え、伝統的に官僚制が弱かったこともあり、政党は、公共・民間部門を問わず強い影響力を持ち、政党支配体制と呼ばれる強固な体制をつくりあげた。その中心にいたのはDCであり、PSIであったが、PCIもその一角を占めていた。

　ファシスト党の再建は憲法の補足規定（第12条）で禁止されていた。しかし、イタリア社会共和国の再建を目指すということを名目にして結成されたネオ・ファシスト政党であるイタリア社会運動（MSI）が、冷戦の進行とトリエステの回復を求めるナショナリズムに支持され、また、西ヨーロッパ最大の共産党への牽制・対抗の観点から1950年代から台頭した。

1960年代に入るとPSIがDCの連立パートナーに加わった。1970年代に経済危機、左右のテロリズムが激化すると、国民的連帯のスローガンの下、PCIが閣外協力をすることもあった。しかし、1980年代に入ると、DC、PSI、PLI、PRI、PSDIの5党連立政権が基本的な連立の枠組みとなった。

　政党制については、政党数、イデオロギー距離、政党間競合の遠心性などの観点から、分極的多党制モデル（サルトーリ）が提唱されたり、二大政党であるDCとPCIの間で政権交代（の可能性）がない点を重視して、不完全な二党制論モデル（ガッリ）が提出されたりした。

　政党と政党制は、1980年代末から90年代初頭にかけて大きく変化した。1980年代後半から連邦制の導入を主張するロンバルディア同盟（のちに北部同盟［LN］と改称）が、DCの牙城であった北部イタリアで台頭した。また、ベルリンの壁が崩壊したことを受けて、PCIは左翼民主党（PDS）へ党名を変更し、政治方針も改めた。

　変化を決定づけたのが、タンジェントーポリと呼ばれる汚職捜査と、レファレンダム運動によってもたらされた選挙法改正である。連立政権を組み、政党支配体制の中心にいた伝統政党はPDS、国民同盟（AN）と解消したMSIを除き、ほとんどが崩壊した。他方で、1994年に企業家ベルルスコーニがフォルツァ・イタリア（FI）を結成した。選挙制度の変更と政党の交代により、第二共和制に移行したと考えられるようになった。

　第二共和制の政党状況は、きわめて複雑である。まず、諸政党は中道・左翼、中道・右翼の選挙連合に結集して選挙に臨むようになったため、選挙競合の単位は政党よりも政党の連合体である選挙連合となった。1994年両院選挙では、中道・左翼、中道、中道・右翼の三つの選挙連合が選挙競合を展開し、同選挙で中道連合が埋没したことにより、その後の両院選挙では、中道・左翼、中道・右翼の二つの選挙競合が展開した。

　選挙競合が二極化した一方で、政党の破片化はやまなかった。小政党は、選挙連合に加わることによって、議席の配分を受けたからであった。一方での選挙連合の二極化と他方での政党の破片化は、2005年選挙法の下でも変わることはなかった。

　選挙連合は、両院選挙での競合の単位であったが、選挙ごとに結成され、継続性はなかった。たとえば、中道・左翼連合は、1996年両院選挙、2001年

両院選挙で、オリーブの木の名の下に結集したが、連合を構成した政党は異なっていた。2006年両院選挙ではルニオン（連合の意）を用いた。選挙に勝利した選挙連合は政権連合を組むが、安定した連合を築くことは約束されておらず、小政党が離脱することにより、政権危機を招くことがあった。また、敗北した選挙連合は野党連合をつくることはなく、諸野党として政権に対峙した。

　こうした状況に変化が起こったのは、2007年である。2006年両院選挙後に成立した中道左派連立政権が不安定であり、一つの政党にまとまる必要があることが認識されたことにより、2007年に中道左派勢力が民主党（PD）を結成したのである。これに対抗して、中道右派勢力も自由の国民（PdL）を結成し、こうして2党化が進行するかと思われた。しかし2011年にPdLが分裂し、また2013年選挙では既成政党を批判した五つ星運動（M5S）が台頭したため、不安定な多党化状況に戻った。

　2015年6月現在の主要政党は以下の通りである。

　①民主党（Partito Democratico ＝ PD）

　2007年にPDSの後継政党である左翼民主主義者（DS）と中道政党マルゲリータが合同して結成された中道左派政党。多元主義を尊重し、一般市民も参加可能な党首選を実施し、開かれた政党を標榜する。

　②五つ星運動（Movimento 5 Stelle ＝ M5S）

　コメディアンのベッペ・グリッロらによって2009年に結党。既成政党による支配体制を批判し、反政党の立場を表明。2013年両院選挙で躍進した。

　③フォルツァ・イタリア（Forza Italia ＝ FI）

　メディアの帝王と呼ばれたベルスコーニが1994年に結成した政党で、ベルスコーニが所有する企業を活用した選挙キャンペーンを展開する。2010年に国民同盟と合同して、自由の国民を結成したが、2013年に分裂した。

　④北部同盟（Lega Nord ＝ LN）

　前身のロンバルディア同盟は1980年代後半からイタリアへの連邦制導入を主張して、北部で台頭した。1990年に他の地域運動を吸収し、北部同盟と改称した。北部で一定の支持を得ているものの、南部では得票できず、全国的な支持を獲得できていない。

7＞ 中央・地方関係

　地方制度は、憲法第2部第5章で定められており、州、県、コムーネからなる3層制をとる。憲法には大都市の規定があるが、法令は未整備の状態にある。
　州には特別州（5）と普通州（15）があり、特別州には、普通州よりも大きな自治権限が与えられている。多様な地域を統一したイタリア王国は中央集権体制をとり、その体制がファシスト期に強化されたことから、憲法制定議会では中央集権国家体制を見直す議論が起こり、その結果、州が創設され、州議会に権限を付与することが規定された。ただし、州は「一にして不可分の共和国」（憲法第5条）において認められた地方自治体であり、州の自立性が保障された連邦制が導入されたわけではなく、「国の法律の定める基本原則の限界内で、立法的規定を定める」に過ぎなかった（憲法第117条）。また、政党間の意見の相違から普通州の設置が遅れ、州制度の完全実施は1970年まで待たなければならなかった。
　県は110あり、公選制の議会と首長（presidente）がいるほか、中央政府から任命された知事（prefetto）が存在する（公選制の首長を県知事、任命制の知事を地方長官と訳すこともある）。
　コムーネは基礎自治体であり、日本の市町村に相当する。ただし、人口規模による区別はなく、わずか数十人の小さなコムーネから、ローマやミラノのような大きなコムーネまで、その数は8000を超える。フィレンツェ、ヴェネチアなどのコムーネは中世の都市国家以来の伝統と歴史を誇る。
　1990年代から地方政府への権限委譲が進められ、州、県、コムーネの自治権が強化された。特に当時の担当大臣の名を取ったバッサニーニ法による一連の改革で、中央集権体制の見直しがなされ、1999年、2001年の憲法改正により、第5章が大幅に改められた。1999年の改正では、州の自治権が強化された。改正以前は州の立法分野が列挙されていたが、改正後は、国のみが立法権を有する分野と国と州が共同して立法を行う分野が列挙され、それ以外の分野の立法権は州が有することとなった。また、州知事の直接選挙が実施されるようになり、各州が州憲章を定めることも認められた。
　さらに、2001年の改正で、「共和国は、コムーネ、県、大都市、州および国から成り立つ」（第114条）こととなり、さらに、県とコムーネが自治団体

であることが明記された（同条第2項）。また、州が立法権（第117条）を持ち、予算についても一定の自治権をもつようになった（第119条）。

2015年6月現在、憲法第2部第5章についての改正が議論されており、国と州との間の立法権限の明確化、国と州・コムーネとの間の行政権限の明確化、国と地方との財政についての調整、県の廃止などが検討課題となっている。

8＞ イタリア政治の特徴

イタリアは、以下に記すように、様々な政治現象が見られるという点において、いわば政治大国であり、新たな政治現象を生み出している点で、政治先進国だといえよう。

ヴァチカンの存在は、他国にない政治と宗教の緊張関係を生んできた。男子普通選挙制の成立（1912年）と比例代表制の導入（1919年）という民主的な制度改革ののちに、ファシスト体制が成立した（1922年）。ファシスト期に試みられたコーポラティズムは、第二次世界大戦後に注目を集めた。第二次世界大戦後の民主化への移行においては、共産党が大きな役割を果たし、同党は1970年代には得票率が30％を超え、西ヨーロッパ最大の共産党となった。比例代表制が多党化状況をつくり出す典型的な国だとされた。不安定な連立政権が続く一方で、キリスト教民主党は万年与党であり、同党の政治家は政治階級として政権の中枢に居続けた。そのことによって政治腐敗が生み出された。1960年代初頭から80年代にかけては、左右のテロが横行し、鉛の時代と呼ばれた。

1990年代半ばには大きな政治変動を経験し、第二共和制に移行したと考えられるようになった。戦後の共和体制を構築した伝統政党が消え、共産党、国民同盟も党名を変更するとともに、政治方針を穏健化する一方で、他方で北部同盟や、メディアの帝王ベルルスコーニが率いるフォルツァ・イタリアが登場した。近年では、グリッロ率いる五つ星運動が急速な支持を集めている。フォルツァ・イタリアや五つ星運動は、カリスマ性をもった個人政党という色彩が強い。フォルツァ・イタリアは、企業グループを活用した選挙運動を展開する点でもユニークである。

多様な勢力が議会内、政権内に存在するため、重大な決定——離婚、中絶、原発の建設等——が、しばしば国民投票に委ねられた。国民の直接参加の制度

として、今後も国民投票を積極的に活用することが議論されている。他方で、2015年5月に成立した新選挙制度は、安定した政権をつくることを目指している。多元的なイタリア社会がどのように政治的にまとめられ、運営されていくのか。イタリア政治から目が離せない。

（池谷 知明）

［参考文献］

馬場康雄・岡沢憲芙編『イタリアの政治』、早稲田大学出版部、1999年

北村暁夫・伊藤武編『近代イタリアの歴史——16世紀から現代まで』ミネルヴァ書房、2012年

07

スペイン
Spain

【基礎データ】

○正式名称：スペイン（España）
○面積：約50.6万k㎡　※日本の約1.3倍
○人口：約4643万人（2015年5月、スペイン政府統計局）
○首都：マドリード（マドリード市人口約317万人、2014年1月）
○言語：スペイン（カスティージャ）語
　　　　（なお、スペイン憲法は、バスク語［バスク州、ナバーラ州北西部］、
　　　　カタルーニャ語［カタルーニャ州］、ガリシア語［ガリシア州部］、
　　　　バレンシア語［バレンシア州、バレアレス州部］についても、同第3条
　　　　において、それぞれの自治州の憲章内容に沿い公用語として認めると
　　　　定められている）
○宗教：憲法で信仰の自由が保障されている（71.8%がカトリック
　　　　と自己定義［2015年3月スペイン政府社会調査センター］）
○政治体制：議会君主制
○議会：二院制（上院266、下院350議席。各々任期4年および解散
　　　　制度あり）
○GDP：約1兆4069億ドル（2014年IMF、以下同）
○1人当たり国民所得：3万278米ドル
○経済成長率：1.4%
○失業率：24.5%
○兵役：徴兵制は2001年末に廃止され、職業軍人制度に移行。

1 > 成立過程

　スペイン最初の憲法、カディス憲法の成立は1812年である。以降、他の西欧諸国と同様、スペインは民主主義体制確立まで、数度の内戦や軍事蜂起宣言による無数の政権転覆など紆余曲折を経ている。多くの国では、現行体制あるいはその先駆となる民主主義体制が、第二次世界大戦後、比較的早くに成立している。スペインでは、現行憲法が成立したのは、1812年以降数度の内乱や独裁を経た1978年であった。ポルトガル、ギリシャと並び、民主化のいわゆる「第三の波」に類型化される。その一つ前の民主主義体制は、両大戦間期の1931年に成立した第二共和制であるが、その間にスペイン内戦（1936～39）と、フランコ独裁体制期（1939～75）を挟んでいる。

　第二共和制では、教会・貴族からの資産接収と再配分、脱カトリック化、あるいはカタルーニャ、バスク等諸地域とスペインとの関係等、近代化の諸課題をめぐって、左派と右派の諸勢力が対立した。左派・右派どちらが政権についても、その対立の解決に際しては、対話や交渉ではなく、暴力的手段の使用に帰結することが少なくなかった。1936年には、当時の左派政権に対して、フランシスコ・フランコ将軍など右派軍幹部が蜂起し、スペイン内戦が開始した。スペインが、共和国支配地域と反乱軍支配地域に二分された。反乱軍の当初見込みに反して3年の長期戦となったが、1939年、マドリードが陥落して、共和国の敗北が確定した。

　フランコは、内戦に並行して反乱軍幹部間の主導権争いを制し、終戦後政治体制の頂点に立った。いわゆるフランコ体制である。独裁体制ではあるが、その内部には軍部、スペインのファシズム政党であるファランヘ党、カトリック教会という三つの大勢力があり、フランコはその調停者として君臨した。

　フランコ体制下では、カトリックや家族など「スペイン的」な価値が重視された。内戦中、共和国陣営に属していた者は、同陣営が左派諸勢力からなっていたことから、スターリンからの指示を受けスペインを「外国化」した者と扱われ、抑圧の対象となった。カタルーニャやバスクといった、地域の独自性も「反スペイン的」の烙印を押され、否定された。「スペイン的」なものの重視は、「有機的民主主義」という言葉にも象徴される。つまり、国民個人を直接、政治権力に結びつける選挙を「西欧的」「非スペイン的」「無機的」と否定し、政

治と国民個人の間に家族、市、組合、カトリック教会組織などを軸とする中間団体を介した「有機的」な連関を「スペイン的な」民主主義であると主張した。このスペインの「有機的民主主義」は、旧来のコーポラティズムに分類される［参照「ネオ・コーポラティズム」p.186〜］。

　フランコ体制期は、おおむね50年代半ば頃を境とし、前後半に分かれる。

　前半期、1945年に第二次世界大戦で独伊の枢軸国が敗れた後も、ファシズムを標榜し続けたスペインは国際関係の中で孤立し、アメリカによるマーシャル・プランの復興支援対象にもならなかった。当初は自給自足経済を目指したが失敗した。内戦後の国内経済復興は長く達成されず、スペインの「戦後」は長期化した。このような疲弊の中から、内戦の勝者と敗者の「国民的和解」を唱える声が、体制内外に生じ始める。

　40年代末から50年代前半、冷戦による世界規模での東西対立構造が形成されると、地中海の入り口に位置する戦略的重要性のため、スペインは西側陣営に組み込まれる。1953年にはヴァティカンと政教協約、アメリカと基地協定を相次いで締結、国連にも1955年に加盟、これにより内戦直後の国際的孤立が解消された。このあたりが一つの画期となる。これと軌を一にし、金融資本はじめ実業界と結びついた経済テクノクラートが、フランコ体制の中枢に進出した。なお、その多くは体制内部でも既存のカトリック系とは一線を画する新興信徒集団、オプス・デイ出身であった。

　これらの要因により、60年代にフランコ体制のスペインは、当時の世界的好景気に乗り遅れることなく、長期的な経済成長を達成した。この長期成長により、都市における第二次・第三次産業の従事人口比率の拡大と、中間層形成という社会変動が生じた。また、軍事蜂起という非合法・非正統的行為に出自を持つフランコ体制は、経済成長の実現という「実績」に、その政治的正統性を事後的に見いだそうとした。

　しかし、1973年のオイルショック以降、14年間続いた経済成長が止まり、ただちに経済状況は「危機的」と認識されるまで落ち込む。同年、フランコの後継者と目されたルイス・カレーロ・ブランコ首相がバスク民族主義テロの犠牲となり死亡し、1975年、国家元首フランコ本人も病死する。国家元首には、第二共和制成立時に亡命したブルボン家のアルフォンソ13世の孫で、フランコのもとで後継者として育てられたフアン・カルロスが国王に就任した。首相

は、テロ事件後カルロス・アリアス・ナバーロが就任するも、体制内保守派と改革派の狭間で身動きが取れず、先の中間層に支持されたストライキや街頭抗議行動にも打つ手なく、フアン・カルロスに退陣させられた。

　後継首相として国王に指名された、フランコ体制の元閣僚アドルフォ・スアレスは、1976年政治改革法をフランコ体制の「有機的」な「議会」に上程、フランコ体制議会の議員たちを説得し可決させた。国民投票では高投票率と圧倒的多数の支持を得て、ファランヘ以外の政党合法化と総選挙を実現した。民主的正統性を獲得したスアレスは、御用組合等フランコ体制の諸制度の解体を進める一方、政治犯特赦、危機対策の経済・財政政策パッケージ、現行憲法制定を短期間に実現に導いた。

　その際、スアレス政権により、スアレス自身が創設した与党民主中道連合、それ以外の諸政党、労働組合、財界などとも、対話の場が用意された。「戦後」の疲弊の中から生まれた「内戦と独裁で二分した国民の和解」が改めて掲げられ、対話促進に役立った。内戦と、その勝者と敗者の固定化としてのフランコ体制という歴史的経験を経て、対立の暴力への発展が常態化した第二共和制とは対照的な、諸アクターや政党間の合意という民主的な政治手法の定着が、カディス憲法から数えて百数十年間にわたる、大きな流血を伴った様々な模索を経て実現し、今に至っている。

2＞ 憲法体制

　スペイン現行憲法案は、1978年10月31日国会を圧倒的多数で通過、同12月6日の国民投票では、約67.11％の投票率、うち88.54％が支持して成立の運びとなった。

　その前文には、民主的共存、法治国家、「スペイン人およびスペインの諸民族（pueblos）」の保護、尊厳ある生活内容の確保、などが謳われる。第1条では、スペインが「社会的かつ民主的な法治国家」であり、法秩序の至高の価値は、自由、正義、平等、および政治的多元主義とされている（第1項）。また、国民主権（第2項）、スペインが議会君主制である（第3項）旨が規定されている。基本的人権は第10条によって保障され、同条〜第55条が諸権利の規定となっている。地方自治に関しては、国および全国に50ある県の間には、地方行政の単位として17の自治州が置かれ、後述する歴史的事情により広汎な

権限をもつとされる（第143〜158条）。

統治機構は古典的な三権分立である。執政府および議会は後述する。司法行政の最高組織は司法全体会議で、最高裁判所長官がその長を兼ねる。裁判所は最高裁判所の下に全国管区裁判所、自治州高等裁判所、県裁判所、軍事裁判所が置かれ、特に県裁判所の下に第一審・予審裁判所等下級審が置かれる。違憲審査は憲法裁判所が行う。憲法裁判所に訴えを起こすことができるのは、上下両院、内閣、護民官（オンブズマン）と、自治州政府・議会である。

憲法改正手続きには、2通りがある。通常は各議院の5分の3により可決する。これに足らない場合、上院の絶対多数があれば、下院の3分の2の賛成により可決する。上下どちらかの議員10分の1以上が要求すれば、憲法改正案は国民投票に付される。他方、重大な改正では、上下両院の3分の2の賛成の後、国会の解散総選挙を行い、新国会で再び上下両院で3分の2の賛成を得なければならない。

これまで2回の憲法改正が行われた。第1回目は1992年で、第13条第2項が改正された。マーストリヒト条約の批准に伴って、外国人に市議会議員の被選挙権を条約や法令により認めるとされた。第2回目は2011年で、国と自治体の公的債務に関する第135条に関し、「予算の安定」という原則が明記されたほか、同条第2項に債務割合の上限として、欧州連合が加盟国に対して定めるところを超えてはならないとされた。同項の適用は2020年からである。

3 > 執政府

内閣は連帯して下院に責任を負う。国王が下院各会派代表と協議の上、首相候補者を推薦し、候補者が下院にて施政方針演説後、信任投票で下院総議員数の過半数を得れば信任が成立、国王が任命する。信任が得られない場合は、48時間以内に再投票が行われ、今度は単純多数により信任が与えられる。

閣僚は、首相の具申により国王が任免する。省庁の再編権も首相が有する。また、首相は閣議決定を経て上下両院の解散を国王に具申することができる。

首相の辞任や死亡、下院の任期満了や解散により内閣は総辞職する。また、内閣は自らの信任を下院に問うことができ、単純多数にて信任が可決する。内閣不信任案の提出は、下院総議員数の10分の1以上の署名と、次期首相候補者の明記を要し（建設的不信任）、絶対過半数で成立する。

民主化後の歴代スペイン首相

在任期間	首相名	所属政党
1976～1981年	アドルフォ・スアレス・ゴンサレス	民主中道連合
1981～1982年	レオポルド・カルボ・ソテーロ・イ・ブステーロ	民主中道連合
1982～1996年	フェリーペ・ゴンサレス・マルケス	社会労働党
1996～2004年	ホセ・マリーア・アスナール・ロペス	国民党
2004～2011年	ホセ・ルイス・ロドリゲス・サパテーロ	社会労働党
2011年～	マリアーノ・ラホイ・ブレイ	国民党

　閣僚の男女比は、1996年のアスナール政権で外相など重要ポストへの女性の任用が増えた。2004年に就任したサパテーロ首相が選挙前に1：1にすると公約した。後任のラホイ内閣では、若干男性閣僚数が多い。

4 > 議会

　上院・下院の二院制で、両院とも任期は4年。定数は下院350名、上院は266名。上院では、選挙区選出議員が208名の他、地方代表の性格を持たせるため、自治州議会選出枠が58名分ある。

　下院に明確な優越があり、上院の実質的権限は小さい。首相の信任・不信任は下院のみに属し、内閣発議法案の先議権も下院にある。また、法律でも基本的人権、自治州と国が締結する自治憲章、および選挙制度に関する法律、その他国民投票など特に憲法に定めるものを「組織法」と呼ぶが、この成立および改廃については、下院の絶対過半数の賛成を要する。

　なお、立法の発議主体は、上下両院、および政府に加え、自治州議会があるが、50万人以上の署名が集まれば一般国民も立法発議が可能である。

5 > 選挙制度

　国政選挙は拘束名簿式比例代表制（ドント式）。不安定な多党制が内戦の一因とされる第二共和制時代の反省を踏まえ、小党分立を防ぐため、得票率による阻止条項がある。議席獲得には得票率が3％を上回っている必要がある。

　国政選挙の選挙区は、全国50の県に加え、アフリカ大陸側の飛び地である自治都市セウタ、メリーリャの二つを加えた全52選挙区。

6 > 政党と政党制

　民主化時の総選挙からしばらく、首相スアレスはじめ、フランコ体制に出自をもつ政治家も含む、民主中道連合が少数与党の時期が続いた。1982年に社会労働党が政権を奪取し、1986年に同党が絶対過半数を獲得。

　他方、民主中道連合は83年に解党し、その議員を多く吸収した保守系の国民党と社会労働党が、二大政党として交代で政権を担当している。民主化後約40年で、与党が下院絶対過半数の176議席以上を占めていた期間は約10年である。それ以外の期間では、与党が少数政党の協力を得て政権運営を行うのが通例であった。

　①国民党（PP：Partido Popular）

　旧フランコ系諸派が連合した国民同盟（1976年設立）が起源。創立者はフランコ体制の閣僚出身のマヌエル・フラガである。民主化直後は「守旧派」のイメージをぬぐい去れなかったが、民主化の「立役者」スアレスの政党民主中道連合が解党後多くのメンバーを引き入れて実質上吸収、1989年には現党名に変更し、指導者も当時36歳のアスナールが就任、政党イメージの一新に成功した。

　1996年、社会労働党の大敗に伴って比較第1党、地域主義政党の協力を得てアスナール政権が誕生した。1999年には、様々な基準をクリアして欧州通貨統合に間に合った。2000年には約5％の高成長となった。徴兵制を廃止して軍の近代化を図る一方、NATO軍事機構へも加盟。第2期には経済成長を背景に国際社会におけるスペインの地位向上を目指した。

　その象徴が、イラク戦争への派兵決定である。アスナール政権は2000年総選挙で下院絶対過半数を得ていたが、このイラク派兵をめぐっては世論が二分した。派兵は強行されたが、それが結果的に、イスラム原理主義団体による、2004年マドリード列車連続爆破テロ事件（死者192名、負傷者2084名）を招いた。同事件は、総選挙3日前の2004年3月11日に発生、事前には総選挙の国民党勝利が予想されていたが、イラク撤退を公約に掲げていたサパテーロ書記長率いる社会労働党に敗れて下野した。

　2011年、アスナールの後継指名を受けたラホイの国民党は、2008年リーマン・ショック以降の経済危機対策を掲げ、再び下院絶対過半数を得て政権に復帰した。選挙戦では減税も公約に挙がっていたが、任期開始後EUとりわけ

欧州中央銀行、国際通貨基金などの支持も背景に、緊縮財政へと方針転換、公務員向け賞与支給凍結、2012年度予算では中央各省庁への割当予算総計を前年度比16.9％減とするなど各種施策を断行した。先述の公的債務に上限を設ける憲法改正が、社会労働党との協調のもと実施されたのもこの時期である。

2009年以降マイナス基調だった成長率は、2014年1％台を回復したが、緊縮策の不人気と相次ぐ腐敗事件（後述）により、2015年統一地方選では大幅に勢力後退した。

②社会労働党（PSOE：Partido Socialista Obrero Español）

1879年結成、現存政党で最も歴史が長い。第二共和制から内戦では一貫して共和国側にあった。体制末期の1974年、フェリーペ・ゴンサレス書記長を中心とする当時30歳代の若手に世代交代し、共産党と並ぶ反体制派主軸の一つとなった。1977年総選挙では民主中道連合に続く第2党。その後党綱領からマルクス主義を削除するなど穏健化、1982年総選挙で勝利、以降15年の長期にわたるゴンサレス政権が成立した。

1982年カルボ・ソテーロ政権期に加盟していたNATOへの加盟継続の国民投票を実施、僅差で継続となった。1986年、フランコ体制期には非民主国であることから実現せず、当時から「国民的悲願」とされていたEC（当時）加盟を実現、対外的には「西欧の一員」としての地位を確立した。

対内的には、民主化期からの課題であったインフレーション抑制と産業構造改革に着手した。インフレ抑制には成功したが、失業率は1985年20％台に到達した。同年から経済成長率は上昇基調になり、1987年には5.5％に達するが、雇用流動化政策も並行して実施されており、社会労働党と創立者が同じである「兄弟」労組、労働総同盟（UGT）との関係は悪化、88年にはゼネストが打たれた。

1989年、前倒し総選挙では下院175議席を確保したが、同年、副首相の弟が絡む腐敗事件や与党の不正経理事件などが次々と露見した。他方、コロンブスのアメリカ大陸到達500周年である1992年、バルセロナ五輪とセビーリャ万博が同時に開催され、民主化に続き高成長を遂げたスペインを内外に印象づけたが、その実、同年の経済成長率は0.9％、翌年はマイナス成長となった。

その後も腐敗事件が続くが、特にバスク民族主義過激派のETA（後述）に対する国家テロ疑惑事件は首相の連座もうわさされ、政権に致命的となって、1996年総選挙で下野した。

次の社会労働党政権は2004年、イラク即時撤兵を掲げたサパテーロ書記長が勝利して成立した。1期目は、「スペインのさらなる近代化」として、福祉国家の拡充が目標とされた。具体的には、国民党アスナール政権以来の成長基調が継続したことを背景に、育児手当、若年向け住宅手当などが実施された。同性婚の認可（2005年）や、内戦および独裁の犠牲者に対する補償などを規定した歴史的記憶法（2008年）もこの時期である。しかし、2008年にはいわゆるリーマン・ショックがあり、アスナール政権以来の土地・住宅バブル景気が後退局面に入る。同年からの第2期目では、緊縮財政や労働改革の新自由主義的な方向に舵を切るが、2011年11月の前倒し総選挙で下野した。

③統一左翼（IU：Izquierda Unida）

　スペイン共産党を中心とする、左派政党連合である。共産党は社会労働党から分裂して1923年成立した。

　共和政時代、内戦期ともに政権の中心となったが、共和国が内戦に敗北、亡命政権樹立後フランコ時代は国外、特に共和国亡命政権のあるフランスで活動した。フランコ体制後半では、共産党系の労組労働者委員会（CCOO）の活動家が国内へ密かに戻り、体制の御用組合を乗っ取る形で労働運動を組織、体制末期のストライキやデモは、体制に打撃を与えた。他方、独裁期から、一連の「穏健化」策も取られた。内戦で分断されたスペイン国民の「和解」を主張し、民主化時、それはスアレス政権と共同歩調を取るという党の戦略となった。

　また、1977年総選挙前にはフランス、イタリアの共産党とともにソ連とは異なる独自路線ユーロコミュニズムを公式に標榜した。共産党はフランコ体制側、特に内戦で共産党の民兵らと戦った軍の反感を一身に集めており、民主化、特に総選挙実施に際してその合法化が焦点となったが、その穏健化と協調路線を評価したスアレス首相の独断で合法化された。この共産党合法化とスペイン政治への復帰は、民主化の一つの転機とされる。共産党抜きの総選挙は民主的とは言えず、また内戦の「勝者」も「敗者」も同じ土俵で選挙を戦い民主的議会に参画することが、スペイン国民の「和解」とされたからである。

　民主化後初の総選挙ではそれなりの議席を持ったが、その後ソ連崩壊や、指導部が交代するたびに内部対立を繰り返し次第に退潮、その対策として1988年統一左翼が結成されたが、その後大きくは伸びなかった。2015年統一地方選では新興政党（後述）に議席を奪われる形となった。

④地域主義政党

　スペインでは、後述する歴史的事情を背景として、いくつかの地域主義政党が、自治州や市のみならず国政にも大きな影響力を行使している。

　地中海沿岸のカタルーニャ地域最大の政党は、カタルーニャ集中同盟（CiU）であった。カタルーニャ地域主義的な二大政党、つまり、キリスト教民主主義のカタルーニャ民主連合（UDC）と経済自由主義的なカタルーニャ民主集中（CDC）が連合して生まれた。長期にわたって自治州政権を維持し、1980～2003年はジョルディ・プジョルの長期政権、2010年～2015年はアルトゥル・マスが自治州政府首班である。国会にも一定の勢力を常に確保しており、特にプジョル時代は、与党が下院絶対過半数をもっていない際に協力することで、カタルーニャ自治州の権限拡大につき一定の譲歩を引き出すケースがしばしば見られた。2015年、カタルーニャ「独立」戦線をめぐって推進派のマス首班がいるCDCから、慎重なUDCが袂を分かつ形で政党連合が解消された。

　2003～2010年のカタルーニャ自治州は、カタルーニャ社会党（PSC、社会労働党系）と、カタルーニャ独立を標榜するカタルーニャ共和左派（ERC）の連立政権であった。ERCは、2010年以降のマス自治州政権、特に2012年以降の第２期、カタルーニャ独立に向けた動き（後述）が加速した際に大きな役割を果たした。

　バスク地域最大の政党は、同じく経済自由主義・キリスト教民主主義を標榜するバスク民族主義党（EAJ-PNV）である。その歴史は19世紀にさかのぼる。内戦開始後、共和国側に属したバスク地域に成立した「バスク政府」では、首班その他多くのポストをバスク民族主義党が占めた。亡命期を生き延び、民主化後、バスク自治州の成立を推進して、CiUと同様、バスク社会党（社会労働党系）が与党の一時期を除き、長期にわたり自治州政権を担当した。

　なお、フランス側のバスクやナバーラ自治州も含めた「大バスク」の独立を求めてテロ活動を展開していたETA（Euskadi Ta Askatasuna、「祖国バスクと自由」）は、1950年代アルジェリア独立などに触発され「直接行動」を志向したグループが、このバスク民族主義党の指導部と袂を分かつ形で結成されたものである。マルクス主義を標榜しており、いわゆる「極左テロ集団」に該当する。1958年の結成から2011年の「武装活動の恒久的停止」宣言まで、864名が殺害された。国民党、社会労働党双方の政権、およびバスク自治州

の諸政権にとって、このETAテロ問題の解決は長年の懸案であり、停戦・対話・ETAのテロ再開による一方的停戦破棄のパターンが繰り返された。

　2011年の宣言以降、本稿の執筆時点まで、テロは再開されていないが、ETAの武装放棄、解散にまでは至っていない。

　⑤新興政党

　以上は、民主化あるいはそれ以前からある主な政党だが、2000年代に入り新党がいくつか生まれている。以下成立順に概観しておく。

　「シウダダノス（C's：Ciudadanos「市民」の意）」は、2006年バルセローナ市の小規模地域政党から出発した。中道右派に位置し、カタルーニャにありながら、同じ右派寄りのCiUのようなカタルーニャ地域主義ではなく、かつ、カタルーニャではきわめて不人気な国民党でもない、いわば第三の選択肢を提示して一定の議席を確保した。その後全国に浸透し、リーマン・ショック後の緊縮策と腐敗事件（後述）で人気を落とした国民党の穴を埋める形で、2015年統一地方選で大きく党勢を伸ばした。

　C'sと同じく、2015年統一地方選で躍進したのが、多くは民主化後生まれで30代の左派系政治学者や活動家たちが創立した、「ポデモス（Podemos《私たちにはできる》の意）」である。2011年の統一地方選実施前の5月15日、腐敗事件の相次ぐ既存の政治階層と、代議制民主主義そのものに不信感を突きつけ、直接民主主義を標榜する市民運動が、スペイン全国で大規模に展開されたが、ポデモスはその流れを汲んでいる。同じく腐敗などを理由に、既存政治階層全体を強烈に批判、これまでは「成功の物語」として内外で好意的に受け入れられてきた70年代のスペイン民主化をも、その政治階層を生んだとして否定してみせた。

2015年7月時点での下院議席配分

政党名	議席数
国民党(PP)	185
社会労働党(PSOE)	110
カタルーニャ集中同盟(CiU)	16
統一左翼(IU)・緑の党等会派	11
統一・進歩・民主	5
バスク民族主義党(EAJ-PNV)	5
諸派	18
下院定数	350

政策的には直接民主主義、反緊縮策、ベーシック・インカムなどを掲げ、社会労働党、統一左翼などの既存左派政党から離れた層を引きつけ、2014年の欧州議会選挙で議席を獲得、2015年統一地方選では、C'sと並び、多くの自治体で一大勢力を形成した。しかし、左右ブロック自体は変わらず、左右の間で支持率や票が大きく変動する事態は見られない。国政選挙の各種世論調査では一時期第1党となっている。本稿執筆時点で、2015年の国政選挙は実施されていないが、統一地方選と同じ趨勢となれば、国民党と社会労働党の二大政党＋地域主義政党というスペインの政党システムは、C'sとポデモスが食い込む形で、大きく変貌することとなろう。

7 > 中央・地方関係

　日本などとは事情が異なり、スペインではカタルーニャ、バスクなどが独自の歴史を背景として、国家スペインからの強い自立を保持してきた。

　現在のスペインの原型が確立したと言われるのは1492年、いわゆる「カトリック両王」の婚姻と両王によるイスラム勢力「再征服」の完了、およびその後のナバーラ王国（現在のバスク地域含む）などの征服である。

　確かにその頃、地名や通名としての「スペイン」は存在していたが、現実には、カスティーリャ王国、アラゴン連合王国の王朝のみが統一された「複合王政」であり、それぞれの法体系その他の制度は維持されたままであった。これが一本化されるのがスペイン継承戦争（1714年終了）で、敗者アラゴン連合王国（アラゴン王国とカタルーニャ公国の連合）の諸制度の廃止と、勝者カスティーリャ王国の諸制度への一本化という形で行われた。

　カタルーニャ、バスクともに、19世紀のスペイン経済の近代化過程では、主導的な地域となる。第二共和制・内戦の時代には、両地域とも一時的に自治を回復するが、反乱側の内戦勝利により潰え、フランコ体制期には、両地域にガリシアも加え、それぞれ独自の言語、文化や慣習などが弾圧の対象となった。カタルーニャとバスクで根強い、マドリードを中心とする「カスティーリャ」への反感や、独立志向の背景には、このような事情がある。

　フランコ体制の民主化後の17自治州体制成立に際しては、歴史的経緯を踏まえ、自治州として成立するのは、当初このカタルーニャ、バスクに加えて、ガリシアのみの予定であった。しかしその後、アンダルシアなどが住民投票を

実施し、結局1981年に、当時の二大政党民主中道連合と社会労働党が合意の上、その他の地域も、それぞれ自治州として大きな権限を得ることとなった。いわゆる「自治州国家」体制である。実質上連邦制に近いが、「連邦」の語そのものは、憲法はじめ政府自治体など公的機関の文書では使用されていない。

　カタルーニャでは、特に2012年以降独立に向けた動きが強まっている。1978年憲法成立の際、憲法において国民あるいはネーション（nación）と定義されるのはスペイン国民のみか、あるいはカタルーニャ、バスクなど歴史的民族も"nación"と呼ぶかにつき、相当な議論があった。結果、"nación"はスペイン国民のみであるが、カタルーニャ、バスクは「民族体（nacionalidad）」であるということで妥結した。

　しかし、2006年にスペイン国家とカタルーニャの間で締結された自治憲章前文では、カタルーニャが"nación"とされるに至った。これに対し国民党が違憲審査を申し立て、2010年スペイン憲法裁が違憲と判示、カタルーニャ市民の大きな反感を買った。これがきっかけの一つである。2012年カタルーニャ民族の日（９月11日）のデモは数十万人規模に膨れ上がった。

　これを受けて、CiUのマス自治州政府首班が、自治州選挙を約２年前倒して2012年11月に実施した結果、CiU、ERC（カタルーニャ共和左派）はじめ「自由なカタルーニャ」を目指す各党の議席合計が自治州議会の過半数を上回ることとなり、CiUとERCは、独立に向けたロードマップに関する協定を締結した。

　2014年には、カタルーニャ独立の是非を問う住民投票実施が決定した。これにも、スペイン政府が憲法裁に訴え出て実施が凍結されたが、市民のボランティアの形で投票そのものは実施された。投票率は37.02％、うち独立支持は80.76％であった。2015年、この住民投票への違憲判決が出されたが、同年９月に実施予定の自治州選挙では、独立を支持する諸政党が合同で、自治州議会の多数を制することができるかが争点となっている。

8 > 政治腐敗

　社会労働党ゴンサレス政権（1982〜1996年）末期の複数の事件をはじめ、スペイン政治には、贈収賄や不正経理などの政治腐敗事件が後を絶たない。

　2000年代以降でも、以下のような事件がある。「グルテル事件」は2007年から捜査が始まり、主にマドリードとバレンシアの企業の、各地域の国民党の

政治家に対する贈賄が明らかになった。「バルセナス事件」は、国民党本部の金庫番ルイス・バルセナスが管理していた、建築業界などからの献金を原資とする裏金の帳簿とされるものが、2013年マスコミにリークされたもので、一時ラホイ首相にも疑惑の目が向けられた。「エレ事件」は、アンダルシア自治州で長期政権を維持する社会労働党が疑惑の対象で、企業の早期退職・解雇およびその対象となった労働者を支援するための州政府予算、2001年から10年間にわたって合計約7億ユーロの不正流用につき、有罪判決が出ている。

個人を対象とするものでは、現フェリペ6世国王（2014年6月即位）の姉クリスティーナ王女の夫の公金横領疑惑「ノース事件」は、前国王で「民主化の立役者」として国民の支持も高かった2014年のフアン・カルロス1世退位のきっかけの一つとなった。

カタルーニャで、1980年から23年の長期政権を維持し、国政にも影響力を持ったジョルディ・プジョル元自治州政府首班にも、スイスの銀行に不正資金をプールした隠し口座の存在が明らかになった。アスナール政権（1996〜2004年）の第一副首相、元国際通貨基金専務理事ロドリーゴ・デ・ラトも2015年、国税庁の捜査対象となり一時逮捕拘禁されている。

これらが明るみになったのは、特にリーマン・ショック以降、社会労働党、国民党がそろって、国民に痛みの伴う緊縮策を実施していたさなかであった。国民的な政治不信の状況が現出し、新興政党の台頭を許したのも、なんら不自然ではない。

（加藤 伸吾）

[参考文献]

立石博高・関哲行・中川功・中塚次郎編『スペインの歴史』昭和堂、1998年

楠貞義・R.タマメス・戸門一衛・深澤安博『スペイン現代史——模索と挑戦の120年』大修館書店、1999年

日本スペイン法研究会・サラゴサ大学法学部・Nichiza日本法研究班編『現代スペイン法入門』嵯峨野書院、2010年

08 ポルトガル
Portuguese Republic

【基礎データ】

○正式名称：ポルトガル共和国（República Portuguesa）
○面積：9万1985 km²　※日本の約4分の1
○人口：約1043万人（2013年、国立統計院）
○首都：リスボン市（人口は約54.8万人、リスボン市を含む
　　　　大リスボン圏には、総人口の約4分の1が集中）
○言語：ポルトガル語
○宗教：カトリック教徒が圧倒的多数
○政治体制：共和制
○議会：一院制（230議席、任期4年制）
○GDP：約1685億ユーロ（2014年IMF、以下同）
○1人当たりGDP：約1万6650ユーロ
○経済成長率：0.9%
○失業率：13.9%
○兵役：徴兵制は2004年に廃止され、完全志願兵制に移行。

1 > 成立過程

　1139年にレコンキスタの過程の中で成立したポルトガル王国は、15世紀から16世紀にかけ、海外貿易や植民地の獲得により繁栄を築いた。だがその後、同国は長らく凋落の途をたどった。とりわけ19世紀には、最大の植民地であったブラジルの独立や、長期にわたり続いた内戦の影響もあり、国内経済は衰退を極めた。経済の停滞は政治の近代化にも負の影響を及ぼし、19世紀末の時点でも、地方有力者による国政の実質的支配（カシキズモ）など、同国の政治システムには、前近代な特徴が色濃く残されていた。

　ところが、20世紀に入った後、そうした政治の有り様に変化がもたらされた。1910年、共和主義者によるクーデターが決行され、王制が廃止された。代わって成立した新たな体制（第一共和制）では、政教分離政策に代表されるように、近代民主主義国家の建設が推し進められた。

　しかしながら、伝統的な社会構造を有する当時のポルトガルに、近代的な政治制度を定着させるのには多大な困難を伴った。1911年から1926年までの16年間で8回の大統領の交代、45回の首相の交代が生じたことにも示される通り、第一共和制期の政治には大きな混乱が見られた。結局のところ、第一次世界大戦（連合国側として参戦）後の不況の到来が契機となり、1926年、軍部の反乱が発生し、同体制はあえなく倒壊した。

　続く軍部による暫定統治期間において、元コインブラ大学教授で財務大臣のサラザール（António de Oliveira Salazar）が次第に影響力を強めた。サラザールは1932年に首相に就任すると、翌1933年に新憲法を制定し、独裁体制を確立した。サラザール体制はイタリアのファシズム体制を部分的に模倣していたものの、限定的ながらも反体制組織の活動を容認していた点など、いくつかの側面において同体制とは性格を異にしていた。第二次世界大戦においても枢軸国側に加担せず、中立を保ったため、ポルトガルの独裁体制は大戦後も存続した。

　サラザール体制を危機に陥れたのは、1961年に開始されたアフリカ植民地戦争であった。イギリス、フランスなど、他の欧州諸国が植民地の独立を相次いで認めていったにもかかわらず、ポルトガルは支配の継続に固執したため、諸外国より非難を浴び、国際社会において孤立を深めた。

　1968年、戦争が泥沼化する中で、サラザールは老齢により引退したが、新

たに首相となったカエタノ（Marcello Caetano）も植民地帝国の維持を主張したため、国内世論の反発を招いた。そして1974年、植民地戦争の継続に不満をもつ軍部将校のクーデターにより、独裁体制は終焉を迎えた。

その後、軍部急進派のヴァスコ・ゴンサルヴェス（Vasco Gonçalves）率いる暫定政権は、アフリカ植民地の独立を相次いで承認するとともに、基幹産業の国有化をはじめとした社会主義的な「革命」を推進した。その結果、同国の経済は、やがて危機的な状況に陥った。

そうした困難から抜け出す手段として期待されたのは、「欧州」であった。当時、ポルトガル国内では、自国がEC（欧州共同体）の一員となることは、経済危機から脱出するための必須条件と考えられるようになっていた。だがECは、非加盟国が新たに加盟するための条件として、民主主義体制の導入を挙げていた。ゆえに1976年、新憲法の制定により、ポルトガルは、革命路線から転換を図り、民主主義体制へと移行した。そしてそれから10年後の1986年、念願であったECへの加盟を果たした。

2＞ 憲法体制、執政府、国会、裁判所

ポルトガル最初の憲法は、1820年に制定された。以来、同国は立憲君主制の国家となり、王族をはじめとする特権階級の権限に制約が課せられることとなった。さらに、共和主義者により制定された1911年の憲法により、王制が廃止されるとともに、国会議員選挙において普通選挙制が導入されるなど、民主的な諸制度が整備された。しかしながら、その後、サラザール首相のもとで成立した1933年の憲法では、直接選挙による大統領選の実施など、一部の例外を除けば、民主的な要素は一転して影を潜めることとなった。

現在の憲法は、独裁体制の崩壊から2年後の1976年に発布されたものである。当初、同憲法は、民主主義体制に必要な基本要件こそ満たしていたものの、軍人により構成される革命評議会という機関に国政の後見役としての役割を付与するなど、暫定政権下において推進された「革命」の「遺産」をところどころ受け継いでいた。それらの「遺産」は、革命評議会の廃止に関する1982年の改正など、その後、数回にわたり実施された憲法改正を経てようやく清算されることとなった。

1976年の憲法制定以降のポルトガルは、議員内閣制を基本としつつも、同時に強い大統領を有する統治制度、いわゆる「半大統領制」を採用している。

憲法改正により権限の縮小が図られたとはいえ、ポルトガルの大統領（Presidente da República）は、首相の任命や罷免、国会の解散など、数々の点において強大な権限を保持している。同職の任期は５年で、３選が禁じられている。選挙は、直接選挙により行われる。35歳以上、7500人以上（１万5000人以下）の推薦人名簿の提出といった条件を満たしている者が立候補できる。

　民主主義体制への移行後、初めて実施された大統領選挙では、軍部出身のエアネス（António Ramalho Eanes）が勝利したため、真の意味での文民統制の未定着を不安視する声も聞かれた。しかし、それから約10年後の1986年に行われた大統領選挙の結果、弁護士で社会党の政治家であったソアレス（Mário Soares）が大統領に就任し、以後もサンパイオ（Jorge Sampaio）、カヴァコ・シルヴァ（Aníbal Cavaco Silva）と文民大統領が続いたことで、そうした懸念は払拭された。

　これに対し内閣（Governo）は、首相（Primeiro-ministro）、大臣（Ministro）および国務長官（Secretário de Estado）により構成される（ポルトガルにおける国務長官は日本における副大臣に近い役職である）。このうち首相は、必ずしも国会議員である必要はないものの、大統領が国会における選挙結果を考慮に入れつつ任命する。これに対し首相は、大統領と議会の双方に対し責任を有する。民主主義体制の導入以後は、大部分の時期において国会の多数派政党の議員が首相に就任している。

　他方、ポルトガルの国会は、長らく二院制であったが、1976年以降は一院制に変更された。正式名称は共和国議会（Assembleia da República）である。定員は1989年まで250名であったが、現在では230名と定められている。選挙制度は拘束名簿式の比例代表制であり、任期は４年である。立法、憲法改正、条約批准、予算の決定、内閣の信任（および不信任）などの権限を有している。

　また、ポルトガルの司法機関には、憲法裁判所（Tribunal Constitutional）、最高裁判所（Supremo Tribunal de Justiça）、行政裁判所（Tribunais Administrativos）、会計裁判所（Tribunal de Contas）といった種々の裁判所が存在する。このうち、憲法裁判所は1982年の憲法改正により設立された機関で、法案や法律の合憲性に関する判断を主業務とする。判事の任期は９年で、全13名のうち10名は国会において選任される（残り３名はすでに選ばれた判事により選任される）。

3 > 政党および政党制

　独裁体制が倒壊したのち、ポルトガルでは、共産党(Partido Comunista de Portugal)、社会党(Partido Socialista)、社会民主党(Partido Social Democrata)、民主社会中央党(Centro Democrático e Social)の4党が台頭した。

　共産党は、第一共和制期の1921年に創設され、独裁体制期には反体制組織として活動していた左翼政党である。主に南部に強い基盤を有する。

　社会党は、独裁体制末期の1973年、西ドイツの社会民主党の支援を受け、非共産党系の反体制派により結成された中道左派政党である。

　社会民主党は、独裁体制末期、体制内反対派を構成していた国会議員が中心となって結成された中道右派政党である。結党直後は人民民主党（Partido Popular Democrático）という名称であった。

　民主社会中央党は、当初、保守主義政党として結成されたが、その後、国民党と合併し、民主社会中央人民党（Centro Democrático e Social - Partido Popular）に名称変更するとともに、よりポピュリズム的な性質を有する政党へと変容した。

　民主主義体制への移行の象徴であったこれら政党であったが、当初はその能力を十分に発揮できずにいた。国会では、選挙が比例代表制であることも影響し、単独で過半数の議席を獲得できるような政党は存在せず、また、上記政党間の関係も概して非協調的であった。それもあり、1976年憲法の制定からしばらくの間、短命の内閣が続いていた。

　しかしながら、1987年、1991年の総選挙において、社会民主党は単独過半数の議席を獲得した。このことは、カヴァコ・シルヴァによる政権の長期化（1985〜1995年）を可能にした。さらに1995年および1999年の総選挙では、今度はグテーレス（António Guterres）率いる社会党が過半数近くの議席を獲得し、7年にわたり社会党政権が続いた。

　以後に行われた総選挙においても、これら2党のいずれかが、過半数かまたはそれに近い議席を占有し、その結果、社会民主党と民主社会中央人民党の連立によるバローゾ（José Manuel Durão Barroso）政権（2002〜2004年）、およびサンタナ・ロペス（Pedro Santana Lopes）政権（2004〜2005年）、社会党のソクラテス（José Sócrates）政権（2005〜2011年）が発足した。

こうした事実から、同国は民主主義体制への移行から10年余りのち、複数政党による「コンセンサス型」の政治から、社会党、社会民主党による「多数派型」の政治へと移行したものと理解されるようになった。

ところが、2000年代後半に入ると、そうした状況に変化がみられるようになった。この時期には、新左翼政党の左翼連合(Bloco de Esquerda)の成長がみられた。1999年に創設された同党は、同年の総選挙ではわずか2議席の獲得に留まっていた。だが2005年総選挙では8議席、2009年総選挙では16議席を獲得し、急激な拡大を遂げた。これにより、社会党、社会民主党、共産党、民主社会中央人民党の4党による議席の寡占状態は終焉を迎えることとなった。

また、2009年に実施された総選挙では、2005年の前回選挙に引き続き社会党が第一党となったものの、議席数は121から97に減少した。野党社会民主党の議席数も75から81への微増に留まったため、1987年の総選挙以後では、初めて全議席に占める割合が80％以下を記録することとなった。さらにコエリョ（Pedro Passos Coelho）率いる社会民主党が勝利した2011年の総選挙でも、やはり上記2党の議席数は80％に達しなかった。ゆえに近年では、多数決型の政党システムに陰りが見えているとの指摘もなされている。

4 > 中央・地方関係

ポルトガル本土の重要な地方自治体の単位として、市町村（Município）および行政区（Freguesia）が挙げられる。合計308ある市町村には、それぞれ行政機関である市町村評議会（Câmara Municipal）と審議機関である市町村議会（Assembleia Municipal）が存在する。市町村議会議員、市町村評議会員のいずれも任期は4年であり、選出の際には選挙が行われる（ただし、市町村議会については行政区長も議員として参加する）。市町村評議会の長である市町村長は、評議会員選挙において最多得票を得た者が就任する。また、市区町村の下位の単位である行政区にも、同様に行政区評議会、行政区長行政区議会が創設されているが、選出方法については自治体の規模により異なる。

これとは別に、より広域の地域区分として、県（Distorito）という区分がポルトガルには存在していた。大陸部は18県、島嶼部は4県に分割されていた。そして各県には県庁（Governo Civil）が置かれていたが、2011年に事実上廃止された。

このほか、1990年代以降、本土を8つの州（Províncias）の広域自治体を創設する計画が進められたが、1998年に実施された国民投票において否決されたため、計画は消滅した。

2015年現在、広域自治体として認められているのは、アソーレス、マデイラという島嶼部にある自治地域（Região Autônoma）、リスボン市およびポルト市を中心に形成される二つの大都市圏（Grande Área Metropolitana）、それ以外の市区町村の連合からなる21の市町村間共同体（Comunidade Intermunicipal）の、3種である。自治地域には強大な権限を有する政府、議会を有しているのに対し、他の二つは基本的に市町村の合議体である。

5 > 対外関係

伝統的にポルトガルは、「大西洋」と「欧州」の狭間の国と表現され、同国の対外政策は、南米やアフリカの自国の（旧）植民地（諸国）との関係、および欧州諸国との関係のどちらを優先すべきかで揺れてきた。そしてそのようななか、長らく優先してきたのは「大西洋」であった。15世紀以来、同国では「大西洋帝国」の名のもと、欧州以外の地域に植民地を保有することで、本国の国力では自国を上回る他の欧州諸国との不均衡を是正すべきとの考えが支配的であった。反対に、伝統的同盟国であるイギリスという例外を除けば、他の欧州諸国との協調は、大国による自国の支配を導くとして、極力避けるべきものとして理解されていた。

したがって20世紀中盤以降、EEC（欧州経済共同体）やEC（欧州共同体）の名のもと、欧州諸国の間で地域統合が行われるようになったが、当時のサラザール政権およびカエタノ政権は、アフリカ植民地における排他的権益の維持を理由に、統合には参加しない立場をとった。1949年に創設されたNATO（北大西洋条約機構）、1960年に創設されたEFTA（欧州自由貿易連合）などには加わったものの国連にも1955年に加盟、植民地における通商協力をも統合計画の中に含めていたECには参加することはできないと判断したのである。

しかしながら、1960年代頃より、アフリカ植民地戦争の長期化や、EC諸国との通商関係の深化により、ポルトガル人の関心は次第に「大西洋」から「欧州」に変化した。その結果、アフリカ植民地を解放し、民主主義体制が導入された直後の1977年、同国はECに加盟申請を行い、1986年、隣国スペインと

ともに参加を実現させた。

　EC加盟後、ポルトガルは、同機関ならびにその後継機関であるEU（欧州連合）から多額の支援を獲得した。また、安価な労働力に目をつけた他の欧州諸国の企業が相次いでポルトガルに進出した。その結果、1980年代中盤から1990年代後半に至るまで、同国は高度経済成長を達成した。また同国は、EU政治に積極的に参加し、その制度的深化を支えた。3度の欧州理事会議長国（1992年、2000年、2007年）就任中には、リスボン条約の締結をはじめとした種々の成果を生み出し、2004年にはバローゾ欧州委員長を輩出した。

　しかしながら、EU通貨統合に参加して以来、同国の経済は停滞局面に入った。さらに、2009年のユーロ危機の発生以降、他の南欧諸国と同様、ポルトガルも危機的な経済状況に陥り、他の南欧諸国と同様、IMF、欧州委員会、欧州中央銀行の3機関より計780億ユーロの支援を受けることとなった。

　また、以上のような「欧州」への方向転換は、「大西洋」における旧植民地諸国との関係の断絶を意味するものではなかった。そのことを最も象徴的に示しているのが、1996年のCPLP（Comunidade dos Países de Língua Portuguesa／ポルトガル語諸国共同体）の創設である。CPLPとは、ポルトガル、ブラジル、およびアフリカの5ヵ国のポルトガル語圏諸国（のちに東チモール、赤道ギニアも加盟）の間で設立された国際機関である。リスボンに本部を置き、輪番による議長国制度のもと、国際会議を開催している。そして同機関を通し、ポルトガル語の普及をはじめとした様々な協力活動が加盟国の間で行われている。このほか、2000年に調印されたポルトガル・ブラジル友好協力諮問条約などに見られるように、ポルトガルと旧植民地諸国の間では、2国間の次元でも緊密な協力が行われている。

（西脇　靖洋）

［参考文献］

西脇靖洋「ポルトガルのEEC加盟申請——民主化、脱植民地化プロセスとの交錯」日本国際政治学会編『国際政治』第168号、2012年

横田正顕「ポルトガル——『収斂』による民主化とデモクラシーの現代的変容」津田由美子・吉武信彦編『北欧・南欧・ベネルクス（世界政治叢書3）』ミネルヴァ書房、2011年

09 オランダ

Kingdom of the Netherlands

【基礎データ】

○正式名称：オランダ王国(Koninkrijk der Nederlanden)
○面積：約4万1864km² ※九州とほぼ同じ
○人口：約1686万人（2014年9月、オランダ中央統計局）
○首都：アムステルダム
○言語：オランダ語
○宗教：キリスト教［カトリック27％、プロテスタント16.6％］、
　　　イスラム教［5.7％］、ヒンズー教［1.3％］、仏教［1％］、
　　　無宗教・その他［48.4％］（2011年、オランダ中央統計局）
○政治体制：立憲君主制
○議会：二院制　第二院［下院］150議席、第一院［上院］75議席
　　　　　　　（第二院に法案、条約の先議権がある）
○GDP：8660億ドル（2014年、IMF、以下同）
○1人当たりGDP：5万1373ドル
○経済成長率：0.9％
○失業率：7.4％
○兵役：徴兵制は1997年に停止され、志願制となる。

1 > 国家元首

独立戦争時の指導者オラニェ公・ウィレムの系統が王位を継承する、立憲君主制である。国王（または女王）は、内閣の形成に関しても重要な役割を果たし、任命および罷免の権限を有する。議会に対しての行政の責任は内閣のみが負うものの、大臣ともに政府を形成するほか、組閣担当者の任命や情報提供者の指名などを通じて選挙後の連立交渉にも一定の影響力を行使しているとされ、政治的影響力は比較的強い。

1980年から30年以上在位したベアトリクス女王に代わって、2013年にウィレム・アレキサンダー国王が即位した。歴史的に国民と王室の距離が近く、王室に対する支持は高い。

2 > 議 会

議会は上下院からなる二院制で、任期はともに4年。下院（定員150人）が18歳以上のオランダ国民の投票によって全国単位の比例代表制で直接選出されるのに対し、上院（定員75人）は州議会議員による間接選挙で選出される。主たる政治の場は先議権のある下院で、上院には下院を通過した法案の修正権はなく、承認あるいは否決するのみであり、実質的な権限は限られている。

3 > 主要政党と政権

最低得票率を設定しない比例代表制により下院選挙が行われるため、小党が分立する傾向が強く、特定の政党が単独過半数をとるような結果が出たことはない。主要政党を中心に複数の党が連立して政権を担うのが一般的である。

カトリック人民党と労働党の2大政党を軸に推移していた戦後、1960年代に入って世俗化、都市化が進展する中、既存勢力に対する拒否運動が広がり、「脱柱状化」（ontzuiling）と言われる社会の大きな変質に直面した。これに対し、キリスト教系の3政党は、合同して「キリスト教民主同盟」を結成することで態勢を立て直し、連立相手を左右に求めながらも、政権にとどまってきた。

画期的な変化は1990年代に訪れる。1994年、総選挙でキリスト教民主同盟が大敗し、また労働党が路線変更により自由民主人民党との連携が可能になっていたことによって、76年ぶりに、キリスト教民主主義政党を排除した政

権が樹立された。

　労働党のコックを首相とする、労働党・自由民主人民党・民主66からなる連立政権（「紫連合」）は、リベラルな改革（福祉国家の再建、財政赤字の削減、安楽死の合法化、同性愛者の結婚の制度化など）を次々と進め、1998年の総選挙でも勢力を拡大した。第二期コック政権は、肥大化した福祉国家の改革と雇用の創出を進めることで、一定の成果を挙げ、「オランダ・モデル」とも評される経済の好調をもたらした。1994年の政権交代は、長く続いたキリスト教民主主義政権からの転換点として位置づけられる。

　2002年5月の総選挙においては、移民の受け入れ拒否を主張し、分かりやすい言説で支持を集め、躍進が確実視されていたピム・フォルタウン率いるフォルタイン・リスト党（LPF）の存在が波乱をもたらした。党首が選挙の直前に暗殺されるという事件が起こり、オランダの民主主義への挑戦として、国内では衝撃的に受け止められた。一方、フォルタイン・リスト党の躍進は、国外からはヨーロッパにおける右傾化傾向の表れとして警戒された。結果、労働党は第4党（23議席）に転落し、前連立与党はいずれも大敗した。第1党には43議席を獲得したキリスト教民主同盟が8年ぶりに返り咲き、LPFは26議席で第2党、自由民主党が24議席で第3党となった。この3党による連立政権が、キリスト教民主同盟のバルケネンデを首相として樹立し、移民問題や社会問題を主要な政策課題として発足したものの、LPFの内紛の影響でわずか5ヵ月で崩壊することになる。その後1年にわたりオランダ政界は混乱を極め、2003年初めの再選挙と連立交渉の難航を経て、ようやく2003年5月末に第二次バルケネンデ内閣が成立した。

　バルケネンデ内閣は、EUの憲法条約への否決やイラク派兵問題など、内外の重要案件への対応に苦慮し、内閣総辞職や連立の組み替えを伴う混迷期を経験するが、第三次、第四次となんとか政権を維持しながら諸課題に向き合っていった。しかし、2010年、アフガニスタン駐留部隊の延長をめぐる意見の対立を理由に労働党が政権から離脱し、選挙が行われた。2010年6月の選挙で、キリスト教民主同盟の議席は半減と大きく後退し、自由民主党（VDD）が第1党、労働党が第2党となった。この2党に、移民排斥を主張して躍進した自由党（PVV）が閣外協力することで、マルク・ルッテ率いる中道右派政権が誕生した。

2015年7月時点での主要政党の下院議席数

政党名	議席数
■与 党	
自由民主人民党(VVD)	41議席
労働党(PvdA)	38議席
■野 党	
社会党(SP)	15議席
キリスト教民主同盟(CDA)	13議席
自由党(PVV)	12議席
民主66(D 66)	12議席
キリスト教連合(CU)	5議席
グリーン・レフト(GL)	4議席
オランダのための党(VNL)	2議席

　しかし2012年になると、追加的財政削減をめぐって、閣外協力の自由党との意見対立が顕著となり、内閣総辞職の結果、総選挙が実施され、自由民主党が大きく勝利する。改めて第二次ルッテ内閣が自由民主党と労働党との間で発足し、財政削減と社会政策の改革を取り組むことが課題とされた。

　2015年7月時点での主要政党、下院議席数は、上記の通り。

4＞ オランダの政治社会

(1)「多極共存型デモクラシーとネオ・コーポラティズム(Neo-corporatism)

　政党ごとに系列の社会団体からなる強固なネットワークが存在し、柱（ザイル：zuil）と呼ばれる。政党を頂点に雇用団体、労働組合、メディアから学校にまで至る、社会の柱状化と分断がみられ、これが、キリスト教民主主義諸政党の政治的優位を支えてきたともいわれる。レイプハルトは、このように「柱」に分断され、緊張と対立が存在する社会が、なぜ政治的に安定を保てるのかについて、「多極共存型デモクラシー」というモデルを提示した。

　エリートが、「柱」の利害対立を超えて和解と協調を進め、相互の妥協と合意を引き出す重要な役割とを果たしているとし、オーストリア、スイス、ベルギーとともに、オランダにも当てはまるモデルとして議論が展開された。彼のモデルについては、現在での有用性には疑問も呈されているが、従来のアングロ・サクソン型の二大政党モデルに対するアンチテーゼとして注目されてきた。

また、政府・労働組合・雇用者団体の三者の協調を基盤とする政策決定システムであるネオ・コーポラティズムは、オランダの政治経済体制を支える重要な枠組みとなって、戦後の復興と経済発展を支えてきた。しかし1970年代に入ると状況は変化し、労使の対立が激しくなり、「オランダ病」とも呼ばれる景気後退と失業率の上昇の中で、ネオ・コーポラティズムは機能不全に陥っていく［参照「ネオ・コーポラティズム」p.186～］。

　1990年代には各種団体が従来のように政策決定に関与できないようになり、失業や財政赤字などの問題に機能的に対処できないという批判が多くなった。だが、その後ワークシェアリングをはじめとする取り組みを通して「オランダの奇跡」を達成するなかで、新しい三者の協調体制が模索されている。

(2) 地方分権

　オランダの行政は、国、州(12)、自治体の三つのレベルから形成されている。州は環境管理や土地開発、ソーシャルワークなどを担い、自治体は実質的な地方自治を行う。徐々に地方分権化が進み、州や自治体へ権限が移行されつつあるが、いずれの首長も国よる任命であることや、独自財源の少ないことなど、分権度は依然としてそれほど高くない。

(3)「寛容社会」の変化

　ヨーロッパ諸国の中でも移民への寛容度が高く、多様性の尊重や多文化主義的な社会統合の努力が続けられてきたオランダにおいて、長期間の経済の低迷を背景に、増え続ける移民・難民の受け入れとその負担が徐々に社会の寛容さを奪っている。同時多発テロをきっかけに、イスラム教徒への嫌悪感が強まる中で、移民排斥を主張する極右政党が台頭し、閣外協力という形で排外的な政策を提案した。その後政党内の内紛で勢力をそがれるが、オランダ社会の寛容度の低下は続いており、連立政権の維持や政権運営を難しくしている

5＞ オランダの対外政策

　オランダの対外政策は、国連、NATO、EUの3本からなっている。EUの前身ECの柱の一つEEC（欧州経済共同体）の原加盟国として、ヨーロッパ統合の推進が最重要テーマとしてある。ベネルクス（ベルギー・オランダ・ルクセ

ンブルク)の枠組みを活用しながら、小国として、より広い市場と安全保障の確保という、二つの必要不可欠な目的の達成手段として、EU統合を熱心に進め、大国間の調整役として一定の影響力を行使してきた。

　また、国連をはじめとする国際機関を通じた国際秩序の維持と国際法の発展を重要視し、途上国の開発や人権問題にも深く関与する姿勢を見せる。安全保障においては、ヨーロッパの安定には米国との積極的連携が必要という立場にたち、基本的路線としてNATO重視の立場をとっている。

(正躰 朝香)

[参考文献]

日野愛郎「オランダ・ベルギー」網谷龍介・伊藤武・成廣孝編『ヨーロッパのデモクラシー』ナカニシヤ出版、2009年

Netherlands Mission Japan (Embassy of the Kingdom of the Netherlands) website, "About the Netherlands",
< http://japan.nlembassy.org/you-and-netherlands/about-the-netherlands.html>

Rudy B. Andeweg & Galen A. Irwin, *Governance and Politics of the Netherlands*, 3rd Edition, Palgrave Macmillan, 2009.

10 ベルギー
Kingdom of Belgium

【基礎データ】

○正式名称：ベルギー王国
　　　　　（Royaume de Belgique [仏] / Koninkrijk België [蘭]）
○面積：約3万528km²　※日本の約12分の1
○人口：約1124万人（2015年）
○首都：ブリュッセル
○言語：オランダ語、フランス語、ドイツ語
○宗教：キリスト教（カトリックが大勢）、その他
○政治体制：立憲君主制
○議会：二院制　下院150名、上院60名
○GDP（名目）：5346億ドル（2014年、IMF、以下同）
○1人当たりGDP：4万7721ドル
○経済成長率：1.04%
○失業率：8.5%
○兵役：徴兵制は1994年に廃止され、志願制となる。※

※…CIA（Central Intelligence Agency）ウェブサイト
「The World Factbook」参照（2015年8月閲覧）

1＞ 国家元首

　1830年の建国時から立憲君主制を採っている。戦後40年余り在位したボードワン1世、前国王アルベール2世（1993年即位）、そして、現国王のフィリップ1世も、国民からの支持は言語集団を問わず高く、国家の統合のシンボルとして一定の役割を果たしている。また組閣担当者を任命したり、政治危機の際にはその発言が影響を与えたりと、実質的な影響力を行使しているとみることもできる。

2＞ 議 会

　二院制で、いずれも任期は4年。連邦化改革の結果、下院は定員150で直接選挙（比例代表制、義務投票）。2014年から、上院は定員60となり、直接選挙ではなく、連邦構成体議会の指名によって選ばれる50議席とその議員によって指名される10名からなる。連邦制を反映した地域代表者の議会としての役割が強く、下院の補完的な意味を与えられている。

3＞ 主要政党と政権

　カトリック系、自由主義、社会主義の伝統的な三つの政党が、安定した支持を獲得していたが、1960年代末から言語集団間の対立によって、それぞれがオランダ語系とフランス語系に分裂した結果、1978年以降、全国規模の政党は存在していない。基本的な傾向としては、オランダ語圏である北部のフランデレン地域ではキリスト教民主主義系の政党が、また、フランス語圏である南部のワロニー地域では社会党系の政党が、そして首都のブリュッセル地域では自由主義政党が第一党の地位を占めてきた。

　中央レベルではキリスト教民主主義政党を中心に、社会党、自由主義政党と連立を組みながら政権を担ってきた。言語対立の激化を背景に、1954年にはオランダ語系のフランデレン人民同盟（VU）、1964年には、ブリュッセルのフランス語系政党であるフランス語民主戦線（FDF）と、ワロニーのフランス系であるワロン連合（RW）という地域主義政党が成立し、1970年代には政権の一翼を担うまでになった。1980年代にはエコロジー政党（オランダ語系のアガレフとフランス語系のエコロがある）が躍進した。

1990年代には不況や社会不安の広がりを受けて、フランデレンを地盤として移民排斥を主張する極右のフラームス・ブロック（Vlaams Block）が勢力を伸ばした。

　1999年の総選挙では、畜産物のダイオキシン汚染問題で与党への批判が集中する中で行われたことが影響し、フランデレン、ワロニーともにそれまでの第一党であったキリスト教人民党と社会党が、第一党の地位から転落した。改革と効率化を主張した自由主義政党が全国的に躍進し、エコロジー政党と極右も勝利した。その結果、1958年以来続いたキリスト教政党が政権から外れ、自由主義政党を中心に社会党とエコロジーからなる、史上初めての連立政権が成立し、オランダ語系自由主義政党であるフラームス自由民主党（VLD）のフェルホフスタット（G. Verhofstadt）が首相の座についた。

　2000年代に入り、各政党が地域別、言語別へと分化した主張をする傾向はさらに強まり、加えて移民排斥やフランデレン地域の独立を志向する勢力が台頭した。このため、小政党の連立で政権を担ってきたベルギーにおいては、選挙後の連立交渉は、以後の連邦制度改革をめぐる立場の違いなどを理由に混迷を極めるようになる。

　2007年、2010年の政治危機（長期間にわたって選挙後の組閣が成立しない）では、1年半もの間、連立政権が成立せず、521日という記録を打ち立てた。また極右政党への支持の拡大も、この政党を外して連立を組むために交渉の難化へとつながり、連立協議が進まない原因であった。

　2014年5月に実施された選挙では、オランダ語地域では、フランデレンの独立を主張する新フランデレン同盟（N-VA）が、フランス語圏では、社会党（PS）が勝利した。連立交渉の結果、連邦議会選挙で第一党となったN-VA、および仏語系自由党（MR）、蘭語系自由党（Open VLD）、蘭語系キリスト教政党（CDV）の計4党の連立による政権が発足した。この時も、5ヵ月もの時間が連立交渉にかかっている。

　4党間協議の結果、首相には38歳のシャルル・ミシェルMR党首が就任した。政権にとっては、財政再建とともに、競争力向上を重視した中道右派の経済・社会政策の実施を進めることが主要な課題となっている。加えて、両言語集団のバランスを維持しながら、税制改革と、連邦制度改革のさらなる領域への着手が課題である。2014年5月の主要政党の下院選挙結果は、次ページの通り。

2014年5月時点の主要政党の下院選挙結果　　★は連立与党

政　党　名	議席数
■オランダ語系	
新フランデレン同盟(N-VA)：地域主義政党 ★	33議席
キリスト教民主フランデレン党(CDV)：キリスト教民主主義 ★	18議席
開かれたフランデレン自由民主主義党(Open VLD)：自由主義 ★	14議席
もう一つの社会党(SP.a)：社会党	13議席
フローン(Groen!)：環境主義政党	6議席
フラームス・ベラング(VB)：極右	3議席
■フランス語系	
仏語系社会党(PS)：社会民主主義政党	23議席
改革運動(MR)：自由主義政党 ★	20議席
人道的民主センター(CDH)：キリスト教民主主義	9議席
エコロ(Ecolo)：環境主義政党	6議席
フランス語民主連盟(FDF)：ワロン・ブリュッセル地域主義政党	2議席

4＞ 連邦化の経緯と特色

(1) 言語集団間の対立と連邦化への流れ

　1830年のオランダからの独立時に制定された憲法では、ベルギーは中央政府の権限が強い集権的な単一国家であった。この時点において、ベルギー領内部には、ワロニーを中心とするフランス語系住民と、フランデレンを中心とするオランダ語系住民が、ほぼ拮抗する形で並存していた。当時はフランス語系が社会的に優位な状況にあり、オランダ語系住民はその地位に甘んじていたものの、フランデレン地域が急速に経済発展を遂げ、ワロニー地域との立場が逆転に向かうにつれて、両言語集団間の摩擦も激しくなっていった。

　1960年代以降、両者の対立は激化し、あらゆる問題が言語間対立とのかかわりで議論されるほど、内政の最大の問題として深刻化した。そのため、国の制度を修正することによってこの対立を調停することを余儀なくされた。結果、1970年から4回の憲法改正を伴う大改革を経て、1993年にベルギーは、単一国家から連邦制国家に移行した。

(2) 独自の連邦制度と不安定化

　ベルギー連邦制の最大の特徴は、連邦を構成する主体として2種類の統治組織が存在していることである。

第1部◆西欧各国とEUの政治

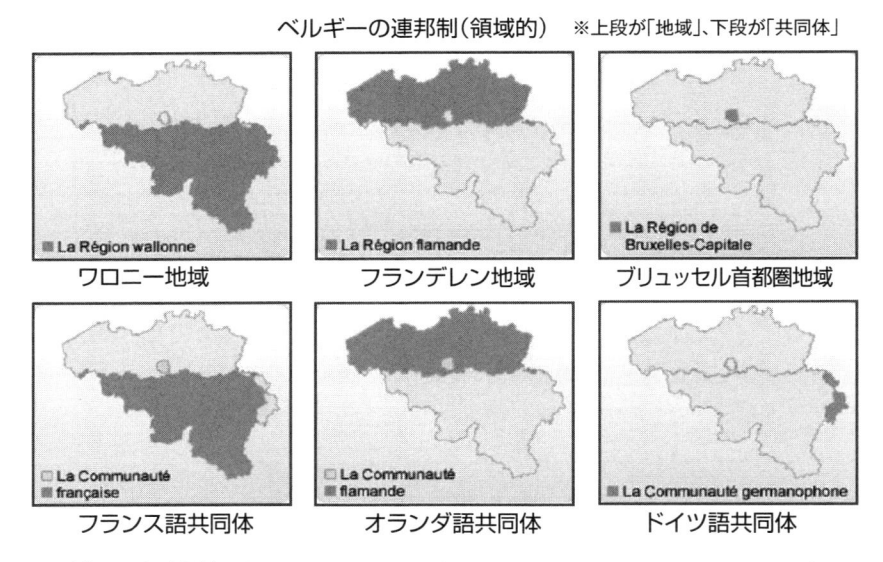

ベルギーの連邦制(領域的)　※上段が「地域」、下段が「共同体」

ワロニー地域　　　　フランデレン地域　　　ブリュッセル首都圏地域

フランス語共同体　　オランダ語共同体　　　ドイツ語共同体

出典:ベルギー連邦政府サイト<http://www.belgium.be/fr/la_belgique/pouvoirs_publics/la_belgique_federale/Carte/>

　つまり、他の連邦制国家において採用されることの多い領域的概念に基づく「地域」(Région/Gewes［他国でいう「州」や「カントン」「ラント」など］)と、地理的領域性とは別の「共同体」(Communauté/Gemeenshap)の二つである。これら2種類の連邦構成主体が、自己決定権の及ぶ範囲内では自立性を有しているのである。「地域」としては、ワロニー地域、フランデレン地域、ブリュッセル地域の三つからなり、経済政策(地域開発、工業化、環境などに関わるもの)についての権限を与えられることとなった。「共同体」は、フランス語、オランダ語、ドイツ語の三つの共同体が存在し、文化、言語、教育に関わる政策についての権限を有するものとされた。

　このような2種類の行政組織が導入されたのは、複数の言語集団の間で、国を連邦化することの目的と、それによって獲得を目指す権限とがずれていたことから生じたことであった。だが、結果として連邦を構成する主体が2種類存在するに至ったことは、ベルギーの連邦制度に独自性を与える最大の特徴となっている。

　また、1980年の憲法改正では、「地域」の権限を「共同体」が行使することが可能であると規定されたことにより、フランデレン地域とフランデレン共

同体は合併される形となり、フランス語共同体側との間で不均衡な制度となった。「共同体」の権限行使の対象も地域的に区切られていることから、より領域的傾向が強まっているといえる。

　1993年の新憲法においては、「ベルギーは言語共同体と地域からなる連邦国家である」と明示され、連邦構成体議会の議員と連邦議会議員との兼任が認められなくなり、構成体議会議員が直接選挙によって選出されることとなった。

　加えて、上院の連邦主義的編成や、構成体への新たな財源の確保など、連邦制として必要な最終的な制度の修正が行われた。ここに至る連邦化改革の結果、中央政府が排他的に権限を行使するとされる分野は、通貨、司法、国防、社会保障、年金、公的債務など、かなり限定的なものとなった。さらには、ヨーロッパ統合の影響も大きく、EU統合の深化とともにヨーロッパレベルへの権限委譲も進んでおり、超国家レベル、連邦レベル、構成体政府レベルの間の権限の分割や共有など、複雑で多層的な統治システムが成立している。

　現在のベルギー連邦制は、30年近くにわたるベルギーの国家の統治機構改革の結果としてできあがったものであるが、連邦制移行後も言語地域間の分権化をめぐる対立と調整は続いている。言語問題の政治化は、選挙後の連立交渉の妨げとなり、時に国家の分裂が危惧されるほどの混乱を政治社会にもたらす点において、ベルギー政治における最大の不安定要因となっている。

5＞　ヨーロッパの中のベルギー

　ベルギーの対外政策における重要な柱は、ヨーロッパの大国の狭間にあって、自国の安全保障を確実にすることと、経済的利益の確保ためにより広い市場を手に入れることである。そのための手段がヨーロッパ統合であり、EU統合の推進力として、原加盟国であるベルギーの果たしてきた役割は大きい。

　ベネルクス関税同盟に始まる、いわゆる「ベネルクス三国」（ベルギー・オランダ・ルクセンブルク）という枠組みを利用しながら、ヨーロッパ統合における小国の利益の確保のために力を尽くしてきた。実際にベネルクス三国の共同歩調によって、大国間の調停者としての重要な鍵を握る局面も数々みられた一方で、国際環境の変化と、拡大を続けるEUの中で、ベネルクスの相対的な地位は低下を余儀なくされ、ベネルクスという枠組みでのオランダ、ベルギーの関係も微妙に変質してきているが現状である。

またブリュッセルには、欧州委員会や欧州議会をはじめとする EU 諸機関が多く存在する。リスボン条約で創設された初代「欧州理事会常任議長」となったヘルマン・ファン・ロンパイ元首相をはじめ、欧州統合において重要な役割を果たした政治家も多く輩出している。小国でありながら、また小国であるがゆえに、EU の中心として、また多様な文化からなる欧州統合のイメージを象徴する国家として自国を捉えることによって、EU 統合におけるベルギーの役割の重要性を維持しようと考えている。

（正躰　朝香）

［参考文献］

松尾秀哉『物語 ベルギーの歴史──ヨーロッパの十字路』中公新書、2014年

Kris Deschouwer, *The Politics of Belgium: Governing a Divided Society 2nd Edition*, Palgrave macmillan, 2012

Els Witte, Jan Craeybeckx, Alain Meynen, *Political History of Belgium : From 1830 Onwards*, VUB　Press, 2010

スウェーデン
Kingdom of Sweden

【基礎データ】
○正式名称：スウェーデン王国(Konungariket Sverige)
○面積：約45万km² ※日本の約1.2倍
○人口：約975万人（2014年12月、スウェーデン統計庁）
○首都：ストックホルム
　　　（市人口約91万人、都市圏は約213万人、2014年12月、スウェーデン統計庁）
○言語：スウェーデン語
○宗教：福音ルーテル派が多数
○政治体制：立憲君主制
○議会：一院制（349議席、任期4年）
○ＧＤＰ：5701億米ドル（2014年、IMF、以下同）
○1人当たりGDP：5万8491米ドル
○経済成長率：2.1%
○失業率：7.9%
○兵役：徴兵制は2010年に廃止され、志願制となる。※

※…CIA(Central Intelligence Agency) ウェブサイト
「The World Factbook」参照（2015年8月閲覧）

スウェーデンは、シュタイン・ロッカン（Stein Rokkan）の「欧州概念地図（conceptual map of Europe）」においては、内陸帝国（Landward Empire Nation）に位置している。

1 > 戦後の展開 ── 福祉国家の形成と中立政策

スウェーデンは、立憲君主制の国家である。憲法の一部をなす王位継承法は欽定憲法の形態をとっている。

北欧の小国の政治の帰趨については、とりわけ「第二次世界大戦」と「冷戦」という「二つの戦争」の帰結が、北欧諸国に決定的に、大きな影響を与えたといえよう。北欧諸国の多くが、この二つの戦争に翻弄され、他国の侵略を受けたり、領土を奪われたりした。この「二つの戦争」について、スウェーデンのみが、第二次世界大戦を通じて、自国の主権を維持しながら、平和を保持できた。また、スウェーデンは、第二次世界大戦中も中立を守ったという立場から、戦後の冷戦の時期も非同盟主義を守り、西側にも東側にもくみすることがなかったことは注目すべきである。

他の北欧諸国と同様に、スウェーデンもまた、高福祉高負担の「福祉国家」を基調とする政治体制を採っている。北欧における政治体制で特徴的な政治は、高い組合加入率に基づく労働組合を支持母体とするコーポラティズム的な社会民主主義に基づく、政党を中心とした政治運営といえよう。こうした国家のうち、スウェーデンは代表的な例であり、特にスウェーデンでは社会民主主義政党の一党優位の長期政権の成立を、その歴史の中にもっている［参照「ネオ・コーポラティズム」p.186～］

こうした社会民主主義政党の統治が、スウェーデンにおいて成功してきたのは、なぜであろうか。それには、スウェーデンの抱える地理的な状況が挙げられる。

都市化した首都であるストックホルムに代表される、経済的に豊かな都市部の存在する南部「中心」と、過疎であり、経済的に貧しく、気候の厳しい北部「周辺」の人口の間には、政治的な「クリーヴィッジ」が存在すると一般にいわれてきた。この社会的・政治的な「クリーヴィッジ」を乗り越えて、一つの国民国家を形成して協調するために、再分配を行う福祉国家政策を推し進める社会民主主義を政策の柱としたことは偶然ではない［参照「クリーヴィッジ理論」p.197～］。

先駆的にスウェーデンは、1930年代に「国民の家」構想を打ち出し、福祉国家としての歩みを示したが、この政策は、ひとりスウェーデンのみならず、他国に与えた影響も大きかったといえよう。

　19世紀のナポレオン戦争以来、スウェーデンは北欧にあって、独自に武装しながらの平和維持を目指す、非同盟・中立政策を中心として外交を展開してきた。そのためスウェーデンは、サーブ（SAAB）に代表される戦闘機などの軍備も自前で製造してきたほどである。

　また、現在も北大西洋条約機構（NATO）に加盟していないのは、この表れであろう。こうしたスウェーデンの国際政治上の位置に、冷戦の終焉を契機として、近年大きな変化が起こった。そこで冷戦終焉後は、軍事的非同盟と中立主義の見直しを行ったのであった。

　そして、冷戦が終結したことにより、旧共産圏を含めた、欧州における国際交流が深化し、折からの経済不況ともあいまって、EU加盟の機運が高まったのであった。北欧ではすでに、1972年にデンマークがEUに加盟していたが、冷戦終焉後に非同盟主義を掲げるスウェーデンですら、1995年にフィンランドと共にEUに加盟することとなった。スウェーデンは2009年にはEU議長国を務めるなど、現在では、デンマーク、スウェーデン、フィンランドの3国がEU加盟国として一定の役割を果たしている。

　このように、欧州における地理的な位置の差異により、外交上の立場は異なるものの、北欧は法律、経済、社会、交通通信、文化等の各面で共通の政策、歩調を協議する北欧会議（Nordic Council）という機関を、1953年以来有している。これも長い共通の歴史を有しているゆえんであろう。

2＞　政治体制

　スウェーデンは、立憲君主制を採用し、1973年に即位したカール16世グスタフ国王（Carl XVI Gustaf）が国家元首を務めている。また、スウェーデンの現在の政治体制は、2014年以降ステファン・ロヴェーン（Stefan Löfven）首相の社会民主党と環境党を中心とする連立政権である。また、スウェーデンのみならず、北欧全体で、男女平等への社会進出の一環として、女性の閣僚が積極的に登用されていることは特筆に値しよう。

　スウェーデンの議会リクスダーグ（Riksdag）は、1970年まで二院制を採

用し、上院が置かれていた。しかし現在では、一院制に移行している。スウェーデン議会も他の北欧の議会と同様に、「5党システム」による代表者で構成されてきたが、こうした政党システムは現在変化してきているといわれる。スウェーデンのリクスダーグは、議席数349議席を有している。議員の任期は4年である。

3 > 政党、選挙および選挙制度

　スウェーデンも北欧に特徴的とされる「5党システム」を有してきた。政党システムにおいて、左右のスペクトルの中で、左には、社会民主主義政党のスウェーデン社会民主主義労働者党(Sveriges Socialdemokratiska Arbetarepartiet／SAP)、もともと共産主義政党であった左翼党(旧共産党、Vänsterpartiet／V)が存在し、ブルジョア・ブロックには農民政党から出発した中央党(旧農民党Centerpaetiet／C)、自由主義政党の国民党(ないし自由党ともいわれるFolkpartiet Liberalerna／Fp)、保守主義政党の穏健党(Moderata／M)が存在してきた。

　しかしながら、こうした伝統的な「5党システム」の範疇に入らない政党も、従来より存在し、スウェーデンにおいては、キリスト教政党として、キリスト教民主党（Kristdemokraterna／KD）が存在する。さらに、北欧の経済状況の悪化に伴い、多くの北欧諸国で志向されてきた「大きな政府」に対するアンチ・テーゼとしての「小さな政府」論を政策の中心に据え、さらに、外国人労働者、難民にも手厚い社会保障を批判するといった、新たな対立軸にまつわる政党として、ニュー・ライト政党、スウェーデン民主党(Sverigedemokraterna／SD)が存在する。また、環境政党として、環境党（Miljöpartiet de Gröna／MP）も存在する。スウェーデン政治の近年の動きとしては、他の北欧諸国と同様に、EUに懐疑的で、移民の流入規制を訴えるスウェーデン民主党に代表される「ニュー・ライト」政党の躍進が目を引いている。

　より一般的に、スウェーデンにおけるクリーヴィッジと政党の関係について、現代スウェーデン政治における、個々のクリーヴィッジと政党との対応関係をみていこう。通例、政党システムにおいては、第一のクリーヴィッジとして「従属的文化対支配的文化クリーヴィッジ」、第二のクリーヴィッジとして「教会対政府クリーヴィッジ」、第三のクリーヴィッジとして「第一次産業対第二次

産業クリーヴィッジ」、第四のクリーヴィッジとして「労働者対雇用者・所有者（資本家）クリーヴィッジ」を、古典的なクリーヴィッジとして確認する。

　その上で、スウェーデンにおいては、第二のクリーヴィッジにまつわる政党として、キリスト教民主党、第三のクリーヴィッジにまつわる政党として、中央党（旧農民党）、穏健連合党、第四のクリーヴィッジにまつわる政党として、社会民主主義労働者党、左翼党（旧共産党）を挙げることには、特に異論はないだろう。

　さらに、先進諸国における価値観の変容に基づく、環境主義という新たな対立軸を、これら既存のクリーヴィッジ（オールド・クリーヴィッジ）に対して、ニュー・クリーヴィッジとみなす研究もある。このニュー・クリーヴィッジにまつわる政党として、環境問題を重視する立場から原発を廃止させたスウェーデンでは、環境党が一定の支持を集めている。さらに、ユーロ危機以降では、EUの統合に懐疑的で、移民の規制に言及する「ニュー・ライト」政党、スウェーデン民主党が、国民の大きな支持を得るようになってきている。

　スウェーデン議会、リクスダーグは、修正サンラゲ式の比例代表制を採用している。普通選挙権は1921年に、比例代表制選挙は1909年に導入されている。

　これまで、概観的にスウェーデンを検討してきた。スウェーデンは、「実験国家」として、また、福祉国家の一つのモデルとして、世界的に知られる存在となっている。そして、EU加盟国となったことで、これまでの福祉国家が欧州統合の中でどのように変容していくのかが注目される。

（白鳥　浩）

［参考文献］
O.ペタション・岡沢憲芙監訳『北欧の政治』早稲田大学出版部、1998年
白鳥浩『市民・選挙・政党・国家——シュタイン・ロッカンの政治理論』東海大学出版会、2002年
白鳥浩『現代欧州統合の構造——「新たなローマ帝国」と国民国家』芦書房、2009年

12 ノルウェー
Kingdom of Norway

【基礎データ】

○正式名称：ノルウェー王国(Kongeriket Norge)
○面積：約38.6万km² ※日本とほぼ同じ
○人口：約515万6451人(2015年1月、ノルウェー中央統計局)
○首都：オスロ
○言語：ノルウェー語
○宗教：福音ルーテル派が大多数を占める
○政治体制：立憲君主制
○議会：一院制（任期4年解散なし。議席数169）
○ＧDP（名目）：5002億ドル（2014年、IMF、以下同）
○1人当たりGDP：9万7013ドル
○経済成長率：2.235％
○失業率：3.53％
○兵役：徴兵制を19～44歳の男女に適用。
　　　（女性に適用されたのは、2015年1月から）

ノルウェーは、シュタイン・ロッカン（Stein Rokkan）の「欧州概念地図（conceptual map of Europe）」においては、臨海周辺（seaward pheripery）に位置している。

1 ＞ 歴史的展開と欧州統合

　ノルウェーは1905年に独立した立憲君主制の国家である。同様に20世紀に独立したフィンランドよりも国家形成の時期が早かったため、国家形態として王制を採用することとなったということができよう。

　ノルウェーが一人の国王の下に統一国家となったのは9世紀末のことである。10〜11世紀に、ノルウェーはキリスト教に改宗し、西欧のキリスト教文化圏との接触を強めたといえよう。ペストの大流行による人口の減少の後、ノルウェーは1380年から1814年までデンマークとの同君連合の下に入り、その後、スウェーデンとの連合関係に移行した従属の歴史を有する。1905年に連合は解消され、ノルウェーが再び独立国となった歴史は、常にノルウェー人に北欧の中での微妙な位置を意識させるものであった。そこで、ノルウェーの国家形成は、地理的に近接するスウェーデン、デンマークと近似した国制を有するようになったといえるのではないだろうか。

　北欧の小国の政治の帰趨については、とりわけ「第二次世界大戦」と「冷戦」という「二つの戦争」の帰結が、北欧諸国に決定的に、大きな影響を与えたといえよう。アドルフ・ヒトラー（Adolf Hitler）のドイツ「第三帝国（Drittes Reich）」によって、ノルウェーは蹂躙（じゅうりん）され、ファシスト国家の支配を経験した。このように自国が蹂躙される経験を通じ、自国の国家主権とそのための安全保障がいかに重要であるかということを痛感したのであった。そのため、北欧の政治システムの戦後は、いかに自国の安全保障を保持するかということにかかっていた。ノルウェーは、デンマークとアイスランドと共に、1949年4月4日に北大西洋条約機構（NATO）に加盟することで、西側陣営の一員としての色彩を濃くしていったのは、そのゆえんである。

　他の北欧諸国と同様に、ノルウェーもまた、高福祉高負担の「福祉国家」を基調とする政治体制を採っている。また、いずれにしても、そこで基軸として展開される政治は、高い組合加入率に基づく労働組合を支持母体とするコーポラティズム的な、社会民主主義に基づく政党を中心とする政治運営である。こ

うした国家のうち、スウェーデンとノルウェーは代表的であり、これらの国々では、社会民主主義政党の一党優位の長期政権の成立を見た。

　こうした社会民主主義政党が、これらの国において成功しているのは、まったくの偶然ではない。都市化し、経済的に豊かなオスロを中心とする都市部の存在する南部「中心」と、過疎であり、経済的に貧しく、気候の厳しい北部「周辺」の人口の間に存在する、政治的な「クリーヴィッジ」を乗り越えて、ひとつの国民国家として協調するために、再分配を行い福祉国家政策を推し進める社会民主主義が歓迎されたことは、容易に理解できる。

　またこれは、先駆的にスウェーデンが1930年代に打ち出した「国民の家」構想が、他国に与えた影響も大きいといえよう。それが、1950年代の経済成長による北欧の生活水準の上昇とあいまって、1950年代以降、ノルウェーにおいても積極的な福祉政策が採択されるに至ったのであった。

　こうした北欧の国際政治上の位置に、変化が起こったのは近年である。これは、冷戦の終焉が大きな契機となっている。冷戦が終結したことにより、旧共産圏をも含めた、欧州における国際交流が深化し、折からの経済不況ともあいまって、EU加盟の機運が高まっていったのであった。

　しかしながら、1972年にデンマーク、1995年にスウェーデン、フィンランドが欧州統合に加盟したが、ノルウェーはEU加盟承認国民投票において否決され、現在に至っている。

2＞　政治体制

　ノルウェーは、立憲君主制を採用し、1991年に即位したハラール5世（Harald V）が国家元首を務めている。また、ノルウェーの現在の政治体制は、2013年以降、閣外協力する政党はあるものの、基本的には保守党のアーナ・ソールベルグ（Erna Solberg）首相の率いる内閣による保守党・進歩党の連立政権である。このようにノルウェーのみならず、北欧全体で、男女平等への社会進出の一環として、女性の閣僚が積極的に登用されていることは特筆に値しよう。

　ノルウェーの議会は、選挙の上では、ストーティング（Storting）と呼ばれる一院の国会議員を選択するが、かつては当選した国会議員の中から二つの部会を構成していたが、2007年の憲法改正で、この統治機構は廃止され、2009年国政選挙以来、一院となっている。

ノルウェー議会も他の北欧の議会と同様に、「5党システム」と呼ばれる政党システムを保有し、その政党の代表者から構成される政党システムをもってきた。これは、早期の普通選挙権付与と比例代表制選挙によってこうした政党制が構成されてきたといわれる。この政党システムは現在変動期にあると考えられている。また、ノルウェーのストーティングは、2005年の選挙から議席数が169議席となっている。そして、議員の任期は4年である。

3＞ 政党、選挙および選挙制度

ノルウェーも北欧に代表される「5党システム」を有している。左のブロックには、社会民主主義政党のノルウェー労働党(Det norske Arbeiderparti／DNA)、共産主義政党の社会主義左翼党(Sosialistisk Ventrepartiet／SV)が存在し、ブルジョア・ブロックには、農民政党の中央党（旧農民党 Senterpartiet)、自由主義政党の自由党(Venstre)、保守主義政党の保守党(Høyre)が存在してきた。しかしながら、こうした伝統的な「5党システム」の範疇に入らない政党も、従来より存在し、ノルウェーにおいては、キリスト教政党として、キリスト教人民党(Kristelig Folkeparti) が存在する。

さらに、北欧の経済状況の悪化に伴い、多くの北欧諸国で志向されてきた「大きな政府」に対するアンチ・テーゼとしての「小さな政府」論を政策の中心に据え、さらに外国人労働者、難民にも手厚い現行の社会保障を批判するといった新たな対立軸も生まれてきている。この新たな対立軸にまつわる政党として、「ニュー・ライト」政党である進歩党（Fremskrittspartiet／FrP）が存在し、現代のノルウェー政治の中では見逃せない勢力となっている。

ここで、ノルウェーにおけるクリーヴィッジと政党の関係について、21世紀初頭における、それぞれのクリーヴィッジと具体的な政党との対応関係を考察しよう［参照「クリーヴィッジ理論」p.197～］。

第一のクリーヴィッジとして、「従属的文化対支配的文化クリーヴィッジ」、第二のクリーヴィッジとして、「教会対政府クリーヴィッジ」、第三のクリーヴィッジとして「第一次産業対第二次産業クリーヴィッジ」、第四のクリーヴィッジとして「労働者対雇用者・所有者（資本家）クリーヴィッジ」が古典的なクリーヴィッジとして存在している。

ノルウェーにおいては、第二のクリーヴィッジにまつわる政党としてキリス

ト教人民党が、第三のクリーヴィッジにまつわる政党として中央党（旧農民党）、保守党、自由党が、第四のクリーヴィッジにまつわる政党として、労働党、社会主義左翼党が考えられよう。

さらに、近年、物質主義対脱物質主義という新たな対立軸をニュー・クリーヴィッジと呼ぶ研究者もいる。さらに、これにまつわり、近年の経済状況と関連し、北欧伝統の高福祉高負担の福祉国家を批判する政党も存在し、その典型として進歩党が挙げられよう。実に、ノルウェーを含めた多くの欧州諸国においては、進歩党に代表されるような「ニュー・ライト」と呼ばれる政党の台頭が目覚ましく、伝統的なクリーヴィッジに基づいた政党システムの変動に注目する論者も存在する。ノルウェーにおいては、近年では進歩党は政権にも参加する与党の立場を得ている。ここからもその影響力の大きさが理解できよう。

ノルウェー議会、ストーティングは、修正サンラゲ式の比例代表制を採用している。男女の普通選挙権は1913年に、比例代表制選挙は1920年に導入されている。

これまで、概観的にノルウェーを検討してきた。ノルウェーは、北海油田の「オイル・マネー」により、現在ではスウェーデンを超える福祉国家を構築しているといえる。福祉国家の一つの類型として、ノルウェーから得られる知見というものは多いということができよう。

（白鳥　浩）

［参考文献］

O.ペタション・岡沢憲芙監訳『北欧の政治』早稲田大学出版部、1998年

白鳥浩『市民・選挙・政党・国家——シュタイン・ロッカンの政治理論』東海大学出版会、2002年

白鳥浩『現代欧州統合の構造——「新たなローマ帝国」と国民国家』芦書房、2009年

13 フィンランド
Republic of Finland

【基礎データ】
○正式名称：フィンランド共和国(Suomen Tasavalta)
○面積：約33.8万km² ※日本よりやや小
○人口：約543万人(2014年5月末時点)
○首都：ヘルシンキ(約61万人、2013年末時点)
○言語：フィンランド語、スウェーデン語(全人口の約5.4%)
○宗教：福音ルーテル教(国教)、正教会(国教)
○政治体制：共和制
○議会：一院制（任期4年、200議席）
○GDP(名目)：2674億ドル（2013年、IMF、以下同）
○1人当たりGDP：4万9055ドル
○経済成長率：-1.21%
○失業率：8.2%
○兵役：徴兵制を18歳以上の男子に適用。兵役期間は6～12ヵ月。
　　　（予備役の上限は60歳、女子は志願制）

フィンランドは、シュタイン・ロッカン（Stein Rokkan）の「欧州概念地図（conceptual map of Europe）」においては、内陸周辺（Landward Periphery）に位置している。

1 > フィンランドの国家形成 —— 多元的なエスニシティ

フィンランドは共和制の国家である。言語はフィンランド語とスウェーデン語の二つを公用語とする。また、地理的にフィンランドには二つの文化圏が存在する。フィンランドの西部と南部は、かつてはスウェーデン領であり、西欧文化圏に組み込まれ、フィンランド東部はロシア文化の影響の強い地域である。

こうしたフィンランドは、文化に限らずロシアの動向に強く影響されたものであった。元々スウェーデン領であったが、1808年から1809年にかけての戦争で、ロシアはフィンランドを占領し、フィンランドを併合した。特筆すべきは、ロシアの支配下にありながらもフィンランドの国内政治は、大幅な自治権を有していたことである。

また、フィンランドは、1906年にそれまでの四身分制議会に代わって、普通選挙に基づく一院制議会に移行する改革を行ったのであった。この議会改革で特筆すべきは、フィンランドの女性が、欧州で最初に議会選挙での選挙権を得たことであった。

1917年12月6日、ロシア革命の混乱に乗じてフィンランドは、P.E.スヴィンヒューヴド（P.E.Svinhufvud）に率いられ、独立宣言を発表した。続くロシア革命の余波の中で、国内の左右の政治的対立による内戦を経て、1919年にフィンランドは共和国となった。同じ頃、フィンランド語とスウェーデン語の二言語が公用語として認められた。そして、K.J.ストールベリ（K.J.Ståhlberg）が、共和国初代大統領として選出されることとなった。

こうして、フィンランドには独立当初から、隣国ロシアに対する安全保障の問題が重くのしかかっていた。共産革命後のソビエト連邦からの脅威を感じながら、フィンランドは国家建設を目指したといえよう。

1939年8月に、ドイツとソ連が不可侵条約を結ぶ中で、ソ連はフィンランドを影響下に置くことを試みた。ソ連は1932年のフィン・ソ不可侵条約を破棄し、1939年にフィンランドへ侵攻したのであった。「冬戦争」という第一次フィン・ソ戦争の始まりであった。

第一次フィン・ソ戦争は1940年のモスクワでの講和条約で終結するが、この時、フィンランドの南東部カレリア地方が、ソ連に割譲されることとなった。1941年にドイツがソ連に侵攻し、独ソ戦が始まると、フィンランドはソ連が支配する領土の回復を求め、枢軸国のドイツ側の共和国として参戦した。この「継続戦争」である第二次フィン・ソ戦争は1944年まで継続したのであった。

　戦況の変化でソ連との休戦を選択したが、休戦には駐留していたドイツ軍の駆逐が条件とされ、フィンランドはこれにより「ラップランド戦争」という対独戦を行うこととなった。結果、敗戦国として終戦を迎えたのであった。フィンランドはこれにより、カレリア地方に加えて、さらなる領土をソ連に割譲することを余儀なくされた。これは1947年のパリ条約で確約され、以降、フィンランドはソ連の勢力下に置かれることとなったといえる。

　フィンランドの戦後の方向性は、J.K.パーシキヴィ（J.K.Paasikivi）が決定したといわれる。1946年に大統領となったパーシキヴィは、大戦中に悪化した隣国ソ連との関係改善に努力し、1948年に「フィン・ソ友好協力相互援助条約（FCMA条約）」を締結し、「パーシキヴィ路線」といわれるその後のフィンランドの外交政策を構築した。西側にも東側にも近いこの政策から「フィンランド化」という言葉が生まれた。

　また1955年には、フィンランドは国際連合と北欧理事会（Nordic Council）の加盟国となった。そして、1975年のヘルシンキにおいて開催された「欧州安全保障協力会議（CSCE／OSCEの前身）」などでは、イニシアチブを取った。その後も、1986年に欧州自由貿易連合（EFTA）、1989年には欧州評議会（Council of Europe）に加盟、1992年5月にはEFTAと欧州共同体（EC）が欧州経済地域（EEA）に署名し、近年では1995年から欧州連合（EU）に加盟するなど、欧州の中における地位を変化させてきた。

　また、ソ連の崩壊によりFCMA条約に代わって、1992年ロシアとの間に善隣友好条約を結び、軍事条項が含まれないものへと性格が変わることにより、「フィンランド化」という言葉を生み出した状態は本質的に変化し、友好協力相互援助条約は無効であることを確認したのであった。フィンランドは、1994年に北大西洋条約機構（NATO）と平和のためのパートナーシップ協定を結び、さらに1995年のEU加盟により、中立政策は大きな変化をみた。1999年にはEMU（欧州通貨同盟）に加盟、さらに2000年には北欧諸国で唯一ユーロを導入した。

2 > 政治体制

フィンランドは、共和制を採用している。大統領の任期は6年であり、近年では2000年に選出された女性のタルヤ・ハロネン（Tarja Halonen）が、国家元首である大統領を2期務めた後、国民連合党のサウリ・ニーニスト（Sauli Ninistö）大統領が、2012年から務めている。社民党以外の大統領が就任するのは30年ぶりのことであった。

また、フィンランドの現在の政治体制は、2015年以降、中央党のユハ・シピラ（Juha Sipila）首相を中心とした中央党、真正フィン人党、および国民連合党からなる連立政権である。

ハロネン前大統領が女性であったことからも明らかなように、女性の政治進出の側面として、閣僚が積極的に登用されていることは特筆に値しよう。また、統治機構としては、かつては大統領権限の強い大統領制に軸足を置いたものであったが、2000年までの憲法改正で、議院内閣制の色彩を強めている。

フィンランドの議会エドゥスクンタ（Eduskunta）は、議席200、任期4年の一院制議会である。エドゥスクンタも、他の北欧の議会と同様に、元々は「5党システム」による代表者で構成されてきた。しかしながら近年では、この5党システムからの乖離が指摘されてきている。

3 > 政党、選挙および選挙制度

フィンランドは、元々北欧に代表される「5党システム」を有していた。左のブロックには、社会民主主義政党のフィンランド社会民主党（Suomen Sosialdemokraattinen Puolue／SDP）、国民連合（Kansallinen Kokoomus／KOK）、共産主義政党の左翼同盟（Vasemmistoliitto／VAS）が存在する。ブルジョア・ブロックには、農民政党のフィンランド中央党（旧農民同盟党 Suomen Keskusta／Kesk）、自由主義政党の自由（Liberaalit）が存在する。

しかしながら、こうした伝統的な「5党システム」の範疇に入らない政党も従来より存在し、フィンランドにおいては、キリスト教政党として、キリスト教民主党（Kristillisdemokraatit／KD）、また、地域主義・エスニック政党として、スウェーデン人民党（Ruotsalainen Kansanpulue／RKP）が存在する。

さらに、ユーロ危機は、フィンランドの政党システムに決定的な影響を与えた。特に2011年の選挙では、欧州統合に懐疑的な真正フィン人党（Perussomalaiset／PS）が躍進し、かつての5党システムからの大幅な乖離がささやかれている。また、環境政党として、緑同盟(Vihreä Liitto, VIHR)が存在することも、5党システムからの逸脱の大きな理由の一つである。

　フィンランドにおけるクリーヴィッジと具体的な政党との対応関係を検討すると、第一のクリーヴィッジにまつわる政党として、スウェーデン人民党が挙げられ、第二のクリーヴィッジには、キリスト教民主党、第三のクリーヴィッジにまつわる政党として，中央党、自由、第四のクリーヴィッジにまつわる政党として、社会民主党、左翼同盟が考えられよう［参照「クリーヴィッジ理論」p.197～］。

　真正フィン人党や、緑同盟は、こうした旧来のクリーヴィッジに分けられない新たなタイプの政党と考える人も多い。特に「ニュー・ライト」政党の一つと目される真正フィン人党が、連立与党の一つとして参加したことは、フィンランド政治の変化を端的に表しているといえるのではないだろうか。

　フィンランド議会エドゥスクンタは、小選挙区の1議席以外はドント式の比例代表制を採用している。普通選挙権は1906年に、比例代表制選挙は1906年に導入されている。先述したように、特筆すべきはこの選挙において、欧州で初めて、女性にも普通平等選挙権が付与されたことである

　このようにフィンランドにおける女性の地位は、2000年にフィンランド史上初めて女性大統領が誕生したことをみても、非常に高いことが理解できる。

（白鳥　浩）

［参考文献］
O.ペタション・岡沢憲芙監訳『北欧の政治』早稲田大学出版部、1998年
白鳥浩『市民・選挙・政党・国家——シュタイン・ロッカンの政治理論』東海大学出版会、2002年
白鳥浩『現代欧州統合の構造——「新たなローマ帝国」と国民国家』芦書房、2009年

14 デンマーク
Kingdom of Denmark

【基礎データ】
○正式名称：デンマーク王国（Kongeriget Danmark）
○面積：約4.3万km²（本土のみ、以下同）※九州とほぼ同じ
　　　　（フェロー諸島：1398km²、グリーンランド：217万km²）
○人口：約562万人（2013年デンマーク統計局）※北海道よりやや多い
　　　　（フェロー諸島：4万9709人、グリーンランド：5万6749人）
○首都：コペンハーゲン
　　　　（人口は約70万人、首都圏の人口は約120万人、2012年現在）
○言語：デンマーク語、フェロー語、グリーンランド語
○宗教：福音ルーテル派（国教）
○政治体制：立憲君主制
○議会：一院制（179議席、任期4年）
○GDP：3306億ドル（2013年IMF統計、以下同）
○1人当たりGDP：5万9129ドル
○経済成長率：0.4％
○失業率：7.0％
○兵役：徴兵義務が18歳以上の男子にあり。
　　　　（男女ともに志願可能。通常4ヵ月）

1＞ 戦後から現在までの経緯

　デンマークは、他の北欧諸国とともにヨーロッパにおいて有数の福祉国家を実現し、一人当たりのGDPに見られるように最も裕福な国の一つである。

　しかし、その道筋は必ずしも平坦なものではなかった。第二次世界大戦後、ドイツ軍による占領から解放されたデンマークは、国会第一党の地位を占めた社会民主党が中心となり、内政面では福祉の充実に重点を置いた国づくりを行った。しかし、1970年代中葉以降、世界的な景気停滞の中で失業などの深刻な経済問題に直面した。そのため、1980年代や2000年代のように、社会民主党に代わり、右派政党が連立政権を組み、それぞれ10年にも及ぶ長期政権を維持することもあった。

　外交面では、国連に原加盟国として参加したが、1949年にNATO（北大西洋条約機構）創設に参加し、西側の一員として冷戦を乗り切った。冷戦終結後も、安全保障についてはNATOとの協力、アメリカとの協力を重視する立場をとっている。2001年9月11日のアメリカ同時多発テロ事件以降、デンマーク政府はアメリカの対アフガニスタン戦争、対イラク戦争に対してイギリスなどとともにアメリカ支持を表明し、戦闘にデンマーク部隊を派遣し、戦闘終了後も両地域に治安維持、復興支援のために部隊を派遣し続けた。

　ヨーロッパ統合との関係では、デンマークは1973年にEC（欧州共同体）に北欧諸国の中で最も早く加盟した。しかし、ヨーロッパ統合との関係はその後も政治の主要争点であり続けている。

　近年では、外国人問題が深刻化している。デンマークは、国内の労働力不足を補うため、他のヨーロッパ諸国、さらには第三世界からも移民を受け入れてきたが、1970年代には受け入れを停止した。しかし、その後も家族の呼び寄せによる移民の流入は続き、さらに1980年代中葉以降、難民の受け入れ拡大に伴い、外国人問題が国内政治の争点になった。

　2001年9月11日のアメリカ同時多発テロ事件以降は、デンマークでも反イスラム感情が強まり、アナス・フォウ・ラスムセン右派連立政権下で外国人の受け入れ制限など、外国人政策の厳格化が進んだ。そうした中、2005年9月には預言者ムハンマドの風刺画がデンマークの全国紙「ユランス・ポステン」に掲載され、国内はもとより、世界中のイスラム教徒から批判を受けた。

デンマーク政府は風刺画について表現の自由として擁護する立場をとったために、イスラム教国でデンマークの在外公館の焼き討ち、デンマーク製品の不買運動などの事態に直面することになった。

デンマークに端を発した風刺画問題は、その後、他のヨーロッパ諸国にも波及した。2015年1月にはフランスのパリで風刺画雑誌「シャルリー・エブド」誌編集部がイスラム教過激派に襲撃されるテロ事件が起こったが、その直後の同年2月にはコペンハーゲンでも表現の自由に関する討論会会場とユダヤ教礼拝所シナゴーグで同様の銃撃事件が起こり、死者も出ている。

2＞ 憲法

最初の憲法は1849年に制定され、その後1866年、1915年に大改正が行われた。現行憲法は1953年に制定された。全89条からなるが、これまで改正は行われていない。1953年憲法により、上院、下院の二院制であった国会は、上院の廃止により一院制になった（第28条）。植民地の地位にあったグリーンランドは一行政区に変更された（第28条）。また、すでに行われていた議院内閣制が確認された（第15条）。国家の行政を監督するため、オンブズマン制度も導入された（第55条）。

その他、1953年憲法において特徴的なことは、国民投票制度が幅広く導入されたことである。すなわち、①外交問題に関する国民投票（第19条、第42条第6項）、②国際組織への主権委譲に関する国民投票（第20条）、③選挙権年齢の変更に関する国民投票（第29条）、④通常法案に関する国民投票（第42条第1項）、⑤憲法改正に関する国民投票（第88条）である。

⑤の憲法改正以外は、この新憲法により初めて導入されたものである。憲法に基づかない国民投票が行われることもある。

2015年現在、第二次世界大戦前の分を含めて、21回の国民投票が実施されている（1963年6月25日に実施された土地法関連4件の国民投票は個別に計算した）。そのうち、1953年憲法下の国民投票は16回となる。

3＞ 国家元首

1849年憲法により立憲君主制となり、今日に至る。王位継承は現行の1953年憲法により女子にも認められた（第2条）。

現在の元首は、1972年に即位したマルグレーテ2世女王である。なお、1953年憲法下においても、王位継承法により男子の王位継承者がいる場合、女子よりも男子が優先された。これに対して、2000年代に入り、王位継承における男女平等が議論され、男子、女子にかかわらず長子が継承する形に王位継承法が改正された。王位継承法は憲法に準ずる法律であるため、同法の改正には憲法改正と同じ手続きが採用された。すなわち、憲法第88条によれば、改正案が国会選挙を挟んだ2回の国会会期において無修正で可決された後、さらに2回目の国会承認から6ヵ月以内に国民投票に付され、投票者の過半数かつ全有権者の少なくとも40％により承認されたときに改正される。

　実際に、王位継承法の改正案は、2006年6月2日に第1回目の国会承認がなされ、2007年11月13日の国会選挙を挟んで、2009年2月24日に第2回目の国会承認がなされ、最終的に同年6月7日に国民投票が実施された。国民投票の結果は、投票率58・33％、賛成85・35％、反対14・65％であった。賛成は全有権者の45・16％を占めており、改正案は正式に承認されている。

4 ＞ 選挙制度

　1915年に男女普通選挙権と修正サン・ラゲ式比例代表制が採用された。国会179議席中、自治領のフェロー諸島とグリーンランドに各2議席が与えられている（フェロー諸島は1948年に、グリーンランドは1979年に自治権を獲得）。残り175議席が本土に与えられており、そのうち40議席が調整議席である。本土は、10の大選挙区に区分されている。選挙権、被選挙権はともに18歳である。投票率は高く、国会選挙の場合、毎回80％以上を記録している。2015年国会選挙では85.9％であった。

　政党阻止条項は全国の有効投票総数の2％の得票率であるため、他の北欧諸国と比較して、国会に議席をもつ政党は多い。これまでの国会で最も政党数が多かったのは、1977年国会選挙時の11政党である。その後も、小党乱立状態は続いたが、近年やや減る傾向を示しており、例えば2001年国会選挙で8政党、2005年国会選挙で7政党、2007年国会選挙で8政党、2011年国会選挙で8政党、2015年国会選挙で9政党が国会に進出した。

　戦後の国会で過半数を占めた政党は皆無である。多党化現象が続く状況では、各政党にとって国会で過半数を占めることは、きわめて困難になっている。

5 > 政党

　北欧諸国は一般的に、保守主義政党、自由主義政党、農民政党、社会民主主義政党、共産主義政党の5政党が政治の中核を担ったといわれるが、デンマークの場合、若干異なる。

　19世紀後半に保守主義政党の右翼党（現・保守国民党）に対抗する政党として自由主義政党、農民政党両方の性格をもつ左翼党が生まれ、今日でも主要政党の一つである（現在の正式名称は「左翼党・デンマーク自由党」）。

　また、中道政党の一つとして、1905年に左翼党から安全保障問題などを理由に分離した急進左翼党がある。その結果、1960年代まで、保守国民党、左翼党、急進左翼党、社会民主党、社会主義人民党の5政党により政治が動いた。

デンマーク国会の政党別議席数・得票率（1990年以降）

国会総選挙実施日	1990年12月12日	1994年9月21日	1998年3月11日	2001年11月20日	2005年2月8日	2007年11月13日	2011年9月15日	2015年6月18日
投票率（%）	82.8	84.3	86.0	87.1	84.5	86.6	87.7	85.9
デンマーク国民党	−	−	13(7.4)	22(12.0)	24(13.3)	25(13.9)	22(12.3)	37(21.1)
進歩党	12(6.4)	11(6.4)	4(2.4)	0(0.6)	−	−	−	−
保守国民党	30(16.0)	27(15.0)	16(8.9)	16(9.1)	18(10.3)	18(10.4)	8(4.9)	6(3.4)
左翼党	29(15.8)	42(23.3)	42(24.0)	56(31.2)	52(29.0)	46(26.2)	47(26.7)	34(19.5)
急進左翼党	7(3.5)	8(4.6)	7(3.9)	9(5.2)	17(9.2)	9(5.1)	17(9.5)	8(4.6)
新同盟／自由同盟	−	−	−	−	−	5(2.8)	9(5.0)	13(7.5)
デンマーク正義同盟	0(0.5)	−	−	−	−	−	−	−
キリスト教民(民主)党	4(2.3)	0(1.9)	4(2.5)	4(2.1)	0(1.7)	0(0.9)	0(0.8)	0(0.8)
中道民主党	9(5.1)	5(2.8)	8(4.3)	0(1.8)	0(1.0)	−	−	−
社会民主党	69(37.4)	62(34.6)	63(35.9)	52(29.1)	47(25.8)	45(25.5)	44(24.8)	47(26.3)
社会主義人民党	15(8.3)	13(7.3)	13(7.6)	12(6.4)	11(6.0)	23(13.0)	16(9.2)	7(4.2)
共同路線党	0(1.8)	−	−	−	−	−	−	−
統一リスト党	0(1.7)	6(3.1)	5(2.7)	4(2.4)	6(3.4)	4(2.2)	12(6.7)	14(7.8)
アルターナティブ党	−	−	−	−	−	−	−	9(4.8)
その他	0(0.9)	1(1.0)	0(0.4)	0(0.0)	0(0.3)	0(0.0)	0(0.1)	0(0.1)
フェロー諸島	2	2	2	2	2	2	2	2
グリーンランド	2	2	2	2	2	2	2	2
総議席数	179	179	179	179	179	179	179	179

注：進歩党は1995年10月に二つに分裂し、国会議員数は進歩党7議席、デンマーク国民党4議席となった。新同盟は2007年5月に設立され、2008年8月に自由同盟に名称を変更した。アルターナティブ党は2013年11月に結党の発表がなされ、翌年5月の党大会で党綱領を採択した政党である。「−」は選挙に不参加。「0」は選挙に参加したものの議席なし。1990年よりも前の国会議席数については、拙著『国民投票と欧州統合——デンマーク・EU関係史』勁草書房、2005年、巻末資料を参照。
出所：デンマーク国会ホームページ<http://www.ft.dk/>から筆者作成

しかし、1973年の国会選挙以降、有権者の価値の多様化が進み、新政党が国会に進出し、多党化の様相を呈している。その中には、高福祉・高負担路線や移民・難民の受け入れに反対した右翼政党の進歩党もあった。

同党から1995年に分離し、「デンマークらしさ」の維持、移民・難民の受け入れ反対、EUの統合深化反対などの政策を掲げたデンマーク国民党は、2001年国会選挙で議席を増やし、国会第3党に躍進した。2015年国会選挙では、同党は社会民主党に次ぐ国会第2党の地位にまで台頭した。

6 > 議会

一院制の国会（Folketing）は179議席からなる。このうち、4議席は前述の通り、自治領のフェロー諸島とグリーンランドに各2議席が割り当てられている。議員の任期は4年である。ただし、任期満了前の解散がある。

女性議員の比率は高く、デンマーク国会の資料によれば、2015年国会選挙では179人中67人（37.4％）を占めた。しかし、1945年国会（下院）選挙では149人中8人（5.4％）にすぎず、10％を超えたのは1966年国会選挙（179人中19人、10.9％）であった。女性議員が増えたのは、1970年代末以降のことである。政党が比例代表リストに、積極的に女性を載せるようになった結果である。

列国議員同盟（IPU）の調査によれば、2015年6月1日現在、190ヵ国の下院・一院制議会の女性議員比率ランキングにおいて、デンマークは、第15位に位置している。同じランキングで、日本の女性議員は、衆議院475議席中45人（9.5％）となり、第115位である。

2015年国会選挙において国会第2党になったデンマーク国民党で長年党首を務めたケアスゴー議員は2015年7月に国会議長に就任した。同議員はデンマークの憲政史上初の女性議長となった。

7 > 政府

戦後の歴代政府は単独、連立にかかわらず少数政権が多い。政府は、国会で過半数の反対がなければ、成立することになっている。少数政権が多い背景には、前述の多党化現象のほか、他の北欧諸国に比べると、社会民主党の勢力に圧倒的な強さがなかったことも大きい。実際に第二次世界大戦後をみても、社

会民主党が野党であった時代は長かった（1945〜47、50〜53、68〜71、73〜75、82〜93、2011〜11、15年〜）。

2001年国会選挙では、社会民主党は得票を落とし、1924年以来続けていた国会第１党の地位を失った。その結果、国会第１党になった左翼党のアナス・フォウ・ラスムセン党首を首班とする左翼党、保守国民党の右派連立政権が誕生した。しかし、同政権も国会179議席中71議席を占める少数連立政権にすぎなかった。社会民主党は、2001年国会選挙以後も得票を落とし続け、左翼党に続く国会第２党の地位に甘んじていた。

しかし、2011年国会選挙では、左翼党と連立を組んでいた保守国民党が議席を減らした結果、左翼党、保守国民党の右派連立政権は敗北し、2011年10月に社会民主党、社会主義人民党、急進左翼党の左派・中道連立政府が発足した（2014年２月に社会主義人民党は連立から離脱し、２党の連立となる）。同政権も少数政権である。首相には社会民主党党首のトーニング・シュミットが就いたが、同首相はデンマークの憲政史上初の女性首相であった。

2015年国会選挙で、社会民主党は国会第１党（得票率26.3％）に返り咲いたが、デンマーク国民党、左翼党等の右派勢力が左派中道勢力を上回ったため、トーニング・シュミット政権は退陣した。2015年６月に発足した新政府は、左翼のラース・レッケ・ラスムセン元首相を首班とする単独政権（179議席中34議席の少数政権）である。デンマーク国民党などが閣外協力する形となっている。

8＞ ヨーロッパ統合との関係

1973年にECに加盟したが、統合の深化に対して国民の間には懐疑的な声が根強く、現在まで協力の程度をめぐり議論が続いている。

特に、国民は1992年６月に国民投票でEU条約（マーストリヒト条約）の批准法案を否決した（投票率83.1％、賛成49.3％、反対50.7％）。

同年12月、デンマーク政府は、EU条約から国民に不人気であった四つの分野（経済通貨同盟第３段階、共通防衛政策、司法内務協力、欧州市民権）で、適用除外を認められ（エディンバラ合意）、翌年５月にそれに基づいてEU条約の批准法案を改めて国民投票にかけ、承認を得た（投票率86.5％、賛成56.7％、反対43.3％）。

これにより、デンマークはEUへの加盟を維持したが、四つの適用除外に縛られ、加盟国として限定的な関係を強いられている。
　その後もEUは、たびたび基本条約の改正を行い、統合の深化を推進しており、デンマークの歴代政府も基本的にそれを受け入れてきた。しかし、上記の四つの適用除外は残り、EU関係で障害となっているため、デンマーク政府は適用除外の解除を模索している。例えば、2000年9月にデンマーク政府はユーロ導入をめざし国民投票を実施したが、否決された（投票率87.6％、賛成46.8％、反対53.2％）。
　そのため、デンマークはEUの一員であるが、ユーロには現在も参加していない。その後、デンマーク政府は、適用除外の解除をめぐり国民投票の実施について慎重な態度をとり、実施のタイミングを探っている。
　デンマークは、EU域内の出入国管理を撤廃したシェンゲン協定には他の北欧諸国とともに参加し、2001年に実際に運用を開始した。これは、北欧域内の出入国管理を撤廃した北欧パスポート連合との整合性をとるため、北欧諸国が一体となって参加したものである。
　デンマークは、上記の司法内務協力についての適用除外を有するため、EUの枠組みではなく国際法（政府間協力）に基づいてシェンゲン協定に参加するとの立場をとっている。

（吉武 信彦）

［参考文献］
百瀬宏・熊野聰・村井誠人編『北欧史』山川出版社、1998年
O.ペタション・岡澤憲芙監訳『北欧の政治』早稲田大学出版部、1998年
津田由美子・吉武信彦編『北欧・南欧・ベネルクス（世界政治叢書3）』ミネルヴァ書房、
　　2011年
吉武信彦『国民投票と欧州統合――デンマーク・EU関係史』勁草書房、2005年

15 ギリシャ
Hellenic Republic

【基礎データ】
○正式名称：ギリシャ共和国(Elliniki Dimokratia)
○面積：13万1957km² ※日本の約3分の1
○人口：約1081万人(2011年国勢調査)
○首都：アテネ(約300万人)
○言語：現代ギリシャ語
○宗教：ギリシャ正教
○政治体制：共和制
○議会：一院制（300議席、任期4年）
○ＧＤＰ(実質)：1610億ユーロ（2013年、IMF、以下同）
○1人当たりGDP(実質)：1万4552ユーロ
○経済成長率：－3.9％（対GDP比）
○失業率：25.8％（2014年10月、ギリシャ統計局）
○兵役：徴兵義務が19～45歳以上の男子にあり、最長12ヵ月
（女子も志願可能）

1 > 成立過程

　長らくオスマン・トルコの支配下にあったギリシャは、1821年に独立戦争を開始、翌年には、通称ながら共和制に移行した（第一共和制）。しかし、1830年にロンドン議定書で独立宣言をした後の1832年、コンスタンチノープル条約で独立が承認されると、再度王政に復帰（初代国王オソン1世）している。

　20世紀になっても王制派と共和制派の対立は続き、1923年に国民投票で王政を廃止して翌年より第二共和制になったものの、1935年に再び王政に復し、立憲君主制となった。1935年にクーデターで軍事政権化し、1941年から1944年まではナチス・ドイツの占領下に置かれている。ナチスからの解放後、亡命していた国王が帰国して3度目の王制となったが、やがて政府と共産主義勢力の内戦状態となった。第二次世界大戦後、米ソ対立が激化する中で、米国にとってのギリシャの地政学的重要性は一段と高まった。

　ギリシャ（および隣国トルコ）を西側の防衛同盟に編入することで、19世紀以来の懸案であるソ連の地中海への南下を防止できると考えた米国によって、1952年にこの両国はNATO（北大西洋条約機構）に加盟することになった。

　しかし、国内情勢は安定せず、1967年には再び、クーデターで王制のまま軍事政権が誕生した。1974年、キプロスへの介入策が泥沼化したことで軍事政権は崩壊、さらに、君主制も廃止され（国王亡命）、第三共和制となった。ギリシャの民主化がようやく開始されたのである。

　1974年から1981年までは中道右派の新民主主義党（ND）政権が、1981年から1990年までは中道左派の新ギリシャ社会主義運動（PASOK）政権が、1990年から1993年にはND、1993年から2004年まではPASOK政権が誕生し、（少なくとも表面的には）単独政権の可能な二大政党制が定着したかのようであった。この間、1981年には欧州共同体（EC）に加盟したことで、政治面での民主化と経済成長はさらに加速した。1999年のユーロ加盟国の第一陣には加われなかったものの、2001年よりユーロ導入を果たした。通貨がドラクマからユーロに代わったことで、2000年代中盤までギリシャ経済は未曾有の成長を遂げた。さらに、2004年にはアテネ・オリンピックが開催され、ギリシャの政治経済は順調に推移しているかのようであった。

　しかし、リーマン・ショックの翌年の2009年、PASOK政権がND前政権の

財政赤字隠蔽を暴露すると、ギリシャ国債は一気に暴落、ギリシャは一転して危機的な状況に陥った。同国の経済危機は他のユーロ加盟国にも波及し、いわゆるユーロ危機へとつながったのである。2010年5月、EUとIMF（国際通貨基金）による総額1100億ユーロ（ユーロ圏加盟国800億＋IMF300億）の支援が決定した。同時にEUは将来の危機に備えて、EUは総額5000億ユーロの欧州金融安定化メカニズム（EFSM）設立を発表、さらに3年間限定で欧州金融安定ファシリティ（EFSF）を設立したのである。

　しかし、それでも危機的な状況はなかなか好転せず、ユーロ圏は第二次支援も検討するようになる。ギリシャのパパンドレウ首相は、他国との交渉の停滞や国内の社会不安をかんがみ、支援の継続的受け入れを問う国民投票実施を示唆した。国民投票を行った場合、先行き不安から、ユーロ圏などが求める緊縮政策が否決される可能性もあり、ユーロ圏側はギリシャ政権を批判、この混乱をきっかけに、パパンドレウ中道左派政権は崩壊した。翌2012年には、ユーロ圏・IMFによる1300億ユーロの追加支援による第二次ギリシャ支援が決定した。欧州中央銀行（ECB）のドラギ総裁も、全面的なギリシャ支援を約束していた。同年5月の総選挙で多数派形成ができず、翌6月の再選挙でNDが勝利、PASOKとの二大政党連立によるサマラス政権が誕生した。その後およそ2年間、政権はEUの求める緊縮策を進め、ギリシャ経済は改善に向かい出した。

　しかし、2014年12月実施の大統領選挙で大統領は選出されず、規定により翌年1月に議会選挙を実施することになった。緊縮財政で困窮を極めるようになった中間層以下の不満が高まり、公務員を中心に従来からの支持政党であったPASOKではなく、反緊縮策を主張する極左の急進左派連合（SYRIZA）支持率が急上昇したのである。選挙の結果、SYRIZAは過半数近くまで達し、右翼ポピュリスト政党「独立ギリシャ人」（AUEL）との連立で政権を獲得したのである。

　首相になったSYRIZA党首のA.チプラスは、緊縮反対策を掲げた上で、債務免責などを求めてユーロ圏諸国との交渉を開始した。しかし、ドイツを中心にこれ以上のギリシャへの譲歩には反対の声が大きく、チプラス政権は窮地に陥った。

　チプラスは2015年7月にユーロ圏諸国が求める緊縮策導入の是非を問う国民投票を実施、緊縮策反対が多数派になったことで意を強くし、再度ユーロ圏側に反緊縮の主張を押し通すと思われた。

　ところがチプラス首相は、国民投票前のユーロ圏側の緊縮策導入の要求を、

ほぼ丸呑みする形で合意する。チプラスは、国民投票の結果、国内世論を味方につけたこと、野党との結束を強めたことで政権基盤が強固になったと考え、ユーロ離脱回避のための緊縮策受け入れをしても自らの政権の安定はしばらく保てると踏んだのだろう。合意の結果、ユーロ圏は第三次ギリシャ支援に着手すると思われる。ユーロ圏はもとより、EUにとってギリシャのユーロ離脱による不測の事態は計り知れない。また米国にとっても、離脱によるギリシャへのロシアの影響力拡大は、地中海地域の安全保障の面からも避けたいところである。

しかし、ギリシャ財政が危機的状況にあることに変わりはない。本当にギリシャのユーロ離脱は回避できるのか、国内構造改革にどこまで着手できるのか、予断を許さない。

2 > 政治体制

第二次世界大戦後の1952年に、1864年憲法の改正版である新憲法が発布された。その後、軍事クーデター後の1968年、1973年と新憲法が矢継ぎ早に制定され、軍事政権崩壊後の1975年に制定された憲法が、現在まで運用されている。19世紀以来の王制派と共和制派の対立、軍事クーデターの勃発などで体制が頻繁に変化してきたことが、このような頻繁な憲法制定・改正の原因である。

1975年に第三共和制が定着し、民主化が開始されてようやく憲法体制も安定してきた。憲法改正は現在に至るまで3回あり、大統領権限（1986年）・基本的人権（2001年）・議員の兼職禁止（2008年）に関する条項が改正されている。

特徴的なのは、権力分立を謳っているものの、立法権は議会および共和国大統領、行政権は政府および共和国大統領となっており、徹底された三権分立とはいえない。また、支配的宗教は、キリスト教の東方正教会と明文化されている（憲法第3条第1項）。

3 > 執政府

国家元首は大統領で任期5年、再選は1回のみ可能である。全議員の3分の2多数で選出、もし3回の選挙で大統領が選出されない場合（3回目は5分の3多数）には議会が解散され、総選挙が実施されなければならない。

実際に2015年に、大統領不選出による総選挙が実施され、極左の急進左派連合（SYRIZA）が勝利し、政権を獲得している。

第1部◆西欧各国とEUの政治

歴代ギリシャ首相（1974年以降）

就任期間	氏名	所属政党	連立与党
1974～1980年	K.カラマンリス	ND	
1980～1981年	G.ラリス	ND	
1981～1989年	A.パパンドレウ	PASOK	
1989～1989年	T.ザンネタキス	ND	KKE、SYN
1989～1989年	Y.グリヴァス	無所属	ND、PASOK、KKE、SYN
1989～1990年	X.ゾタキス	無所属	ND、PASOK、KKE、SYN
1990～1993年	K.ミツォタキス	ND	
1993～1996年	A.パパンドレウ	PASOK	
1996～2004年	K.シミティス	PASOK	
2004～2009年	K.カラマンリス	ND	
2009～2011年	G.A.パパンドレウ	PASOK	
2011～2012年	L.D.パパデモス	無所属	ND、PASOK、LAOS
2012～2012年	P.ピクラメノス	無所属	ND、PASOK、DIMAR
2012～2015年	A.サマラス	ND	PASOK、DIMAR
2015年～	A.チプラス	SYRIZA	ANEL

注：党名の略称は、次の通り。　ND＝新民主主義党（中道右派の保守・新自由・キリスト教民主主義）
PASOK＝全ギリシャ社会主義運動（中道左派の社会民主主義）
KKE＝ギリシャ共産党
SYN＝左翼運動・エコロジー連合
LAOS＝正教民衆集会（国民正統派運動）
DIMAR＝民主左派
SYRIZA＝急進左派連合
ANEL＝独立ギリシャ人（右翼）

　大統領の権限は限定的だが、国民投票実施権や軍の統帥権をもつ。また、法案認可拒否権もある。これに対して議会は、過半数で再可決することができる。また、議会は大統領に対して弾劾権ももつ（3分の1で提案、3分の2で可決）。
　政治の実権は、首相にある。政権は平時には、二大政党どちらかの単独政権が多い。どちらの党が政権についても、公務員増加など財政支出拡大策をとり続け、財政は危機的状況に陥った。非常時には大連立政権で、首相は無所属（パパデモスは元中央銀行総裁、ピクラメノスは裁判官）であった。

4＞ 議　会

　一院制。300議席、任期4年。1829年の最初の民主的な選挙により議会は開設されたが、その後たび重なる体制転換により、議会も消滅したりしている。また、第二次世界大戦前までは二院制の時期もあった。議会は大統領を選出できるほか、大統領に対して弾劾権をもつ。また、大統領には議会に対して法案拒否権があるが、議会には再可決が可能な権限がある。

5 > 選挙制度

総議席数300のうち、250議席を比例代表制（非拘束名簿式）で政党別に配分。第一党に自動的に残りの50議席を配分する（プレミア制）。3％の阻止条項（3％未満の得票率の政党には議席配分しない）がある。

6 > 政党と政党制

①二大政党：NDとPASOK

新民主主義党（ND）

中道右派の保守・新自由・キリスト教民主主義。1974年にK.カラマンリスなどにより設立。PASOKよりは親ヨーロッパ的スタンス。2015年までサマラス首相（ND党首）に率いられていたが、1月の総選挙で下野、7月の国民投票（EUの求める緊縮政策への是非を問う）で反緊縮派が勝利すると、サマラスは党首も辞任した。

全ギリシャ社会主義運動（PASOK）

1974年設立。中道左派の社会民主主義。だが、西欧の社民主義とは異なり、当初は左翼ナショナリズム的で、EC加盟に反対（野党時代は反米も）であった（EC内で周辺化することを警告「ギリシャ人のためのギリシャ」）。内政では様々な社会改革を実施（「特権なき人々」の平等ための政治）。政権獲得後は外交では保守化、内政では女性の法的地位向上、第二次世界大戦時の内戦当事者間の和解を実現した。2009年のギリシャ危機勃発後、政権政党として緊縮財政を推し進めた結果、中下位層の中核的支持者が離反して急速に弱体化、2015年現在は10％に満たない泡沫政党へと党勢を落としてしまった。

二大政党にはイデオロギー的に大きな違いはない。むしろ政党横断的に、「親ヨーロッパ・モダナイザー」 vs.「ナショナリスト・伝統主義者」が対置している。両党に共通するのは、財政再建を怠り、補助金をばらまき、財政悪化を深刻化させてきたこと。モダナイザーの閣僚が財政再建を目指すと（増税や金融引き締めなど）、国民の不評を買い、罷免されるという繰り返しであった。

二大政党を中心に、政治家には親族から政治に携わっていた人が多くいる。これはギリシャでは近代的な政治制度が未発達で、有力者個人を中心にした親分・子分関係、いわゆる恩顧主義（クライエンテリズム）が跋扈しているため

といわれる［参照「クライエンティリズム」p.229～］。二大政党では、首相経験者のカラマンリス(ND)やA.パパンドレウ(PASOK)を中心に、カリスマ的リーダーを中心にした組織の集権化が進んだ。特に首相就任時に集権化は進む。首相は議会会派のリーダー・政党党首も兼任して権力をさらに集中させている。この政党を通して、様々な社会集団はどちらかの党に系列化されるのである。このような二大政党中心の政党制は、ギリシャ危機勃発後、大きく変化することになった。

②急進左派連合（SYRIZA）

最大の変化は、新興政党のSYRIZAが躍進し、2015年総選挙で第一党にまで昇りつめ、政権を獲得したことであろう。同党は、EUとの合意で緊縮政策を進めるND政権を批判、徹底した反緊縮策を主張した。この主張が、緊縮政策で困窮生活を強いられている中下位層の有権者に響き、2015年総選挙で躍進、単独過半数にはわずかに届かなかったものの、政権入りを果たした。公務員労組を中核的支持層とする。党首のチプラスが首相に就任、国民の反緊縮派が政権の中核的支持層であるため、ギリシャ代表として他のユーロ加盟国（特にドイツ）の求める緊縮策を遂行できない。しかし、遂行できない場合には他国やIMF、ECBからの資金援助が滞ってしまうというジレンマに悩まされている。2015年7月に、EUがギリシャに求める緊縮政策実施に関する賛否を問う国民投票で、投票者の6割以上が反対票を投じたことで、反緊縮策を訴えるチプラスの正当性が確認され、彼の首相としての地位は高まったともいわれる。

③独立ギリシャ人（ANEL）

右翼政党。少数政党ながら、現在SYRIZAと連立政権を組んでいる。右翼と左翼政党の連立政権の合意事項は、ユーロ圏の求める緊縮策への反対と、ユーロ圏のリーダーといえるドイツへの反発である。ドイツに対しては、第二次世界大戦中のナチスによるバルカン半島占領時の補償を求めている。その他の政党として、ギリシャ共産党（KKE）、黄金の夜明け（XA／ネオナチ）、民主左派（DIMAR／社会民主主義）、正教民衆集会（LAO／保守系）などがある。

7 > 中央・地方関係

憲法では、国内のアギオン・オロス地域の自治を認めている。また、冷戦終結後、1991年にユーゴスラビアからの独立宣言をした隣国マケドニアとの関係が悪化したのだが、それはギリシャ北部の「マケドニア地域」の歴史にかか

わっている。「マケドニア」という名称は、ギリシャやブルガリアをまたぐ地のアレキサンダー大王時代からの伝統的な名称で、ギリシャを征服したマケドニアの名称を隣国が掲げることは、ギリシャの領土獲得の意図が見え隠れするとして、ギリシャ側が反発したのである。1993年、暫定国名「マケドニア旧ユーゴスラビア共和国」（FYROM）で国連加盟が承認された後も両国の対立は続いたが、近年では経済面での相互交流が進んできている。

8▷ トピック《キプロス問題》

　ギリシャは、隣国キプロスの領土をめぐってトルコと長年対立してきた。キプロスは1960年に独立し、共和国となった。その後1974年に、ギリシャの軍事政権の介入を機にトルコも介入、キプロスは南北に分断されることになった。1983年、トルコ系住民居住地域が、北キプロス・トルコ共和国の建国を宣言した。両地域間の対立は現在も続いており、両地域の間にはグリーンラインと呼ばれる分断線が敷かれている。南側のキプロス共和国は親ギリシャで、2004年にEUに加盟した。北側の北キプロス・トルコ共和国は国連に承認されていない状態が続いている。

　南のキプロス共和国は、2008年にユーロを導入した。しかし、翌年のユーロ危機勃発後、キプロスの銀行が大量のギリシャ国債を保有していたことから金融危機に陥った。2013年3月、ユーロ圏諸国とキプロスは、深刻な経営不振に陥った銀行への最大100億ユーロの資金援助で、一度は大筋合意に至った。

　しかし、富裕層の預金が多いキプロスの銀行を救済することにドイツが難色を示し、富裕層への新たな課税を要求、キプロス側がこの条件を満たせなかったために、資金援助は頓挫した。最終的にはキプロスへのロシアの影響力拡大を懸念したユーロ圏側が資金援助を決断、キプロスが大手銀行の再編に着手するなどの条件を受け入れることで合意に達した。

（河崎　健）

［参考文献］
村田奈々子『物語 近現代ギリシャの歴史――独立戦争からユーロ危機まで』中公新書、2012年
藤原章生『ギリシャ危機の真実――ルポ「破綻」国家を行く』毎日新聞社、2010年
R.クロッグ・高久暁訳『ギリシャの歴史』（ケンブリッジ版世界各国史）創土社、2004年

16 EU（欧州連合）

【基礎データ】
○正式名称：欧州連合（The European Union）
○欧州委員会所在地：ブリュッセル（ベルギー）
○加盟国
　　原加盟国：フランス、西ドイツ（1990年に統一ドイツに）、イタリア、ベルギー、
　　　　　　オランダ、ルクセンブルク
　　1973年加盟：イギリス、アイルランド、デンマーク
　　1981年加盟：ギリシャ
　　1986年加盟：スペイン、ポルトガル
　　1995年加盟：フィンランド、オーストリア、スウェーデン
　　2004年加盟：エストニア、ラトヴィア、リトアニア、ポーランド、チェコ、
　　　　　　　スロヴァキア、ハンガリー、スロヴェニア、キプロス、マルタ
　　2007年加盟：ブルガリア、ルーマニア
　　2013年加盟：クロアチア
○公用語
　　フランス語、ドイツ語、イタリア語、オランダ語、英語、デンマーク語、
　　ギリシャ語、スペイン語、ポルトガル語、フィンランド語、スウェーデン語、
　　エストニア語、ラトヴィア語、リトアニア語、ポーランド語、チェコ語、
　　スロヴァキア語、ハンガリー語、スロヴェニア語、マルタ語、アイルランド語、
　　ブルガリア語、ルーマニア語、クロアチア語
○単一通貨：ユーロ（Euro／€）
　　1999年1月より決済通貨として導入され（ギリシャは2001年1月より）、
　　2002年1月に、ユーロ貨幣流通開始。ただし、イギリス、スウェーデン、
　　デンマークは不参加。2004年以降の加盟国のうち、ポーランド、チェコ、
　　ハンガリー、ブルガリア、ルーマニア、クロアチアが未導入。
○面積：429万km²（2013年、以下同）
○人口：5億570万人
○ＧＤＰ：13兆億750億ユーロ
○1人当たりGDP：2万3100ユーロ

1 > 統合の道のり

　1945年に第二次世界大戦が終結すると、戦火で荒廃したヨーロッパの復興が大きな課題となった。そこでは、ヨーロッパが自ら不戦と平和を求める内発的な意思（例えばチャーチル英首相のヨーロッパ合衆国構想演説）と、戦後早くも始まった冷戦に対応してソ連を政治的・軍事的に封じ込める必要性から、ヨーロッパを対ソ封じ込めの輪の一環として早急に復興する必要があるという米国による外的な意思（例えばマーシャル・プランによるヨーロッパ復興計画）、その双方が戦後のヨーロッパ統合推進に大きく作用した。

　こうした内外の強い復興の意思に支えられ、ヨーロッパは徐々に立ち直ってきたが、こうした中、ヨーロッパ統合の具体的展開は、まず欧州審議会（Council of Europe）の設立（1949年5月）から始まった。しかし、欧州審議会の活動は文化や人権分野に限られており、しかも、その組織運営は政府間協力の域を脱せず、政府を超えた地域統合体に至るものではなかった。

　今日のEU（欧州連合）に直接つながる地域統合機構として、欧州石炭鉄鋼共同体（ECSC）が姿を現すのは1950年代に入ってである。仏外相シューマンやジャン・モネの草案に基づき、ヨーロッパの石炭・鉄鋼生産の共同管理を行うECSCの設立条約（パリ条約）が、フランス、西ドイツ、イタリア、ベネルクス三国（ベルギー・オランダ・ルクセンブルク）の計6ヵ国により、1951年4月に調印された。

　同じ頃、軍事面での統合を目指す欧州防衛共同体（EDC）構想が持ち上がるものの、フランス議会の批准否決によって流れてしまい、政治・軍事分野での統合推進は行き詰まりを見せた。だが、ECSC6ヵ国は経済部門での統合推進に目を向けた。ベルギー外相スパークの主導の下で、共同市場創設について検討を進め、1957年3月、欧州経済共同体（EEC）と欧州原子力共同体（EAEC）の設立条約であるローマ条約が調印された。

　ローマ条約を足掛かりにECは、一層の統合の推進を図ろうとした。しかし1960年代は、ECの超国家組織としての発展よりも、「諸国家からなるヨーロッパ」という政府間主義に基づくヨーロッパ統合を主張するドゴール仏大統領の存在によって、EC内の足並みは乱れ、超国家性を目指す動きは滞った。ただし、1967年7月に三共同体の機関併合条約が発効し欧州共同体（EC）が誕生したほか、1968年7月には関税同盟が完成し、共通農業政策がスタートす

るなど、実質的な経済統合での一定の成果は見られた。

　1973年、イギリス、アイルランド、デンマークが新たにEC加盟を果たし、ECは拡大に向けて歩を進めた。しかし1970年代は、政府間主義が強まった時期で、統合の「拡大」はあっても超国家的な「深化」は見られなかった。1974年12月、パリで開かれたEC首脳会議は、首脳会議を常設化して欧州理事会を設置することを決めた。全会一致を原則とする各国の首脳による直接の利害調整によって、すべての重要なECの政策決定がなされるということは、超国家的統合の深化を否定し、政府間主義が中心に据えられたわけである。

　統合の深化は1970年代には停滞していたが、1980年代にはミッテラン仏大統領とコール独首相の蜜月関係の進展に加え、1985年1月にEC委員会委員長にドロールが就任することによって大きな前進を見た。同年6月のミラノ欧州理事会では、ドロールのイニシアティブで、1992年末までの市場統合を掲げる「域内市場白書」が採択され、さらに、1986年2月には「単一欧州議定書」が調印された（1987年7月発効）。同議定書によって「欧州政治協力」（EPC）という直接政治統合にかかわる条項がEC条約に初めて盛り込まれた。

　そして、冷戦構造が崩壊して、湾岸戦争やユーゴ内戦、さらに、東西ドイツ統一など、ヨーロッパにかかわる国際秩序の不安定化が危惧される中、ECは経済、通貨、政治統合の具体的前進を図るため政府間会議（IGC）を設置して協議を重ね、1991年12月のマーストリヒト欧州理事会において、ローマ条約に代わるECの基本条約となるマーストリヒト条約の合意に至った。同条約は1993年11月に発効し、これによりEUが発足した。

2＞ 単一通貨ユーロ誕生

　2002年1月に、単一通貨ユーロ（Euro）の流通が始まった。マーストリヒト条約では、単一通貨導入までの過程を3段階に分けて示していた。

　第一段階では、1990年7月以降、経済通貨同盟（EMU）創設に向けて1993年末までに加盟国が資本移動に関する制限を撤廃することとした。第二段階は、1994～1998年で、単一通貨導入に向けての具体的準備が始まり、1995年12月のマドリード欧州理事会で通貨の名称が「ユーロ」と決定、1998年5月には、1999年1月にユーロを導入する11ヵ国が決定した。同年6月には欧州中央銀行（ECB）が発足した。第三段階では、1999年1月、EMUが発足し、各国通

貨との固定換算レートが定められたユーロが、まずは決済通貨として誕生、2002年1月に法定通貨として流通が始まった。

3 > 基本条約

EUの基本条約は、ローマ条約からマーストリヒト条約に受け継がれた。マーストリヒト条約は、従来のECから今日のEUに生まれ変わる転機となったが、それはさらに、アムステルダム条約（1999年5月発効）、ニース条約（2003年2月発効）と少しずつ改正が重ねられ、ニース条約も2004年には新たな見直しが行われることになった。

マーストリヒト条約は従来のECの構造を大きく拡大再編し、EUという新たな枠組みを打ち立てた。同条約によりでき上がったEUは、EC、共通外交・安全保障政策、警察刑事司法協力（マーストリヒト条約時は司法内務協力であったが、アムステルダム条約で、このうち移民・難民などの入国管理分野が第一の柱に移り、警察刑事司法協力に改編）という三つの柱からなる構成となった（図1）。

第一の柱は、おおむねローマ条約に基づく従来のECである。ここには、単一通貨導入を謳った経済通貨同盟（EMU）や、新たに創設されたEU市民権が盛り込まれた。EU市民権の導入によって、EU加盟国民は従前の加盟国の国籍とEU市民権という「二重国籍」をもつことになり、EU域内の外国での参政権などが広がった。第二の柱である共通外交・安全保障政策は、単一欧州議定書で盛り込まれたEPCを発展させたもので、加盟国間の外交政策の協調を

図1 アムステルダム条約時のEU　　図2 リスボン条約におけるEU

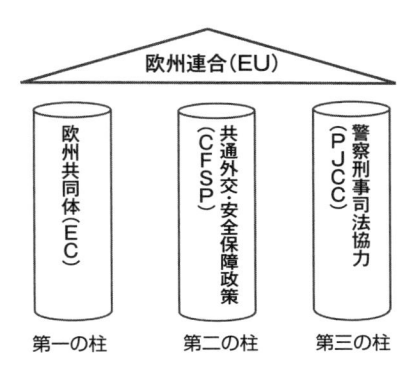

第一の柱：欧州共同体（EC）
第二の柱：共通外交・安全保障政策（CFSP）
第三の柱：警察刑事司法協力（PJCC）

欧州連合（EU）：共通外交・安全保障政策（CFSP）

出所：筆者作成

図り、共通の立場を策定して、統一行動をとることが目指されたものである。

　第三の柱である警察刑事司法協力は、犯罪捜査など治安関係と、司法の政策協力を目指したものである。

　第一の柱であるECが、従来のEC統合をさらに深化させるものである一方で、第二・第三の柱は政府間協力の域を出ないが、基本条約にこうした分野が盛り込まれたこと自体、従来国家主権の専管領域とされてきた分野にも統合が迫ってきたことを示していた（田中俊郎『EUの政治』）。

　マーストリヒト条約について、さらに議論を重ねて前進させたのが、1997年6月のアムステルダム欧州理事会で合意されたアムステルダム条約である。同条約は、ECからEUへの転換を実現したマーストリヒト条約ほどの大きな変革をもたらしたわけではないが、いくつかの重要な改革がなされた。

　例えば、①自由、民主主義、人権尊重といったEUの基本原則に抵触した加盟国に対する権利停止条項の導入、②域内国境での検問廃止等を定めたシェンゲン協定（これまでEU条約の外にあった）を条約内に含めるなど、人の自由移動に関する司法内務協力の強化（この結果「司法内務協力」は「警察刑事司法協力」に）、③共通外交・安全保障政策（CFSP）に関して「建設的棄権」を導入、EUとしての意思決定の迅速化を図り、併せてEUの外交安全保障における顔となるCFSP上級代表職の創設、などである。

　さらに、2000年12月のニース欧州理事会で合意されたニース条約（2003年2月発効）では、2004年以降の中東欧への拡大とそれに伴う諸改革を盛り込んだ。例えば、①社会保障の一部事項やEU諸機関の人事に多数決制を導入する、②閣僚理事会での各国の持ち票配分の見直し、③欧州委員の数・構成の見直し（当面各国から1人選出し、将来26人以下とする）、④欧州議会議員定数の見直し（加盟国ごとの数および総数の見直し）、⑤一部加盟国による先行統合の基準を緩和し併せて対象分野を拡大する、などである。

　そして、ニース条約に代わるものとして準備が進められた欧州憲法条約の挫折（2005年にフランスとオランダが国民投票で否決）を経て、仕切り直してリスボン条約が2007年に署名され、2009年12月に発効した。同条約では、2004年と2007年に合わせて12ヵ国が加わり、さらに2013年にクロアチアが加盟するなど、急速に進む拡大に対して迅速な意思決定システムを確保するため組織改編が行われ、「柱構造」は解消され一体化された（図2）。

一方、1990年代のユーゴ紛争、2003年のイラク戦争、さらに2009年のユーロ危機などに共通して見られた、EUとしての一貫した政策遂行の欠如が課題でもあった。そこでリスボン条約では、EUとしての対外政策の窓口を一本化する改革を行い、これまで半年交替の議長国制であった欧州理事会に常任議長のポストを設置した（任期は2年半）。また、EU外相に相当する外務・安全保障政策上級代表のポストを設けて、これを欧州委員会副委員長に位置づけるとともに、外務閣僚理事会議長の役割を担わせることとなった。併せて外務省相当の欧州対外行動庁（EEAS）を設置した。

迅速な意思決定という点では、閣僚理事会での多数決制を適用する範囲を拡大した。他方で、EUとしての行動に市民の声を一層反映させて民主的性格を強化する観点から、政策決定過程における欧州議会の権限を強化し、さらに、加盟国議会のEU立法への関与も強化された。

また、2000年に調印されたEU基本権憲章に法的拘束力が付加されて、人権領域での域内・対外関係におけるEUの行動に法的根拠を与え、さらに、気候変動問題やテロ対策などでEUが主体的に関与することが明確化されるなど、EUとして権限をもつ政策分野を拡大した。

4＞ 政策決定システム

EUには欧州委員会や閣僚理事会などの機関があり、その政策決定のシステムは、共通外交・安全保障政策と、それ以外で異なる。

共通外交・安全保障政策以外の領域では、欧州委員会(European Commission)が発議し、閣僚理事会(Council)と欧州議会(European Parliament)が、各々審議して合同で決定を行う。その過程で地方自治体を代表する地域委員会、企業経営者や労働組合を代表する経済社会委員会が諮問を受けて、欧州委員会などに意見を提出するというのが、基本的枠組みである。これに対し、共通外交・安全保障政策(CFSP)では、首脳会議である欧州理事会(European Council)が一般的方針・原則を決定し、閣僚理事会がより細かい共通の立場や共同行動を策定する。

5＞ EU諸機関

（1） 欧州委員会

欧州委員会は、様々な政策を発議し実行に移す役割を担っており、EUの行

政府に当たる。各委員の下には、それを支える約3万3000人（2015年1月現在）のユーロクラットと呼ばれる欧州官僚がおり、教育・文化、農業、移民・内務など分野ごとの総局（DG）を構成している。2014年11月以降は、ジャン＝クロード・ユンカー（ユンケル／元ルクセンブルク首相）が委員長を務め、同委員長を含む28名の委員がその任に就いている。

　欧州委員会の任命手続きは、基本条約ごとに変わってきた。リスボン条約では、委員長は欧州理事会が、欧州議会選挙の結果を考慮して候補1名を提案し、欧州議会が総議員の過半数をもって選出する。理事会は、選出された委員長と合意の上で、加盟国の提案に基づき選出された委員の候補名簿を採択する。また、外務・安全保障政策上級代表は副委員長として加わる。任期は5年、欧州委員として選ばれると、出身国政府から離れ、独立した人格としてEU共通の利益のために職務に専心しなくてはならない。

　欧州委員会の任務には、①予算の策定、②規則、指令、決定、勧告、意見など政策を実施するために定めるEU法の発議、③加盟国政府や企業、個人、EU諸機関に対するEU法遵守の監視と違反している場合の制裁実施、④加盟国間の意見対立の調停、などが挙げられる。そして共通外交・安全保障政策およびリスボン条約が特に定める領域以外で、EUの対外的代表を務める。

（2）閣僚理事会

　閣僚理事会は、加盟国の閣僚レベルの代表により構成され、出席する閣僚や争点に応じて外務閣僚理事会、農業閣僚理事会、教育閣僚理事会などと呼ばれる。欧州委員会が発議する法案に対し、欧州議会とともにこれを審議・決定するEUの立法府の役割を担っている。

　法案の決定当たっては、従来は、加盟国に死活的問題となる課題についてはコンセンサス方式を適用した（「ルクセンブルクの妥協」と呼ばれる）ため、決定に非常に時間がかかっていたが、単一欧州議定書以降、特定多数決という評決方法が次第に重みを増し、その結果、決定が迅速化した。

　特定多数決は、ニース条約下では、域内市場関連のほか、環境、開発援助、公衆衛生、運輸、研究技術開発、消費者保護、欧州横断ネットワーク、競争政策、雇用政策、労働者保護、男女機会均等、社会政策や査証政策の一部、あるいは共通外交・安全保障政策や警察刑事司法協力の一部などにも適用されている。

さらに、リスボン条約では、外交・安全保障領域を除いて原則的に全ての分野に拡大されている。

(3) 欧州理事会

　欧州理事会は首脳会議であり、1974年12月パリでの首脳会議で定例化が決定された。1975年3月のダブリン会議以降、定例会として年2回開かれている。また特定の争点に応じて、臨時欧州理事会も開催される。

　欧州理事会は、そもそもECの正規の機関ではなかったが、閣僚理事会で収拾できない課題の政治決着の場として活用されてきた。単一欧州議定書によりその存在が法文化され、各国の国家元首・首相とEC委員会（現欧州委員会）委員長が出席し、外相とEC委員会委員1名により補佐されると定められた。

　マーストリヒト条約以降は、EU全体にかかわる政策的指針を示すことが役割となっており、欧州理事会での決定事項は、閣僚理事会でより細かく取り決められ、正式にEUの決定事項とされた。

　そして、リスボン条約では欧州理事会は正式機関化され、半年ごとの輪番制を改めて常任議長のポストを設けた（任期2年半で再選は1回に限り可能）。その権限は、EUの全般的政治目標と優先順位を定め、共通外交・安全保障政策の一般的指針を定めることとされ、共通外交・安全保障政策において対外的代表を務める。初代常任議長には、ベルギー元首相のヘルマン・ファン・ロンパイが選出された。

(4) 欧州議会

　欧州議会は元来、諮問機関的な位置づけに置かれていたが、1979年に直接普通選挙が導入・実施されたことを契機に、次第にその権限を拡大してきた。EUには従来から、欧州委員会や閣僚理事会で政策が全て発議・決定され、その過程に市民の直接民意の反映がなされないという「民主主義の赤字」が指摘され、批判を受けてきた。欧州議会の直接選挙導入とその権限強化は、こうした批判を和らげることに寄与している。

　欧州議会は、欧州委員会が発議した政策（法案）に対して閣僚理事会と共同で審議・決定を行う。閣僚理事会と同等な立法権限をもつ政策分野は、リスボン条約で新たに40項目増え、農業、エネルギー安全保障、移民、司法と内務、

第1部◆西欧各国とEUの政治

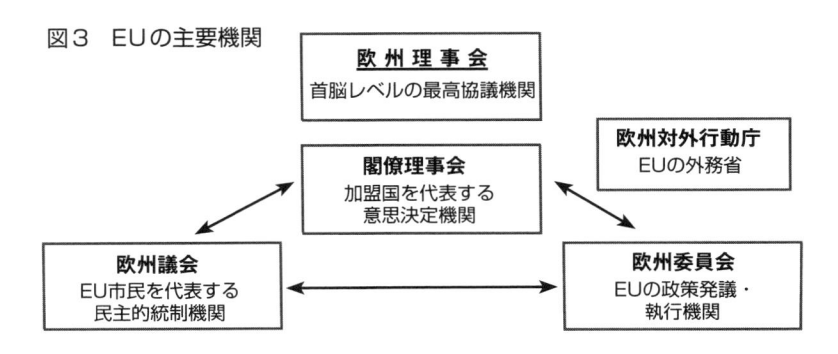

図3　EUの主要機関

```
                    ┌─────────────────────┐
                    │    欧 州 理 事 会    │
                    │ 首脳レベルの最高協議機関 │
                    └──────────┬──────────┘
                               │
                               ▼
                    ┌─────────────────────┐       ┌──────────────────┐
                    │    閣僚理事会       │       │  欧州対外行動庁   │
              ┌────▶│  加盟国を代表する   │◀──────│   EUの外務省     │
              │     │   意思決定機関      │       └──────────────────┘
              │     └──────────┬──────────┘
              │                │
              ▼                ▼
   ┌──────────────────┐    ┌──────────────────┐
   │    欧州議会       │    │    欧州委員会     │
   │ EU市民を代表する  │◀──▶│ EUの政策発議・    │
   │   民主的統制機関  │    │   執行機関        │
   └──────────────────┘    └──────────────────┘
```

出所：外務省ウェブサイトを参照して筆者作成

健康、構造基金など多岐にわたり、その権限は強化された。また、欧州委員会の人選に当たって委員長および委員全員の承認権をもち、欧州委員会に対する不信任決議権を有している。

　議員の任期は5年で、議席数は2014年に実施された選挙の時点で751。選挙権・被選挙権者はEU加盟国の国籍保有者で、国籍のある国で暮らしていなくても、居住国に住所を届けていれば、そこで選挙権・被選挙権を行使できる。

　国別の議席数は原則として人口に応じた比例配分となっており、ドイツ96、フランス74、イタリア、イギリス73、スペイン54、ポーランド51、ルーマニア32、オランダ26、ギリシャ22、ベルギー、ポルトガル、チェコ、ハンガリー21、スウェーデン20、オーストリア18、ブルガリア17、デンマーク、スロヴァキア、フィンランド13、アイルランド、リトアニア、クロアチア11、ラトヴィア、スロヴェニア8、エストニア、キプロス、ルクセンブルク、マルタ6である。

　選出された欧州議員は、国別ではなく、欧州人民党グループ、社会民主進歩同盟グループ、欧州保守改革グループといった主義・主張などを共有する政党グループ単位で行動する。議場での座席も政党グループごとである。

　リスボン条約の下、欧州理事会が欧州委員会委員長の候補を選出に当たっては、欧州議会選挙の結果を考慮することと規定され、2014年5月の選挙で最大会派となったのが欧州人民党グループであることから、同じ保守・キリスト教民主主義系に属すジャン＝クロード・ユンカー（ユンケル／元ルクセンブルク首相）が候補に選ばれた。また、欧州議会議長には、2012年から議長を務めている社会民主進歩同盟グループのマルティン・シュルツ（ドイツ）が再選された。

176

6 > 共通外交・安全保障政策

　「柱構造」が解体されたリスボン条約の下では、基本的に欧州委員会が発議して各政策が運営されていくが、共通外交・安全保障政策（CFSP）に関してのみ、実質的に別枠扱いとなっている。

　そもそも、EUとしての共通外交政策は、「欧州政治協力」（EPC）として1970年代から政府間協力の形で進められてきた。この欧州政治協力は単一欧州議定書で初めてEU法の中に取り込まれ、マーストリヒト条約によってEUを構成する3本柱の一つの共通外交・安全保障政策（CFSP）として導入された。

　CFSPは、EU第一の柱である欧州共同体（EC）の領域（つまり経済、通貨、社会等）とは異なり、基本的には政府間協力分野である。そのため、CFSPの主導権・決定権は欧州理事会と閣僚理事会が握っている。そして、1999年発効のアムステルダム条約では、以下に見るようにCFSPの一層の強化が図られた。

　同条約が示すCFSPの目的は、①EUの共通の価値、基本的利益、独立の確保、②EUの安全保障強化、③国際社会の平和維持と安全保障強化、④国際協力の推進、⑤民主主義と法秩序の発展・強化、人権・基本的自由の尊重、である。

　こうした目的に向け、CFSPの整合性と継続性を確保する目的からCFSP上級代表のポストを設置した。初代のCFSP上級代表には北大西洋条約機構（NATO）事務総長を務めたハビエル・ソラナ（スペイン）が就任した。CFSP上級代表は、CFSPの策定・準備・実施の任に当たり、議長国の要請を受けて閣僚理事会を代表して第三国との政治対話に臨む。このほか、欧州委員会がCFSPの話し合いに全面的に参画することになった。

　CFSPにおける意思決定方法にも、重要な改革がなされた。従来の全会一致原則を大きく緩和し、軍事的・防衛的要素を含まない統一行動、共通の立場の採択、およびその実施にまで特定多数決の対象を広げた。また、全会一致決定方式への「建設的棄権」の導入により、反対意見を持つ国がCFSPに拘束されないで当該政策の成立を容認することが可能になった。

　そして政策の内容面では、CFSPの対象領域として、いわゆるペータースベルク任務（人道援助、平和維持活動、平和執行を含む危機管理）が導入され、さらにEUは、第三国あるいは国際機構との間で条約を締結することができるようになった。

このほか、西欧同盟（WEU）とEUとの関係強化を定めたアムステルダム条約の条項がニース条約により全て削除され、WEUは解体されて大部分がEUに統合された。これに代わってNATOと区別されたEU独自の軍事力である「欧州緊急対応部隊」が準備され、その活動の第一弾として2003年春から、マケドニア駐留のNATOの停戦監視部隊の業務を引き継いだ。

　さらにリスボン条約は、CFSP上級代表に代わり、外交・安全保障政策上級代表のポストを設けた。外交・安全保障政策上級代表はEU外相として位置づけられ、これを補佐するEU外務省に相当する欧州対外行動庁（EEAS）が設置された。初代の外交・安全保障政策上級代表には、キャサリン・アシュトン（イギリス）が就任した。上級代表は、共通外交・安全保障政策を指揮し、その提案権を有する。共通安全保障・防衛政策の分野においても同様に権限を行使する。閣僚理事会では、外務理事会の議長を務める。また欧州委員会の副委員長を兼ねる。

　ニース条約までは、欧州委員会に「対外関係」担当委員が置かれていたが、リスボン条約によって、外交・安全保障政策上級代表に、EUの対外的窓口は一本化された。さらに上級代表は、EU内での対外行動に関する調整の役割も担い、加盟国間および欧州委員会の対外的管轄権を含むEUとしての対外行動の対内的調整の任務を有する。

（坂井　一成）

［参考文献］
小林勝訳『リスボン条約』御茶の水書房、2009年
坂井一成編『ヨーロッパ統合の国際関係論［第2版］』芦書房、2007年
庄司克宏『欧州連合——統治の論理とゆくえ』岩波新書、2007年
田中俊郎『EUの政治』岩波書店、1998年

第2部
西欧政治の基礎知識

17 右と左
Right-wing, Left-wing

1> フランス革命から米ソ対立まで

　政治思想やイデオロギーを語るとき、しばしば右派と左派、あるいは右翼と左翼といった概念が使用されるが、そもそも「右」と「左」とは、何を指すのだろうか。元来は、18世紀のフランス革命時に開設された国民公会で、議長席から見て右側に座っていたのが穏健派のジロンド派、左側に座っていたのが急進派のジャコバン派であったことに発している。当時の右の中核的支持層は特権階級を中心とした上位層、左が革命を機に台頭してきた市民階級であったことからも、「右」には保守派・守旧派、「左」には急進派・改革派といったイメージが付与されることになった。

　その後、19世紀後半からの社会主義・共産主義の勃興により、左の中核的支持層は普通選挙権を求める中下位層の労働者階級にシフトしていった。さらに、20世紀のナショナリズムの台頭などにより、右には国家主義・民族主義・保守主義あるいは軍国主義、左には社会主義・共産主義・進歩主義や国際主義・平和主義といったイデオロギーが包含されるという理解が、一般的になる。

　第二次世界大戦後に米ソ対立による冷戦が激化すると、一般に、右には親米国・親西側的な要素（反米右翼も存在するが）が、左には中立的あるいは親ソ連・親東側的な要素も付与されるようになる。

日本では親米（親日米同盟）・親資本主義を標榜する保守勢力を「右」、非武装中立・親社会主義的志向をもつ革新勢力を「左」と呼ぶようになった。

ヨーロッパでも同様の傾向は見られたが、政党との関連では、左から右へ、①極左志向の共産主義・社会主義、②改良主義の社会民主主義、③自由主義左派ないし社会自由主義、④穏健な中道キリスト教民主主義、⑤経済自由主義、⑥市場志向の世俗的保守主義、⑦右派・右翼、といった順に位置づけられよう。

19世紀の労働者階級の台頭や社会主義・共産主義イデオロギーの隆盛以来、左には、中下位の階級を代表する勢力が位置づけられるようになる。明確なイデオロギーを掲げる点が共産主義・社会主義政党の特徴となった。これに対して、右と呼ばれる勢力の範囲は曖昧で、ヨーロッパでいえば保守・自由・キリスト教民主系の政党などは、一般的に右に位置づけられても、中道あるいは場合によっては（キリスト教民主などは）、やや左寄りに位置づけられることすらあった。

1950年代から1960年代にかけて、多くの西側先進国で右派政党は政権入りしていたことで、現実政治への対応を迫られるようになったことも、右の定義を曖昧にした一因であろう。右派政党は中核的支持層のみならず広範囲の市民のニーズに応えることになり、必然的にイデオロギー色も曖昧になったのである。少なくとも、野党としてイデオロギー色を強く出せた左派政党ほど強烈なものではなかった。第二次世界大戦後に、これらの右派政党が左派系の政党を「階級政党」と呼び、自らを「国民政党」と呼んでいたことが象徴的であろう。

2＞ 冷戦の崩壊、新しい「右」と「左」

このような傾向が変化してきたのは1980年代初頭であろう。その理由としては、まず、左の勢力の多様化が挙げられる。階級政党としての左派勢力は主に労働組合に立脚していたのに対して、1960年代中盤以降に勃興した学生運動や市民運動は、反戦や人種問題などを掲げ、労組とは距離を置くいわゆる新左翼となった。さらにこれらの運動は1970年代には環境保護、男女同権、平和運動などに拡散し、1980年代には旧来の労組立脚型左翼とは一線を画した一大勢力に成長していくのである。

1980年代終わりの東欧革命により社会主義・共産主義国家の体制転換が起きると、左の勢力を明確に捉えることは一層困難になっていった。

一方、1980年代初頭に登場した保守政権（とりわけ米国のレーガン政権と英国のサッチャー政権）は、経済面では国有企業の民営化などによる市場主義の拡大、国内的には規律の重視、外交面では対ソ連強硬路線を敷くいわゆる新保守主義を掲げるようになった。とりわけ経済面での市場拡大、いわゆる新自由主義路線は、「保守」勢力でありながら、「改革」路線を明確に提示したところが斬新であった。すなわち、右からもイデオロギー色の強いメッセージが発せられるようになったこと、そして右も、改革政策を掲げるようになったことである。

　また、同時期に一部のヨーロッパ諸国で登場した右翼政党は、国内の外国人排斥の主張を掲げて、労働者階級など中流以下の層の支持を集めて勢力を拡大して、新右翼と呼ばれるようになったのである。

　こうして1980年代頃には、従来の「右＝保守＝中上層階級」、「左＝革新＝中下層階級」という図式は成り立たなくなってきた。その背景には、福祉国家の発展によりいわゆる新中間層が拡大して階級差が以前よりも曖昧になったこと、同時に市民のライフスタイルが多様化してきたこと、テレビなどメディアの発達により、迎合的な主張を繰り返すポピュリズムが跋扈するようになったことなどが考えられる。また、1980年代半ば以降、ヨーロッパ統合が再活性化し、一部の国では従来のような全国政党と並んで地域主義を標榜する政党が台頭してきたことも、左右の範囲が不明瞭になってきた原因であろう。

　1990年代になると、ソ連や東ヨーロッパの共産主義国家の崩壊により左翼は消滅した、あるいは、左右対立を引き起こすイデオロギーの時代は終焉したのか、といった議論が席巻するようになった。

　そのような中で、右と左の再考を促す契機になったのが、1997年に英国で労働党のブレア政権が誕生したことであろう。ブレアは、伝統的な労働党の政策と、保守党のサッチャー首相が進めてきた民営化路線の中間をいく「第三の道」という新労働党（ニューレイバー）路線を提唱したのである［参照p.13］。この時、英国政府でブレーンとして「第三の道」路線に理論的な道筋をつけたのが、社会学者A.ギデンズであった。

　ブレアやギデンズが目指したのは、グローバル化が進展していく中での左派勢力、とりわけ社会民主主義の再定義である。そのために彼らはサッチャーが実施してきた市場主義を尊重しつつ、左派が重視してきた社会的不平等の緩和

を実現することに腐心する。例えば、経済面での競争を奨励しつつ、地方分権を進めて、コミュニティーの紐帯を強める施策を行ったり、あるいは、結果の平等より機会の平等を奨励するべく、教育政策を重点化したりしたのである。

3＞ 概念の相対性と利便性

　それでは、ポスト冷戦期の「右と左」については、どのような議論が見られるのだろうか。例えばイタリアの政治学者N.ボッピオは、幾人かの論者の議論を参照しながら、特に平等に対する考え方に左右の違いがあるのではないかと主張する。平等／不平等には、自然なものと社会的なものが考えられるが、社会的な不平等は排除できるというのが、一般に左の考え方だという。これに対して右は、社会的な不平等とおぼしきものも自然な不平等と見なしがちであることから、左ほど積極的に排除しようとはしないというのである。

　現実政治での議論とは別に、実証的な政治学の研究においても、「右と左」の分析は様々な形で行われている。特に現実政治と異なるのは、一元的な左右軸での比較に懐疑的な点であろう。政党間の関係は、全ての政策について同じように位置づけられるとは限らない。政治学では、政策別の左右軸で各党のイデオロギー配置状況を図るといった試みがなされている。

　もちろん、現実政治において一般市民が政策別に各党の左右の位置づけの違いを認識することは困難である。それでなくても、歴史的経過を振り返ってみれば、左と右それぞれに含まれる政治思想やイデオロギー、中核的支持層は、時代や場所によって変転してきたことが分かる。しかし、当の「右と左」という概念が使用され続けていることに変わりはない。時代別・地域別、あるいは政策別に見ても複雑な変化を見せているはずの「右と左」が、いまだに普遍性をもっているのはどうしてなのだろうか。

　それは、この概念が相互に相対的で、多様な意味を包含できるほどに包括的であること、あるいは明確な定義が困難な曖昧な用語であるためであろう。さらに、「右」と「左」という誰にでも分かる日常言語であることが、時代を超えて長く使用されてきた理由であろう。たとえ思想的バックボーンを異にする者でも右同士・左同士ということで仲間意識が芽生えたり、右と左で対峙したりすることも容易に可能になる。要するに、「右と左」というのは政治に関心をもつ者にとって、極めて利便性の高いコミュニケーション・ツールなのである。

4＞ 限界と可能性

　とはいえ、「右と左」がそれぞれ全く曖昧な概念ともいえまい。結局のところ、「右と左」とは一体何なのだろうか。フランス革命時に戻って、穏健・保守を右、急進・改革派を左と呼べばいいのだろうか。しかし現在では、右翼や右派と形容される政権でも、ドラスティックな改革を主張することがあるし、左派が現状維持志向であることも少なくない。それぞれを支持する階級や階層的な違いも、以前ほど明確ではない。

　これまでの議論をまとめれば、「左」には社会に様々な形で存在する不平等を緩和しようという可能性を追求する意思があり、いわば人間の行動を楽観的に捉える傾向があるように見える。

　これに対して、伝統や歴史を重んじる保守主義や国家・国民の一体性を強調する国家主義をも包含する「右」には、人間個人に対する不信から人間を取り巻く状況を重視する考え、いわば人間の限界を悟っている悲観的な思い・諦観が見え隠れするように思えてくる。

　その意味で、右的要素も左的要素も、共に人間一人ひとりに内包されている見方といえよう。人間の可能性を信じる「左」と人間の限界を悟っている「右」——このように考えると、フランス革命以来、「右と左」と見なされるイデオロギーは、場所や時代によって変化することはあっても、決して廃れることのない視点といえるのである。

（河崎　健）

［参考文献］

N.ボッビオ、片桐薫・片桐圭子訳『右と左——政治的区別の理由と意味』御茶の水書房、1998年

A.ギデンズ、松尾精文・立松隆介訳『左派右派を超えて——ラディカルな政治の未来像』而立書房、2002年

J.ハイト、高橋洋訳『社会はなぜ左と右にわかれるのか——対立を超えるための道徳心理学』紀伊國屋書店、2014年

18 ネオ・コーポラティズム
Neocorporatism

1 > コーポラティズムの系譜

　コーポラティズムという用語は、古くは職能団体代表制という意味など、様々に使われていた。第二次世界大戦前から戦後にかけては、全体主義や権威主義の支配にも結びついていた。戦前のムッソリーニ治下のイタリア、サラザール治下のポルトガル、フランコ治下のスペイン、戦後では1964年以降のブラジル、メキシコ、ペルーの各政治体制がその事例である。自由主義や民主主義を制限し、エリートが一元的に支配し、国家による統制経済を行うことを特徴とするもので、国家コーポラティズムなどと呼ばれる体制がこれである。

　1970年代以降になると、コーポラティズムは「ネオ（新）」という形容詞をつけ、それまでの古い概念とは別に、現代政治を分析するための概念として使われるようになっている。これは、経営団体と労働組合という巨大な圧力団体を国家の経済政策の決定や実施に編入させる政策決定方式をいう。この意味でのネオ・コーポラティズムは「自由コーポラティズム」「社会コーポラティズム」とも呼ばれている。

2 > 多元主義とコーポラティズムの相違

　アメリカでは、様々な圧力団体が社会を構成する単位として承認されており、

団体と団体、あるいは団体と国家は、相対的に独立した関係にある、とする多元主義の考え方が定着している。公共政策は、対立する多様な利益を有する諸団体に影響されながら決められると考えられている。個人は複数の団体に重複して加入しており、そのことで団体と団体の対立が弱まるので、各団体の要求は穏健化され、中庸なものとなるとされる。団体間の相互作用は政治過程の均衡と安定をもたらすと考えられている。多元主義では、団体間の競争において勝利する団体があれば、敗北する団体も出てくる。ゼロ・サム・ゲームのような競争社会が前提とされているのである。

これに対して西欧諸国では、「協議・協調」のような形で団体間の激烈な競争を減らすメカニズムが発達している。スウェーデン、オーストリア、オランダなどが代表との間で協議や交渉をする協調体制が発達しているのである。そこでは勝利するか敗北するかではなく、調整型のノン・ゼロ・サム・ゲームがよいと考えられている。

コーポラティズムの特徴は、次のようなものである。

経営者団体と労働組合など、巨大団体が決定に参加する。各団体が垂直的に系列化される。少数の団体と国家とが密接に結びついている。国家は利益媒介の積極的な担い手となっている。各団体と国家の間で調整のための制度が存在する。コーポラティズム体制に編入された各団体は決定機関に組み込まれ、協力しながら影響を行使する。

これに対して多元主義では、圧力団体が他の団体と競争して決定機関の外部から圧力をかける、とされる。

要するに、コーポラティズムは、労使の頂上団体の協調関係が国家の承認のもとに制度化され、公共政策形成に参加するシステムである。そこでは、賃金、社会保障、雇用など社会経済政策が協議の対象である。労働組合は賃上げ要求や戦闘的な行動を自己抑制する。その見返りに、経営者団体や国家は雇用保障、物価安定などを約束する。この団体協調体制は安定した経済成長も可能にすると考えられる。

3＞ マクロ・レベルのコーポラティズム

コーポラティズムは、そのレベルに応じてマクロ、メゾ、ミクロ、ローカルなどと分けられる。まず、マクロ・コーポラティズムは、全国規模でコーポラティ

三つの体制での政策決定様式

例	政治体制	社会のあり方	システムの開放性	利益媒介
戦前のイタリアとポルトガル	全体主義政治 権威主義政治	一元的、非競争的、強制的な社会	閉鎖システム	国家コーポラティズム
オーストリア、オランダ、スウェーデン	団体協調政治	多元的、非強制的、ノン・ゼロ・サム・ゲームの社会	開放システム	ネオ・コーポラティズム
アメリカ	競争政治	多元的、非強制的、ゼロ・サム・ゲームの社会		多元主義

多元主義とコーポラティズムの程度

多元主義	弱いコーポラティズム	中程度のコーポラティズム	強いコーポラティズム
アメリカ、カナダ	イギリス、イタリア、フランス	アイルランド、ベルギー、ドイツ、デンマーク、フィンランド	オーストリア、スウェーデン、ノルウェー、オランダ

ズムの特徴を強くもつ場合をいう。各国をその度合いでランクづけると、強いコーポラティズム（オーストリア、オランダ、スウェーデンなど）、中程度のコーポラティズム（アイルランド、デンマーク、ドイツ、ベルギー、フィンランドなど）、弱いコーポラティズム（イギリス、フランスなど）と分類される。

　オーストリアでは、商業・労働・農業・専門職の各会議所に強制加入するシステムがあり、勤労者は少なくとも一つの団体に加入する。それゆえ、国政レベルの労使の各代表は、部門別や地域別ごとにメンバーをコントロールできる。団体代表は、物価・賃金の管理や経済計画に関する協議で国家「同権」の立場を保証されている。社会経済政策は、政府主催の「同権委員会」のメンバーである各団体代表者間で協議、調整、決定、実行、監督される。これは「社会的パートナーシップ」とも呼ばれている。

　オランダのコーポラティズム体制は、1950年に「社会経済評議会」の設置で完成した。評議会は政労使の各代表で政策トリオを構成し、その提案は閣議に直接に送付される。コーポラティズム制度は完全雇用、平等な賃金、高い産業投資を維持しながら、戦後20年間以上、経済の復興、成長、社会的調和の役割を果たしてきた。社会民主労働党の長期政権のもとで、コーポラティズム体制は、経済の近代化と福祉国家の両方を並行して発展させてきた。

コーポラティズム体制は、1973年の石油危機以降の景気後退の中で経済危機を克服し、そのことから多元主義の代替案として注目されるようになった。コーポラティズムは、先の三ヵ国ほど強くなくても、第二次世界大戦のイギリスの「社会契約」や、(西)ドイツの「協調行動」の個々の事例において成立したこともあった。

このシステムでは、社会民主党政権が大きな役割を果たしてきた。その結果、コーポラティズム体制は「社会民主主義の最高段階」に達したとまで論じられるようになった。

4 > メゾ、ミクロ、ローカルの各レベルでのコーポラティズム

1980年代以降、コーポラティズムについては、メゾ、ミクロ、ローカルのコーポラティズムという形で、新しい展開が見られる。これはマクロ・コーポラティズムのように全国規模にまでは至らないが、特定の経済部門で国家とある圧力団体の親密な関係を説明するものである。農業のような保護産業、織物業のような衰退産業、エレクトロニクスのような新興産業、医師会・教員組合のような専門業務にみられるものをいう。

ある経済部門を代表する団体が、独占的、特権的な地位を国家から承認されることと引き換えに、その経済部門に関わる政策を国家に代わって担当する。その結果、その経済部門では国家と特定団体による排他的な交換関係が成立する。イギリスの医療協会は国民健康保険制度（NHS）のもと、政府と政策を協定し、それを履行する権限をもっている。フランスでは労働部門と比較すると、農業部門がメゾ・コーポラティズムの色彩が濃いのが特徴である。これは、日本では「族政治（鉄の三角形）」と呼ばれるものに該当する。

ミクロ・コーポラティズムは、国家と個別企業との協調・協力を示す用語である。企業が国家の意に沿った投資や雇用活動を行い、その代価として国家から補助金や保護を受ける関係をいう。ローカル・コーポラティズムは、ある地域における都市計画や企業誘致などの政策に関して地元の自治体、産業界、労働組合が協力しつつ、政策の決定と執行を行うシステムである。

5 > マクロ・コーポラティズムの変容と衰退傾向

1980年代以降、政労使の協調体制が変化し、ネオ・コーポラティズムが衰退したとの見解がある。その原因は三つ考えられる。一つは、グローバル化の影響

に伴う経営者団体の影響力が強くなったことである。資本の国際移動は国内産業の空洞化をもたらしたことから、経営側は協調体制を否定できる環境の変化が生じている。第二は、産業構造の一層の転換によるものである。第二次産業の製造業から第三・四次産業であるサービス・情報産業への産業構造の移行によって、政府、経営者、労働者のあり方がそれまでとは異なってきた。とりわけ、経営者は協調体制を尊重しなくなった。第三は、労働組合の組織率の低下がその発言力を低下させていることによる。その傾向は、1980年代以降、賃金交渉の分権化、行政改革、税制改革、所得政策、労働市場の柔軟化、福祉政策の削減など、ネオ・コーポラティズムの特徴が減少していることに見られる。

　さらに1980年代以降、各国にネオ・リベラルな経済政策が復活し、マクロ・コーポラティズム体制の基盤は次第に崩れてきた。

（古田　雅雄）

[参考文献]

J.H.ゴールドソープ編、稲上毅訳『収斂の終焉──現代西欧社会のコーポラティズムとデュアリズム』有信堂高文社、1987年

阪野智一「ネオ・コーポラティズム」西川知一編『比較政治の分析枠組』ミネルヴァ書房、1986年

篠原一「ネオ・コーポラティズムの理論と現実」篠原一『歴史政治学とデモクラシー』岩波書店、2007年

P.シュミッター、G.レームブルッフ編、山口定監訳『現代コーポラティズムⅠ・Ⅱ』木鐸社、1984・1986年

山口定「ネオ・コーポラティズムと政策形成」『政策科学と政治学』（日本政治学会年報1983年）岩波書店、1984年

19 ナショナリズム、エスニシティ
Nationalism and Ethnicity

　ナショナリズムもエスニシティも、多くの場合「民族問題」という文脈で用いられる。「民族」の意味で、英語にはネーション（nation）、ピープル（people）、エスニック・グループ（ethnic group）などの語がある。しかし、その意味合いは一様ではなく、ネーションやピープルの場合は「国民」の意味でも使われる。

　このように複数の訳語が使われる背景には、フランス革命の後、19世紀から20世紀前半にかけて、独立国家は「一民族・一国民・一国家」の国民国家であるという原則が形成され、国際社会がそれをほとんど無批判に受け入れてきたことがある。つまり、「民族自決」（national self-determination）の名の下、それを推進するイデオロギー、政治運動としてのナショナリズムを、東欧やアジア・アフリカの新興諸国に適用してきたことである。

　こうして、20世紀前半の国際政治は、民族＝国民という政治原則により展開されたが、国民全体が単一民族からなる場合は極めてまれであり、いずれの国家もほとんどが、多かれ少なかれ多民族国家であるという現実があり、それを背景に、第二次世界大戦以降、多くの民族問題が噴出してきた。

1 > ナショナリズムとは

　ナショナリズム（nationalism）とは、複数の人々が形成する一つの共通文化圏たるネーションの統一、独立、発展を望む意識、思想、行動である。

そして、社会学的視点からは、ナショナリズムの主体たるネーションは、「神話と記憶、大衆的公共文化、明示されたホームランド（固有の土地）、経済的統一性、全成員の平等な権利・義務を分かちもつ、特定の名前を有する人口集団」（A.D.スミス）と定義される。それは、B.アンダーソンの言葉を借りれば、「想像の共同体」である。

さらにネーションの意味合いについてもう少し細かく見ると、いくつかの類型化が可能である。政治学者J.G.ケラスは、次の三つのタイプに分類している。

①エスニック・ネーション（ネーションが単一のエスニック・グループから構成されている）

②ソーシャル・ネーション（複数のエスニック・グループが一つのネーションを構成している）

③オフィシャル・ネーション（そこでは、ネーションはそのエスニックな内訳にかかわらず、国家と同義に使われる）

そして、ナショナリズムとは、時代と場所により、どのタイプのネーションを擁護・主張するかが異なるイデオロギーであり、政治運動である。

2＞ ナショナリズムの諸段階

ナショナリズムの性質について歴史的経緯を追うと、四つの大きな段階が確認できる（関根政美『多文化主義社会の到来』）。

第一は、イギリスやフランスでの市民革命や、アメリカの独立革命など、17～18世紀に生じた人民主権思想に基づく、身分制社会である旧支配体制からの脱却を果たした、リベラルなナショナリズムの波である。ここでは、自由と平等の獲得による市民権の確立という政治的理念が中心で、エスニックな要素はあまり意識されなかった。

第二の段階は、ネーションは同一言語・文化の同質な集団で、エスニックなものであるべきだとするナショナリズムで、フランス革命以降、イタリアやドイツ、東欧に広まった。

三番目は、「民族自決」の理念に基づいて、第二次世界大戦後にアジア・アフリカ地域で広まった、旧植民地独立の波である。

そして第四は、1960年代後半から西欧など先進諸国内で起こったエスニック地域の分離・自治運動の高まりと、1980年代後半以降にチェコ・スロヴァキアな

ど旧社会主義諸国で起こったエスノナショナリズムによる分離・独立である。エスノナショナリズムとは、政治的に独立し、国民(ネーション)とは認知されていなかったエスニック集団による政治的、あるいは文化的自決権の行使である。

3＞ 西欧各地のナショナリズム、エスニシティ

現代のナショナリズム、エスニシティの問題を考えるとき、中心となるのは、以上のナショナリズム第四の波であるが、ここでは西欧に焦点を当てて、以下の三つの観点から掘り下げてみたい。

（1）EU統合と国民国家の相対化

EU統合は、経済から始まり、徐々に政治・社会の分野へと進展し、従来国家が一元的に保持していた諸権力がEUに委譲されることにより、絶対的存在であった国民国家が相対化を余儀なくされた。他方、各地で生じたエスノナショナリズム（ないしエスノ地域主義）によって国民国家の相対化は進み、「EU・国家・地域（エスノ地域）」という三つの層の間の政治的、経済的な相互依存関係が発生し、同様に人々のアイデンティティにも多様化・多層化が現れてきた。

（2）エスノ地域主義

コルシカ、ブルターニュ、アルザス、スコットランド、カタルーニャ、バスクなど、各地でのエスノ地域主義の高揚は、国民(ネーション)のエスニックな同質性に対する挑戦であり、その擬制を暴く政治運動であった。

各国民国家は、それまでの利益政治の見直しとアイデンティティ政治の必要性を迫られ、その結果、フランスやイギリス、ベルギーなど各国で地方分権化や連邦化が進み、エスニックな単位に基づく自治が大きく認められた。

（3）移民・外国人問題と極右台頭

近年、フランス、ドイツ、オーストリアなど極右勢力の台頭が見られるが、これは本質的には、既成政党の政権運営全体に対するアンチテーゼである。しかし、ナショナリズム、エスニシティの文脈では、主として非西欧世界（多くはイスラム圏）からの大量の移民労働者の定住化に伴い文化摩擦が生じ、それが一部の人々を移民排斥に駆り立てている現象として理解できる。

また、EU統合によってヨーロッパ・アイデンティティが徐々に強化され、これと並行して非西欧文化集団が西欧各国のナショナルな空間に多数入り込んでくる状況に対し、本来支配的であったナショナル・アイデンティティを擁護しようとすることから、偏狭なナショナリズムが強まることがある。
　西欧各国とも、ナショナリズムやエスニシティの問題を少なからず抱えており、その政治の有り様も、文化やアイデンティティという要素を重視することが不可欠となってきた。旧来の経済的な利益を確保し再分配することを基本とする政治から、文化やアイデンティティといった価値を重視する政治に少しずつ力点が移行してきている。

4＞「民族」と「国民」

　西欧政治を考える際、民族と国民の混同を避けて議論を進めるには、「民族」にはエスニック・グループや、近年用いられる「エスニー（ethnie）」を当てるのが適当であろう。また「エスニシティ（ethnicity）」は、個々の民族がもつ特質（民族性）や民族意識と捉えられる。そして、ある民族が、国際社会での自治を欲して政治化したときに、それは「国民（ネーション）」となる。自治のための装置として国家を獲得することにより、「国民国家（ネーション・ステート）」が形成される。
　大まかに言えば、「民族」とは文化的共通性に基づき形成される人間集団であるが、「国民」は政治的秩序の共有に基づいて形成される、という点に相違がある。ところが、文化集団としての民族と、政治的人間集団としての国民との同一視がしばしば行われてきた。ここに民族問題の背景があった。それゆえ、民族が国民に移行する際に、ある民族が単一で国民形成に向かうとは限らず、複数の民族で一つの国民を目指すことが多々あることに、配慮しなくてはならない。

5＞ エスニシティと現代政治

　現代政治において、国内政治・国際政治を問わず、ナショナリズム、エスニシティの問題は無視できなくなっている。各地で多発する民族問題の形は多種多様であるが、民族問題という場合、そこには必ず複数の民族間の対立がある。その対立の構図は、おおむね以下のように分類できる。
　①国家が多民族的に構成され、しかも民族間の関係が対等ではない。
　②歴史的事情で、国民国家の領域と民族の居住地域にズレが生じている。

③ある民族的共同社会（あるいは国民社会）に、民族的に異質な大量の移民・難民が流入している。

　では、民族間の関係が紛争化する要因は何か。20世紀後半に民族紛争が頻発するようになった背景には、交通・輸送手段の発達により人の国際移動が簡易化・大量化したことがある。さらに、テレビ、ファックス、インターネットなど、メディアの発達は、情報の国際移動を容易かつ瞬時のものとした。こうした人や情報の国際移動の活性化により、民族間の接触の機会は急増し、他の民族に関して多くの知識が得られるようになった。

　人間は、自分とは違う人間や民族集団と接すると異質性を認識するが、これが必ずしも紛争を引き起こすわけではない。しかし、そこに格差や差別の意識が入り込むと、それを撤廃したいとか、自分たちの政治・社会の運営は自分たちで行いたいという意識が働くようになり（自決の要求）、これが紛争の火種となる。さらに、こうした目的を達するためと称して、指導的人物による民族集団の政治的動員が行われると、大規模かつ暴力的な民族紛争が発生する可能性が高くなる。

6 > 国民国家の存在理由

　今日、国際政治の主要アクターとしては、一般に主権を有する国民国家が想定されている。国際政治における国民国家の地位に短期的に変化はないだろう。しかし、多国籍企業やNGOなどと同様に、民族もまた、国家にとらわれないトランスナショナル脱国境的アクターとして、国際社会での存在感を高めている。

　ここで求められるのは、国際社会における民族と国民の役割分担である。人間は、基本的にいずれかの民族に属すると同時に、いずれかの国民でもある。しかし、民族と国民が一致するケースは多くはない。世界には数千の「民族」が認められるが、「国民」はせいぜい200しかない。

　理論上、人間は、文化的にはAという民族のメンバーである一方で、政治的にはBという国民であるという、二重のアイデンティティをもつことになる。この際、AとBが等しい（あるいは、ほぼ等しい）場合には、特に大きな問題は生じない。ところが、近年の西欧におけるエスノ地域主義や移民・外国人労働者の問題に見られるように、AとBが明らかに異なる場合には、政府も国際社会もこの双方に注意を払わなくてはならない。

　民族紛争の背景には、民族と国民を同一視する政治原則がある。そこでナショ

ナリズム、エスニシティの文脈から西欧政治を検討する際、20世紀型の「一民族・一国民・一国家」による国民国家観から、「多民族国民国家(マルチエスニック・ネーションステート)」を中心に据える思考への転換が重要となる。

(坂井 一成)

［参考文献］
坂井一成『ヨーロッパの民族対立と共生［増補版］』芦書房、2014年
関根政美『多文化主義社会の到来』朝日新聞社、2000年
アントニー.D.スミス、高柳先男訳『ナショナリズムの生命力』晶文社、1998年
James G. Kellas, *The Politics of Nationalism and Ethnicity*, Macmillan Press, 1998.

20 クリーヴィッジ理論
Cleavage Theory

1 > クリーヴィッジの定義

　クリーヴィッジ理論とは、政党システムに関して、あまりにも有名な「凍結仮説」と混同されがちである。しかしながら、この理論は「凍結仮説」とは、必ずしも同一のものではない。「凍結仮説」の基底となる理論であり、これを理解せねば、凍結仮説とは何を意味しているのかは、理解できないといえよう。しばしばみられる誤解は、この認識の欠如にあると考えられる。

　それでは、クリーヴィッジとは何であろうか。それは「構造化されたコンフリクト」を一般に指すと考えられよう。これには多様な定義がある。一例として、ラーネとアーソンはクリーヴィッジを「その間でコンフリクトの起こり得る個人、集団、あるいは組織の何らかの基準の基盤に関する分裂」としている。そして、政党は「それを通じて選挙民の編成が起こるクリーヴィッジのアイデンティフィケーションの基盤の上に組織する」という。

2 > クリーヴィッジ論の展開

　ここで注意せねばならないのは「クリーヴィッジ」の概念とは、単に分裂や、コンフリクトではないということである。

　バルトリーニとメアによれば、クリーヴィッジは、①明瞭な社会的基盤（経

験的要素)、②集合的アイデンティティの意識（規範的要素)、③明確に定義づけられる組織的表現（組織的、行動論的要素）という三つを要件とするという。また、政党システムがサルトーリの言うように「政党間の競合から帰結する相互行為のシステム」であるとするならば、そうした意味で、クリーヴィッジは競合的な選挙で、政党が自らを編成することによって形成される、いわば政治の原材料としてみなされよう。

このような政治的クリーヴィッジは、社会的コンフリクトの積極的な評価に由来する。ここでは、クリーヴィッジに関する議論を体系的に展開したロッカンの理論を中心に検討する。ロッカンによると、クリーヴィッジ理論の起源はジンメルに始まり、コーザー、パーソンズ、リプセットにいたる理論的な展開を経てきたという。コーザーのコンフリクト論は、社会的コンフリクトが社会の結合を促進するとして、その順機能を積極的に評価することにその力点がある。また、パーソンズは、「分極化」の問題と、コンセンサスとクリーヴィッジのバランスの問題を同様のものとみなしている。また、リプセットは、デモクラシーを促進する条件について、クリーヴィッジとコンセンサスの両者が必要なことを強調する。

こうした理論的展開の上に、ロッカンのクリーヴィッジ論は存在する。彼のクリーヴィッジ論は1967年のリプセットとの共同論文が著名ではあるが、ロッカンのクリーヴィッジ論は1965年の論文の段階で、単独で展開されている。

3 > 「凍結仮説」の形成——ロッカンのクリーヴィッジ理論評価

ロッカンは、コンフリクトとその政党システムへの変換を検討するための理論的モデルを構築する上で、一般的なパーソンズのagil図式を適用し、自らのagil図式を展開する（aは「適応（adaptation)」、gは「目標達成（goal attainment)」、iは「統合（integration)」、lは「潜在的パターンの維持（latency)」を意味する)。

パーソンズの二分法は連続的な座標に変換され、l－gの線は、全国的なクリーヴィッジのテリトリアルな次元、そしてa－iの線は、機能的（経済的）な次元を表す（次ページの図の通り)。

このagil図式に基づいて、政党システムにとって基底的な四つのクリーヴィッジが形成される。このクリーヴィッジは、ヨーロッパの歴史上の二つの革命である、国民革命と産業革命により構造的に形成されたものであるという。

20 ◆ クリーヴィッジ理論

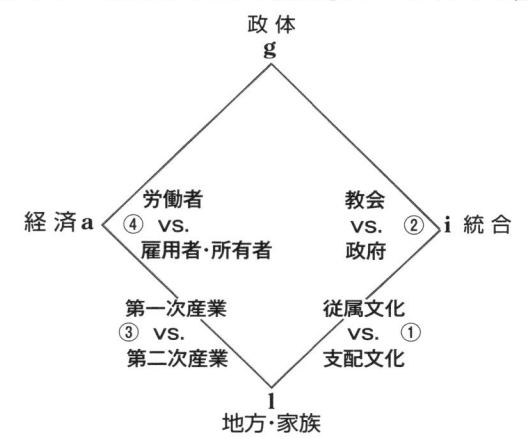

agilパラダイムにおける四つの決定的クリーヴィッジの位置づけ

```
              政 体
               g
          労働者        教会
経済 a  ④ vs.        vs.  ②  i 統 合
         雇用者・所有者   政府

          第一次産業     従属文化
         ③ vs.         vs.  ①
          第二次産業     支配文化
               l
          地方・家族
```

　①周辺の従属的な人口と中心的ネイション・ビルディング文化とのコンフリクトを反映した「従属文化vs.支配文化のクリーヴィッジ」と、②教会とネイション・ステイトとのコンフリクトを反映した「教会vs.政府のクリーヴィッジ」が、国民革命の産物として存在する。

　また、③農村の利害と工業的な企業家とのコンフリクトを反映する「第一次産業vs.第二次産業のクリーヴィッジ」、④労働者と資本家との間のコンフリクトを反映する「労働者vs.雇用者・所有者のクリーヴィッジ」が、産業革命の産物として存在する。

　このロッカンの類型は、超克し得ず残存してきたコンフリクトの存在を明瞭に示している。彼の理論において、政党が包括的に体系化されている。ロッカンはリプセットとの共同論文で、これをさらに発展させ、「1920年代のクリーヴィッジ構造を1960年代の政党システムが反映している」という「凍結仮説」を打ち出した。これは、およそ近代化しているところでは、どこにでもクリーヴィッジが存在することを示唆している。顕在的であれ、潜在的であれ、それぞれの政治システムに存在するコンフリクトの可能性を我々に訴えているのである。

4 ＞ 「凍結仮説」の意義――メアの解釈を視野に

　「凍結仮説」は、上記のように、社会的なコンフリクトの積極的な評価に由来する。理論的には、ロッカンの定式化した四つのクリーヴィッジ論によって、

その礎が構築されている。ロッカンは原子的な個人を主体とするアメリカ的研究方法が、必ずしも西欧にはレリヴァントではないとして、この四つのクリーヴィッジを使用して、政党システムを体系的に分析した。

ここからは個々のデモクラシーの特徴として、このクリーヴィッジに基づく政党の布置（constellation）が、それぞれのデモクラシーの性質を規定していると考えられている。ロッカンらによって、1960年代に定式化されて以来、四つのクリーヴィッジに基づく「凍結仮説」は、政党システムを議論する際に、それに言及されないことがないほど、スタンダードな議論として注目されてきた。近年でも、この凍結仮説を中心として現在の政党システムが再評価され、その中で、メアは、凍結仮説の再解釈を行っている。

メアによれば、凍結仮説は、二つの意味で解釈されてきたという。第一の解釈は「政党と政党が構成する政党システム」が凍結しているという解釈であり、第二の解釈は「クリーヴィッジ・システム」が凍結しており、政党と政党システムは単にその「特殊な停滞状態（particular stasis）」の表現に過ぎないというものである。前者は政党組織の自律性にかかわり、後者は伝統的な社会対立に基づくクリーヴィッジが現在も存在しているというものである。

この二つの解釈の中で、ロッカンが重視していたのはむしろ、第二の解釈であろう。政党システムは、クリーヴィッジの一表現として捉えられるべきであり、クリーヴィッジが存在したとしても、必ずしも政党表現を伴うものではないことは、注目すべきである。実際、社会構造を背景としたクリーヴィッジが存在するからといって、それが直接、政党表現をとることばかりではなく、選挙制度、法制度などの影響を受け、市民運動などの政党以外の表現をとることもあると考えられるからである。

5＞「凍結仮説」の批判とニュー・クリーヴィッジ論の台頭
―― イングルハートのインパクト

1970年代になると新しい政治変動が注目されるようになり、一部の研究者は、政党システムの凍結的安定よりは変化を主張し、それが一つの潮流となっていった。その代表的研究者であるイングルハートは、ロッカンの議論に対し、脱工業社会における脱物質主義という新たなイデオロギー次元を提起した。

そこで、従来のクリーヴィッジを「前工業的」クリーヴィッジと「工業的」ク

リーヴィッジと位置づけ、新たに、個人の脱経済的要求に基づく価値観による「脱工業的」クリーヴィッジを定式化した。イングルハートによると、所属によって規定される、社会階級的な対立をめぐる工業社会の政治は、個人の生活様式の選好と価値観による対立で特徴付けられる脱工業社会の政治へと変化してきているという。この対立にまつわる具体的な政党表現としては、いわゆる「ニュー・レフト」政党が考えられ、ドイツにおける「緑の党」などが例として挙げられよう。

　ゴードン・スミスによれば、こうしたニュー・ポリティクスの概念は工業社会の価値に対するイデオロギー的な対抗物を提供することを強調しているという。またダルトンらは、社会的クリーヴィッジ・モデルを使用した、「再編成仮説」によって、これら新しい脱物質主義的な動きを説明しようとした。そこにおいては、新たなクリーヴィッジも、ロッカンの旧来のクリーヴィッジの発展の系の上に捉えられているといえよう。

　多くの論者は、政党システムの再編成についてニュー・レフト政党に注目してきたが、2010年ユーロ危機以降の近年で目覚ましいのは、北欧の進歩党やフランスの国民戦線のような「ニュー・ライト」政党の台頭であった。これらをフォン・バイメは、ファシズムの残滓の影響から考察し、そしてイグナチは、ニュー・レフト政党への反動と捉えている。またムッドは、それら政党のポピュリスト的側面を描いている。論者によっては、これらニュー・ライト政党の台頭を、冷戦以降の経済の国際化、グローバル化に伴う「デモクラシーのコスト」を問題にする政党とみており、国民革命、産業革命に続くグローバル革命というべき新たな契機によって引き起こされたものと考えている。

　これら、ニュー・レフト、ニュー・ライトの政党が新しいクリーヴィッジに基づいた政党であるかどうかは、もう少し検討の余地のあるところかもしれない。

（白鳥　浩）

［参考文献］

河田潤一「社会的クリーヴィッジと政党システムの変化」西川知一編『比較政治の分析枠組み』ミネルヴァ書房、1986年

白鳥浩『市民・選挙・政党・国家――シュタイン・ロッカンの政治理論』東海大学出版会、2002年

白鳥浩『現代欧州統合の構造――「新たなローマ帝国」と国民国家』芦書房、2009年

21 多数決型民主主義と合意形成型民主主義

Majoritarian Democracy and Consensus Democracy

1＞ 多元社会と民主主義

　G.アーモンドは、民主体制の安定性と政治文化の関連につき、アメリカ、イギリスのような同質的な政治文化の国々は二大政党制のもと安定した民主主義を形成するが、欧州大陸のドイツ、フランス、イタリアの断片的な政治文化の国は多党制のもと不安定な民主主義しかもたらさない、と説明したことがある。

　これに対して、A.レイプハルトは、アーモンドの類型が安定した民主体制をもたらすなら、北欧諸国、ベネルクス三ヵ国、スイス、オーストリアの民主体制をどう評価すればよいのか、と反論した。これらの国々は安定した民主主義国である。不安定といわれる欧州の中小国では、人種、言語、宗教、歴史的起源などの社会的亀裂に基づいた下位文化から、それぞれの政党、圧力団体、マスメディアが存在するが、その多元社会はかなりの安定性を確保している。

　レイプハルトによれば、世界の36ヵ国が自由民主主義を構成原理とした政治体制を採用している。これらの国々は、多数決型民主主義（"Majoritarian Democracy" またはウェストミンスター型民主主義 "Westminster Democracy"）、それに、合意形成型民主主義（"Consensus Democracy" または多極共存型民主主義 "Consociational Democracy"）という、二つのうちいずれかの民主主義体制モデルに分類される。

多数決型民主主義国と合意形成型民主主義国の分類例

《次元Ⅱ：連邦制次元》

<table>
<tr><td colspan="2" rowspan="2"></td><td>多数決型</td><td>中　間</td><td>合意形成型</td></tr>
<tr></tr>
<tr><td rowspan="6">《次元Ⅰ：政府・政党次元》</td><td>多数決型</td><td>ニュージーランド、イギリス</td><td>アイスランド</td><td>オーストラリア、オーストリア*、カナダ*、ドイツ*、アメリカ*</td></tr>
<tr><td>中　間</td><td>アイスランド、ルクセンブルク*</td><td>フランス第五共和制*、ノルウェー、スウェーデン*</td><td>イタリア*、日本</td></tr>
<tr><td>合意形成型</td><td>デンマーク、イスラエル*</td><td>ベルギー*、フィンランド*、フランス第四共和制*、オランダ*</td><td>スイス*</td></tr>
</table>

注：＊印の国は、多元社会か半多元社会を示す。

この二つのタイプの民主主義の内容は、上図の通りである

2＞ 多数決型民主主義（ウェストミンスターモデル）

多数決型民主主義は、10の特徴がある。それらは、イギリスに見ることができる。

①単独過半数内閣への執行権の集中

内閣は通常、下院（庶民院）で過半数の議席を得た、一政党の議員から構成される。イギリスでは、二つの主要政党はほぼ同等の勢力をもつので、選挙で勝利した政党は議会議席の単独過半数を根拠に内閣を組閣する。その一方で、野党は政権から排除される。2010年から2015年まで、例外的に保守党と自由民主党による連立内閣が誕生した。

②内閣の優越

イギリスでは、内閣は議会の信任に委ねられるため、理論上、下院は不信任投票により内閣を総辞職させられるので、一見すると、議会が内閣を「支配」する。しかし現実には、内閣は下院の過半数に支持されるためにその地位に留まれる。また同じ理由から、内閣提出法案は議会で承認される。

③二大政党制

イギリス政治は、保守党と労働党という二大政党に支配される。その他の政党は、下院選挙で若干の議席を獲得する自由民主党やスコットランド民族党がある。二大政党は1950年から1970年の期間に得票率で87.5%、議席率で98%を下回らなかった。政策面では、社会経済的争点をめぐって、労働党が中道左派、保守党が中道右派を代表する。

④小選挙区制

イギリス下院選挙は、小選挙区単純多数制（first past the post）を採用する。この制度では、過半数に達しない場合でも相対多数票を獲得した第１位の候補者を当選とし、得票数と獲得議席数の格差を増大する。例えば、1974年10月選挙では、労働党は39.3%の得票で635議席のうち319議席（50.2%）を獲得したが、第３党の自由党は18.6%の得票にもかかわらず13議席（2.04%）しか得られなかった。1979年から1997年までの５回の選挙では、議席過半数を獲得した政党が44%以上の得票を獲得したことはなかった。この議席数は人為的につくられた過半数（manifactured majorities）である。1951年選挙では、保守党は過半数以下の得票数で労働党票より少なかったが、過半数の議席を獲得した。

⑤利益集団多元主義

多数決型民主主義では、利益集団は自由に競合する（free-for-all）な多元主義の立場をとる。それはネオ・コーポラティズムとは対照的である。その理由は、第一に労働組合と経営者団体が政府の政策決定過程に参加しないため、第二に労組と経営が対決によって解決するためである。

⑥中央集権制

イギリスは中央集権国家である。地方自治体は中央政府に設定された機能を果たすが、その権限は憲法上保障されていない。地方自治体は財政的に中央政府に依存する。しかし二つの例外がある。第一は北アイルランドである。北アイルランドには、強い自治権をもつ議会と内閣が存在した。第二はスコットランドとウェールズへの「権限委譲（devolution）」である。1997年９月国民投票でスコットランドとウェールズは自治権をもつ地方議会を創設することができた。

⑦下院への権限集中

多数決型民主主義は一院制を構成し、下院に立法権を集中させる。この点で

は、イギリスは例外である。イギリス議会は二院制を採用する。一つは、直接選挙される下院である。もう一つは、世襲貴族や一代貴族からなる上院（貴族院）であった。立法権は下院にあるので両院は対等ではない。1999年上院改革で一代貴族議員だけが議席をもつように限定された。

⑧軟性憲法

イギリスの憲法は、最高法規を成文化しない意味では「不文憲法」である。それに代わる基本法は、1215年大憲章（Magana Carta）、1689年権利章典、1911年と1949年の国民代表法、コモン・ロー原則、慣習、慣例などである。不文憲法は法律と同様に議会の過半数で変更できる柔軟性がある。

⑨違憲審査権の不在

裁判所は違憲審査権をもたない。イギリスでは議会が立法権をもち、何人（なんぴと）も議会の立法を無効にする権利をもたない。議会が憲法の改正や解釈に関し最終的な権限をもつ。

⑩政府支配の中央銀行

中央銀行（イングランド銀行）は、内閣の管理下にある。1980年代には、イングランド銀行の政府からの独立が議論されたが、この提言は退けられた。1997年イングランド銀行は独自の利子率決定権を与えられた。

3＞ 合意形成型民主主義

合意形成型民主主義はスイス、ベルギーを代表例とする。合意形成型民主主義は10の特徴がある。

①連立内閣による執行権の共有

合意形成型民主主義は、執行権を主要政党間で共有する連立内閣を形成する。第二次世界大戦後スイスでは、国民会議（下院）で議席の約4分の1ずつを有する、三つの主要政党（自由民主党、キリスト教民主党、社会民主党）と、議席の8分の1をもつスイス国民党が2：2：2：1の比率（7名の閣僚）で共有する原則が確立してきた。これに、各言語集団の人口規模に比例した代表原則もあり、閣僚は4、5名をドイツ語圏、1、2名をフランス語圏、1名をイタリア語圏から選出する（p.80参照）。

ベルギー憲法は、内閣に主要言語集団の代表を正式に規定する。オランダ語系多数派とフランス語系少数派を均衡に代表する内閣が形成されてきた。この

伝統は1970年憲法改定時に成文化され、1993年採択された連邦憲法でも、「首相を除く閣僚はオランダ語系議員とフランス語系議員を同数とする」と規定する。1980年以降すべての内閣は4から6の政党による連立内閣である。

②政府と議会の均衡

スイスでは、下院の連邦会議の閣僚は4年任期で選ばれ、上院の国民会議は不信任投票できない。内閣提出法案が下院を通過しない場合でも、その法案を提出した閣僚あるいは連邦会議議員は辞任する必要はない。

③多党制

スイスとベルギーでは、いくつかの社会的亀裂に沿って分割された多元社会を反映し、これらの亀裂が政党間の政策で競合する多次元の対立軸となる。スイスでは、宗教的亀裂によって、カトリック教徒に支持されるキリスト教民主党と、世俗的カトリック教徒およびプロテスタントにそれぞれ支持される社会民主党と自由民主党とに分けられる。社会経済的亀裂は、労働者階級を支持母体とする社会民主党と、中産階級が支持する自由民主党とを区別する。また、スイス国民党はプロテスタント農民が支持する。言語の亀裂では、ドイツ語圏の住民は国民党支持者が多い。議会過半数を獲得する政党のない4党制である。

ベルギーにはカトリック教徒内部で宗教的亀裂があり、敬虔なカトリック教徒を代表するキリスト教政党、世俗カトリックを代表する自由党および社会党に分かれ、社会経済階級の相違は自由党と社会党の支持層を分けており、1960年代後半まで、3党制であった。1960年代末以降、言語亀裂によって主要三政党それぞれがオランダ語系政党とフランス語系政党とに分裂した。下院では、10以上の政党が議席を獲得し、うち9政党は一つ以上の閣僚ポストを得ている（p.133参照）。

④比例代表制

スイスとベルギーの多党制は、比例代表制の採用に起因する。比例代表制は有権者の政党支持を議席に正確に反映させるので、社会的亀裂を政党間競合に表現する機能を果たす。

⑤ネオ・コーポラティズム

スイスとベルギーのネオ・コーポラティズムは、経営者団体が労働組合よりも優位にある自由主義的コーポラティズムの典型例である。スイスの場合、頂上団体は非常に強力で、利益集団が政党よりも高い凝集性をもつ。1990年代に、

西欧諸国の多くの国々がネオ・コーポラティズム体制から離脱する中で、スイスのそれは強力なままである。

⑥連邦制と地方分権

スイスは、中央政府、20の州（canton）政府、6の準州（half-canton）との間で権限を分割する連邦制を採用する。準州は、全州会議（上院）選出議員数では、一般の州のように二人でなく一人であり、また憲法改正に関する投票でも州の半分の権限しかないが、その他の権限では、州と準州とはほぼ同じである。

ベルギーは単一国家であったが、1970年代以降の地方分権と連邦制の導入後、ワロニー、フランデレン、首都ブリュッセルからなる三つの「地域」と、フランス語圏、オランダ語圏、ドイツ語圏から構成される［参照p.134］。

⑦二院制

二院制は、連邦制下で力の弱い州など少数派に上院で発言権を付与する。この目的には、二つの条件を必要とする。第一に、上院と下院の各議席は別々の選挙制度で選出される。第二に、下院と同程度の権限を上院に与える。スイスでは、国民会議はスイス国民全体を代表し、全州会議は州を代表する（各州2名、各準州1名の代表選出）。したがって、小さな州は全州会議で強い影響力を発揮できる。

ベルギーでは、連邦制以前の二院制は両院が対等な権限を保有した。両院とも比例代表制で選出するので、その構成は非常に類似していた。連邦制への移行後、上院選挙はフランス語系やドイツ語系の少数派を過大代表するのでなく、人口規模に比例した代表を選出する。上院の権限は連邦制導入前より減少した。

⑧硬性憲法

スイスとベルギーは、統治の基本原則を規定する成文憲法をもち、特別多数によって改正できる。スイスの憲法改正は、全国レベルの国民投票での過半数支持だけでなく、州民投票による過半数の州の賛成が必要である。準州に関しては、1州の半分の決定権限が与えられる。例えば、13.5州の賛成、12.5州の反対の場合には、憲法改正が可能になる。過半数の州の賛成を必要とすることは、小さい州や準州に居住する、全人口の20％に満たない有権者に憲法改正の拒否権を付与することになる。

ベルギーでの憲法改正には、2種類の特別多数ルールがある。第一は、通常

の憲法改正には両院で3分の2以上の支持を必要とするルールである。第二は準憲法と言われる、「言語共同体」および「地域」の組織や権限を扱った法律を採択、改正する際の特別多数のルールである。両院の3分の2以上の賛成に加え、両院においてオランダ語系議員とフランス語系議員のそれぞれの過半数の賛成を必要とする。この制度は、少数派に事実上の拒否権を担保する。

⑨違憲審査権

スイスでは、最高裁判所である連邦裁判所が違憲審査権をもたない点では、合意形成型モデルの例外である。ベルギーでは、1984年紛争処理裁判所が導入されるまで、違憲審査制がなかった。この裁判所は、中央政府、共同体政府（community government）、地域政府（regional government）の間での権力分割に関する憲法規定の解釈を任務とする。その権限は1988年憲法改正で、紛争処理裁判所は憲法裁判所と見なせる。

⑩独立した中央銀行

スイス中央銀行は独立性の強い中央銀行である。それとは対照的にベルギー中央銀行は、長い間、最も弱い中央銀行であった。その独立性の確保は1992年マーストリヒト条約の結果である。同条約では、EU加盟国に中央銀行の独立性を義務づけるからである。

4＞ 評 価

多数決型民主主義は、通常、二大政党制の下で、ある政党が議会内において多数の議席を占め、政権を担当する形態を指す。単独政党政府が統治の効率性と説明責任を実行する。

多数決型民主主義論者は、有権者が選挙での選択した政策を一貫するには単独政党政権が自らの政策を実行すべきである、と主張する。

多数決型民主主義への合意形成型民主主義からの批判は、それがもつ「少数派排除の原則」を非民主的と解釈する。民主主義は、「その決定に影響を受けるすべての者が直接に、または代表を通して、決定に参加する機会がある」のであれば、「多数派意見の優先」は二義的な意味でしかない。「少数派に政権参加の機会がないのは民主主義に反する」ことになる。

多数決型民主主義者は、次の二つの条件をもって反論する。第一の条件は多数派と少数派の政権交代である。これにより少数派の排除は軽減できる。今日

の少数派が明日（次の選挙で）の多数派になれるなら、少数派が永遠に野党であり続けることはない。第二の条件は民主政治と多数決原則と矛盾しない政治文化である。多数決型民主主義を採用する国々は比較的同質的な社会をもち、政党間の政策距離は小さいからである。

　しかし、多元社会においてこの二つの条件を満たすのは困難である。合意形成型民主主義は権力を多数派に集中させず、様々な方法で共有、分散、抑制しようとする。イギリスの同質社会に比べて、スイスやベルギーは政党間の政策距離は大きく、また、有権者の政党支持は固定化するので、多数決型では政権交代は不可能である。

　宗教、イデオロギー、言語、文化、エスニシティ・民族、人種などによって分断される多元社会では、多数決型の運営に必要な前提は不在である。少数派は多数決型を非民主的であるとし疎外感を抱くだけである。二つのタイプの民主主義体制には、各政治文化の違いが制度に色濃く映し出されている。

（古田　雅雄）

[参考文献]

岩崎正洋「多極共存型民主主義と国家」岩崎正洋編著『かわりゆく国家』一藝社、2002年

小堀眞裕『ウェストミンスター・モデルの変容——日本政治の「英国化」を問い直す』法律文化社、2012年

村上信一郎「多極共存型デモクラシー」西川知一編『比較政治の分析枠組』ミネルヴァ書房、1886年

A.レイプハルト、内山秀夫訳『多元社会のデモクラシー』三一書房、1879年

A.レイプハルト、粕谷祐子訳『民主主義対民主主義——多数決型とコンセンサス型の36ヶ国比較研究』勁草書房、2005年

22 福祉国家
Welfare State

1 > 「福祉国家」の誕生

　福祉国家(ウェルフェア・ステート)という言葉に現代的な含意とイメージが与えられるようになったのは、戦間期にオックスフォード大学教授であったA.ツィンメルに始まるといわれる。彼はワイマール共和国の社会国家(ゾツィアル・シュタート)に着想をえて、1934年に全体主義的な権力国家と対比させてこの言葉を用いた。そして、この用語をポピュラーにしたのが、カンタベリー大主教のW.テンプルであり、ナチス・ドイツの戦争国家(ウォーフェア・ステート)と対置して、この概念を用いた。

　福祉国家という言葉の誕生について、さらに時代をさかのぼって17〜18世紀のプロイセン・オーストリアで隆盛した官房学・警察学における国家理念、公共の福祉と幸福促進主義を指導理念とする福祉国家(ヴォールファールシュタート)の理念に求める立場もあるが、福祉国家の発展過程については、福祉国家前史を含めても、19世紀後半に始まり、戦間期に形成段階を求めるのが一般的である。たとえば、H.ヘクロは、福祉国家の発展段階を、以下のように四つの時期区分に分けている。

　①試行期（1870〜1920年代）

　②確立期（1930〜1940年代）

　③拡充期（1950〜1960年代）

　④再編期（1970年代以降）

2＞ ベヴァリッジ報告

　現代福祉国家の起源の一つとして、1880年代にドイツでビスマルクが労働者に対してとった「飴とムチ」の政策を想起することができる。それは、一方で社会主義運動に対して厳しい弾圧政策をとりながら、他方では社会保険制度を導入して労働者を慰撫(いぶ)するものであった。

　しかし、体系的な福祉国家の政策理念が打ち出されたのは、第二次世界大戦末期のことであり、イギリスで戦後の社会構想として打ち出されたのが最初である。経済学者であり、自由党の政治家でもあったW.ベヴァリッジを中心としてまとめられた報告書がそれで、彼の名をとって一般に「ベヴァリッジ報告」と呼ばれているが、正式には「社会保険および関連サーヴィス」(1942年)という。

　そこでは、国民生活において最低限の保障をするのは政府の義務であるという考えが打ち出されていた。大戦後の社会保障計画の制度設計を示す中で、窮乏、怠惰、疾病(しっぺい)、無知、不潔といった「五つの巨悪」を克服し、ナショナル・ミニマムを保障することが政府の責務であると規定され、そのための具体的な政策として、社会保険による所得保障とともに完全雇用、児童手当、包括的保健医療サーヴィスの導入などが提案された。

　ベヴァリッジ報告は、戦後の先進社会における社会保障計画の基本設計として、「揺りかごから墓場まで」というライフ・ステージに対応した生活保障（所得保障と社会福祉）の制度や政策を整備、拡充する政府の責任を明示した。普遍的な国民の権利（シティズンシップ）を社会権にまで広げ、最低限の生活を保障される権利を認めようとしたものといえる。

　T.H.マーシャルがシティズンシップの発展について述べているように、市民としての地位が認められると、それに付随して一定の権利が与えられる。最初はそれが「法の下の平等」のような法的権利にとどまっていたが、次にはそれが選挙権などの政治的権利に拡大される。そして、それを社会的権利にまで発展させたのが、福祉国家政策なのである。

3＞ 戦後福祉国家の展開

　1940年代初めに形成された「福祉国家」の概念は、その誕生のエピソードからもうかがわれるように、反全体主義という意味がこめられていた。だが、

国家総力戦としての第二次世界大戦は、結果的に、戦傷病者や遺族に対する国家扶助の制度整備を促す作用をもつこととなった。「戦争が福祉国家を発展させる」（R.ティトマス）といわれるのはこのことである。

こうして、世界大戦後は西欧諸国を中心に、福祉国家が戦後の経済復興と社会再建を目指す体制の目標に位置づけられるようになった。さらに、1950年代以降には、日本、アメリカも含めた先進諸国で、高度成長期に混合経済体制の下での経済成長と完全雇用を目指す経済政策（ケインズ主義的経済政策）と、ナショナル・ミニマムの達成と維持を目指すソーシャル・ポリシー（ベヴァリッジ報告をモデルとする社会保障政策）を基軸政策とする福祉国家体制（ケインズ＝ベヴァリッジ・パラダイム）が構築されていった。1970年代初めまで続く高度成長期は、しばしば「栄光の30年」と描写され、右肩上がりの成長をたどった。

こうした福祉国家の政策は当初、イギリス労働党など、社会民主主義や民主社会主義を名乗る中道左派の諸政党によって推進された。初めは、このような福祉国家政策に対しては、保守派からは労働者を怠惰にするものであるという批判（「貧困の罠」、モラル・ハザード論）が出されたし、左翼勢力からは労働者の階級意識を弱め、真の社会主義建設を阻害するものだということで反対が強かった（「資本主義の安全弁」論）。だが、次第に先進国では党派を超えて広がることになった。戦後、1970年代初期までにはこの理念が支配的となり、「社会民主主義的合意」（R.ダーレンドルフ）、「戦後合意」（R.ミシュラ）などと呼ばれることがある。戦後の改革の指導的理念となったのである。戦後イギリス政党政治において確立された保守・労働両党間の合意政治（「バッケリズム」といわれる）は、その代表的な事例である。

もはや福祉国家は達成目標ではなく、戦後政治経済システムの発展の到達点であり、成長の果実として受けとめられていた。さらに、福祉国家の発展は、資本主義と社会主義という異なった体制の相違を収斂し（「収斂仮説」）、イデオロギーの対立を終焉に導く（「イデオロギーの終焉」）と考えられた。

この時期における福祉国家の発展を促した要因は何か。——最も代表的な仮説の一つに産業主義仮説がある。それは、経済成長の水準と福祉国家の発展に正の相関を認めるもので、社会保障支出と経済水準、人口高齢化率、制度経過年数との強い相関関係を実証したH.ウィレンスキーや、社会支出の対GDP比が福祉国家発展の指標となるというP.カットライトなどがそうである。

ただ、この仮説では同水準の経済発展段階にある先進諸国の政策の差異を説明できないし、また、不可逆な単線的発展モデルとして福祉国家発展を捉える点で説得的ではない。これに対して、福祉国家発展の説明として、社会経済的要因だけではなく政治的要因を強調する立場がある。社会民主主義政党の議席占有率、閣僚就任率、政権担当期間などとの相関関係に着目する社会民主主義仮説や、社民政党、労働組合など労働勢力の保有する権力資源の程度に着目する権力資源仮説がそれである。エスピン＝アンデルセン、W.コルピらが代表的な理論家として挙げられる。しかし、これらもまた検証可能なケースが北欧諸国に限られるなど、理論的限界を指摘されている。

4＞「福祉国家の危機」と危機以後

　1970年代に入ると、産業化の発展と経済成長に支えられた福祉国家体制も、二次にわたる石油危機（73年、79年）により経済危機（インフレ、景気停滞、失業）と財政危機が引き起こされ、重大な転換点に立たされることになった。深刻化するスタグフレーションと失業問題を前に、ケインズ＝ベヴァリッジ・パラダイムに基づく福祉資本主義は有効な政策対応を示せず、財政赤字の累積化という事態を引き起こした。

　そもそもそれまでの福祉国家体制は、公共部門の集権システムと、資源配分政策・再分配政策を制度の媒介として発展してきた。集権システムの非効率性や非生産性、配分／再分配政策の非合理性や非有効性が厳しく問いただされ、抜本的なリストラクチュアリング（構造改革）に取り組まれた。バラまき福祉批判という文脈で福祉国家の見直しが迫られ、「福祉国家の危機」が論じられたのである。

　1980年代になり、先進諸国が「福祉国家の危機」に対応した戦略をとったが、ミシュラによれば、それは縮小戦略と維持戦略に分けられる。前者は、英米などアングロ・アメリカン諸国で採用された戦略で、「小さな政府」による福祉改革を指向していた。その戦術目標は、支出削減、規模縮小と、規制緩和・民営化・市場化（DPM）であり、主要な政策としては選別主義プログラムの拡大、給付額の引き下げ、所得税減税・間接税増税、福祉サーヴィス供給の市場開放、ボランティアの奨励、NPOへの助成などがある。

　他方、維持戦略は、スウェーデンを中心とする北欧諸国で採用された戦略で、集権システムの機能不全を克服するため、地方分権による公共部門改革を実施

しつつ、完全雇用政策、介入主義的経済政策、社会保障政策など、福祉国家政策を維持しようとするものであった。その主要な政策は、普遍主義プログラムの維持、高水準の国民負担、公共事業・雇用助成金などによる労働市場政策、国家福祉による福祉サーヴィス供給の維持であった。

こうした中で、縮小戦略に基づく見直しを大胆に訴えていたのが、イギリスのサッチャー保守党政権などであり、類似の政策を進めようとしたアメリカのレーガン政権などとともに、「新保守主義」と呼ばれる。経済学の面でその政策に寄与したのは、ハイエクやフリードマンなどの「ネオ・リベラル」(新自由主義)経済学の学説である。

これらの経済学者は、福祉国家政策のような「大きな政府」の政策に批判的で、アダム・スミスの唱えた自由市場経済に近いものに戻す必要を説いたことから、新自由主義を自称している。しかし、政治的には中道的な自由主義というよりは、保守主義的な意味合いが強いということで、一般には「新保守主義」と呼ばれ、政治勢力では保守系の政党にその影響が最も強くみられる。

しかし、イギリス労働党などの新路線たる「第三の道」[参照p.183]などにも、サッチャリズムの影響は明確にみられ、また、維持戦略をとったスウェーデンでも、90年代になり深刻な財政赤字に対処するため、徹底した政策評価の実施や、政府出資企業など部分的民営化の導入が図られた。

5> 福祉国家レジーム論

エスピン=アンデルセンは、福祉国家レジームの類型論で、社会政策の受給資格の寛容度(脱商品化指標)と、社会政策の階層性(階層化指標)を組み合わせて実証的な比較分析に取り組み、そこに社会政策における公私ミックスの程度(国家、市場、家族の相互関係)に考慮を加えながら、次の三つの類型に分けている。

(1) 社会民主主義モデル

わが国で「福祉国家」という言葉から連想されやすい類型であり、スカンジナヴィア諸国がこれにあてはまる。どの社会階層をも単一の普遍的な社会保険制度に編入するなど、普遍主義がその特徴である。また、福祉サーヴィスは基本的に国家によって給付されるべきだということで、福祉の主体として市場や

家族を重視することはない。

むしろ国家は、家族ニーズを充足するための給付・サーヴィスを提供し、女性の雇用進出を促進・支援する社会サーヴィスを整備する責務を負う。

そして、このモデルでは、完全雇用の保障に国家が強く関与し、完全雇用の維持と達成に福祉国家体制の存立が大きく依存している。

(2) 自由主義モデル

第二は、市場経済を重視し、「小さな政府」を志向し、個人の自立・自助責任を強調するもので、福祉政策の領域は狭く限定されている（残余主義）。アメリカ、カナダなどがこの類型に数えられる。社会保障給付受給者と非受給者との間で二重構造がみられる。社会保障給付の受給資格を低所得者に限定するなど、資産調査を伴う給付を中心とし、「選別主義」の傾向が強い。給付水準は慎ましく、受給資格は厳格で、受給には社会的恥辱（スティグマ）を伴う。

社会保険制度の比重が低く、国家の役割は市場を通した民間の保険、医療、福祉システムを育成・支援することに留められている。

(3) 保守主義モデル

第三は、大陸欧州諸国に多くみられる類型である。ドイツの福祉国家が先のビスマルクの「飴とムチ」政策に始まったように、君主制的な保守主義者によって最初に福祉政策に着手された結果、福祉政策の多くの面に保守的な特徴が残っているものをいう（この類型はコーポラティスト・モデルとも呼ばれる）。ドイツ、オーストリア、フランス、イタリアがこの類型に数えられる。

職業別・地位別に社会保険制度が分立し、制度間で給付の水準・内容に差異がみられ、階層間格差を維持した制度になっている（例えば、公務員特権の付与）。性別間の格差も維持され、家族手当が既婚女性の家事専従を促進するように制度設計されていたり、保育サーヴィスやデイケア・サーヴィスなどの公的な家族サーヴィスは未発達であったりする。

以上がエスピン＝アンデルセンの類型であるが、いわゆる「理念型」であるため、国によってはどの型にもうまく収まらない場合がある。例えばイギリスだが、先のようにベヴァリッジ報告で福祉国家に先鞭をつけ、労働党がその政

策を推進したものの、サッチャー保守党政権により大きく変化し、自由主義モデルに近づくなど、どちらともいい難い。ちなみに日本は、三つのモデルの特性を混在させた「ハイブリッド型」に位置づけられている。

　ただ、エスピン゠アンデルセンが提示したレジーム論については、ラテン・アメリカン諸国や東アジア／東南アジア諸国など後発福祉国家の発展過程、レジームの位置づけをめぐり、理論射程の限界が指摘されたり、また家族における女性の介護・家事労働の意味や「男性＝稼ぎ手社会」における女性労働の意義についての検討を欠いた、いわばジェンダー視点を欠落した類型論であるとの批判が提起された。

　こうした批判に応えて、福祉国家レジームの「第四の世界」として、南欧の地中海沿岸諸国のように、家族が担う福祉義務ないしはケア負担に依存する度合いが大きく、国家福祉が残余的な「家族主義的福祉国家」、オーストラリアおよびニュージーランドのような賃金稼得者の雇用と所得保障を重視する「賃金稼得者の福祉国家」や、日本、台湾、韓国など西欧諸国とは異なった歴史発展や制度形成を遂げた「東アジア・モデル」の存在が指摘されている。

　さらに、近年のグローバリゼーションの急激な進展の下で福祉国家がどのように変容するのか、また、超高齢化・少子化という人口構造の変化や、厳しい財政制約の下での長期的な福祉縮減傾向において福祉国家の将来シナリオをどう描くのか、といった問題に関しても、説得的な説明と予測が問われている。

（藤井　浩司）

［参考文献］
G.エスピン゠アンデルセン、岡沢憲芙・宮本太郎監訳『福祉資本主義の三つの世界——比較福祉国家の理論と動態』ミネルヴァ書房、2001年
G.エスピン゠アンデルセン編、埋橋孝文 監訳『転換期の福祉国家——グローバル経済下の適応戦略』早稲田大学出版部、2003年
レーミッシュ・ミシュラー、丸谷冷史他訳『福祉国家と資本主義——福祉国家再生への視点』晃洋書房、1995年
鎮目真人・近藤正基編著『比較福祉国家——理論・計量・各国事例』ミネルヴァ書房、2013年
埋橋孝文編著『社会福祉の国際比較』放送大学教育振興会、2015年

23 政党
Political Party

1 > 「包括政党」の時代

　現代の政党組織の研究はミヘルス、オストロゴルスキーに始まるが、党内の意思決定が民主的に行われているかどうかを主眼としていた。これに対して、政治社会における政党の役割変化に着目したのが包括政党論である。

　1940年代には、政党研究の古典となる『政党社会学』でフランスの政治社会学者デュベルジェが、ヨーロッパの大衆政党、具体的には大人数の党員を擁し、強固な組織を有する社会主義系の政党を、政党の理想的なモデルとして提示している。第二次世界大戦後、先進国では福祉国家が発展し、階級差は薄れ、新中間層が拡大してきた。すると、政党も特定の階層と強固に結びつく大衆政党よりも、多様な中間層の支持を求めて広く浅く支持者とつながる「包括政党」に発展したといわれるようになった。

　「包括政党（キャッチオール・パーティー）」は、西ドイツ（当時）の政治学者キルヒハイマーが1966年の論文で最初に用いた概念である。イデオロギー面で特定の階級の利益を代弁する政党ではなく、選挙での得票最大化を第一の目的として、広範で（包括的な）多様な有権者に訴えることを目的とする政党をいう。そのため厳格なイデオロギーは主張されなくなり、短期的な目標を追求しがちになる。また、党内では一般党員よりも選挙でポストを獲得する公職

者が有利になってくる。

　包括政党のモデルは、当時の西ドイツの社会民主党である。同党は1959年の新綱領で階級政党を脱皮したと評価されるのだが、これがまさに、包括政党化にほかならない。キルヒハイマーは、第二次世界大戦後の政党が包括政党となる必然性を予見したのだが、それを歓迎していたわけではなく、むしろ憂慮していた。それは、包括政党が広範な支持を仰ぎつつも、選挙で勝利するには結局は特定の支持者層からの、安定した支持を必要としていたからである。そこに、包括政党のジレンマがある。

　選挙での勝利を第一目標とする政党は、利益集団を通してしか固定支持者を獲得できないとされるのだが、それは包括政党が、もはやかつての政党のように（特定の層であったとしても）市民生活に直接関与できなくなった証左であるともいえる。また、一般有権者の側でも、知的・道徳的動機から政党に参加する意欲は減退してくる。そのような政党に期待できる役割は、政治のリーダーである公職者の選出という機能ぐらいであり、また、マスメディアと政党の関係緊密化も指摘されていた。

　確かに現代デモクラシーにおいて政党は、必要不可欠な存在ではある。しかし、70・80年代の政党研究で明らかになってきたことは、例えば、制度面での制約（連邦制、コーポラティズム型政策決定の制度化など）、あるいは政策へのほかのアクター（行政、経済界など）の影響力の強さなどから、政党や政治家の遂行できる権限領域は思いのほか小さいということである。政権交代が起きても、それほど大胆な政策転換は行われない、あるいは、官僚制や利益集団独自の利益媒介ルートもあり、政党や政治家が容易に介在できない、などが考えられよう。

2＞「カルテル政党」の出現

　それでは、政党の役割は低下したのだろうか。それとも、政党には何か別の役割があるのだろうか。この文脈で興味深い研究をしているのが、後にカルテル政党論を執筆するカッツである。カッツは、80年代中盤に出版されたシリーズ「政党政治の未来」で、政党研究に関して新たな視点を提供している。

　カッツいわく、政党はもはや単一の組織として扱われるべきではないという。政党内に所属する人々は、それぞれ個別の目標や利害をもっており、彼らを同

じ人間としてひとくくりに見なすことはできないのである。したがって、追求される目標は個々人によって変わるわけで、その際の政党のかかわり方も多様となる。それゆえに必要なのは、政党を主体として見る視点よりも、主体である個々人にとって道具のような存在である政党を分析する視点である。

このように、私的な目標をもった合理的な個人の視点から政党を考えると、新たな側面が見えてくる。例えば、政治家になりたい個人にとって政党は、政治家になるための訓練を重ねる場であり、政治キャリアを積む機会を提供してくれる機関となる。また、（西）ドイツでは、政権交代によって与党が代わるとその下の高級官僚の人事も交代することが明らかになってきた。事務次官や局長クラスは数年の時間をかけて、旧与党に近い官僚から新与党に近い官僚へと交替させられていくのである。同じように公共放送の諮問委員会委員のポストについても、政党が推薦枠をもっており、党員でなくとも党のシンパであるような人物が推されたりするのである。

政党研究面でのこのような新たな視点と、それに伴う研究の発展に相前後する形で、西欧の政党にも変化が見られるようになってきた。例えば、政党への国庫補助制度を採用する国が増えてきたこと、政党がテレビなどのマスメディアを利用する機会が多くなってきたこと、さらに、政党や政治家にまつわるスキャンダルが頻発しだしたことなどである。

こうした動向が人々の政党不信・政治家不信を高め、その影響下で新たな政党研究が展開された。その一つが「カルテル政党論」である。カルテル政党論とは、先のカッツとオランダの政治学者メアが1995年の論文で使用した概念である。カルテル政党の特徴としては、まず国家と政党の相互浸透が指摘される。具体的には、

　①政党への国家財政の拡大・増額、
　②国家が規制するマスメディアへの政党の影響力の拡大、
　③政党の公職への情実人事（パトロネージ）介入の拡大、
　④異なる政党間での談合のシステムが確立していること、逆にいえば、競争関係が減退していること、
　⑤公選職に就く者（とりわけ職業政治家）が党内で強力になってくる傾向があること、

などが挙げられる。

「カルテル」という言葉が想起させるように、政党を企業に見立てて、選挙で競争関係にあるはずの政党同士が裏で談合関係にあることを指摘した点に、この概念のインパクトがあるのだが、実際には、全ての政党がカルテル化するわけではない。カルテルに加われるのは既成の大政党のみである。むしろ小政党はカルテルに反発するように過激化したり（自由主義系の政党）、非民主的勢力を動員して強大化したり（極右政党）、新たなイシューを掲げて登場したり（緑の党）する可能性を秘めている。

また、カルテル政党が現れる国としては、政党間の談合関係が醸成されやすい国で、デンマーク、オーストリア、ドイツ、ノルウェー、スウェーデン、フィンランドが挙げられている。これと逆に、イギリスは与野党間の競争関係が強いため、カルテル政党概念では説明しにくいという。もっとも両者いわく、「カルテル政党」という概念に厳密に当てはまる政党は想定されてはいない。あくまで、どれだけカルテル政党的特徴を兼ね備えているか、という点を指摘するための一つの指標にすぎないのである。

なお、カッツとメアは、カルテル政党の出現を70年代と規定している。

3＞ 政党の「衰退」と「適応」

それでは、なぜ90年代中盤になってようやく、カルテル現象が叫ばれるようになったのであろうか。その理由はおそらく、前述のような政治家不信・政党不信が募り、選挙での投票率や既成政党の得票率の低下、そして、極右などの過激政党の得票増などが顕著になったこと。さらに、そのような中で異なる政党のエリートが談合していることが喧伝されるようになったためであろう。

カッツとメアのカルテル政党論には、政党研究の分野で長らく議論されてきた「政党衰退論」に対するアンチテーゼの提出という目的がある。デュヴェルジェはヨーロッパの大衆政党、大人数の党員を擁し、強固な組織を有する社会主義政党を理想的なモデルとして提示した。この観点から見ると、組織が脆弱な米国の政党や、党員減が進む60年代以降の西欧の政党は、いわば政党の衰退を意味するものにほかならない。

このような衰退論に対してカッツとメアは、政党は「衰退」しているのではなく、新たな状況に「適応」しているのだと反論する。そして、この新たな状況と政党との関係を考察するには、デュヴェルジェ以来の伝統的な政党研究と

は異なる視点が必要であると説く。彼らのいう視点の変化とは、政党を市民社会との関係からのみ捉えるのではなく、国家との関係においても考察すべきということである。この国家と市民社会との関係から両者は、政党発展のモデルであるエリート政党、大衆政党、包括政党を順次検討している。そして、包括政党に続くモデルとして最後に挙げられているのが、カルテル政党なのである。

　彼らの説明によれば、包括政党が国家と社会の間のブローカーの役割を果たすとしたら、カルテル政党は、国家と相互浸透が進んだ政党のタイプであり、党員や支持集団からの党費や献金よりも政党への国庫補助を主な収入源としている。また、自党の国会議員を閣僚などの政府ポストや議会の要職に就けたり、行政やマスコミ、公共経済などの幹部職の人事に介入して、自党に近い人材を推薦したりしているという。

　カルテル政党論は、とりわけ90年代の西欧の状況を的確に捉えた概念として評価される向きもあるが、他方で「カルテル」という言葉には批判的な響きがある。本来は競合関係にあるべき政党同士が談合しているという主張には、そうあるべきではないという規範的な意図が含まれているともいわれる。

　近年は、このようなカルテル政党批判論とは別に、政党を企業のようなビジネス組織のアナロジーと見る新たな研究も増えてきている。

（河崎　健）

[参考文献]
待鳥聡史『政党システムと政党組織』東京大学出版会、2015年
川人貞史・吉野孝・平野浩・加藤淳子『現代の政党と選挙〔新版〕』有斐閣アルマ、2011年
岡澤憲芙『政党』東京大学出版会、1988年

24 選挙制度と政党制
Electoral System and Party System

1 > 多数代表制と比例代表制

選挙制度は多数代表制と比例代表制に大別される。

多数代表制は、イギリスの小選挙区制のように、選挙区の多数派の代表を議会に送ることを目指すものである。W.バジョットは、議院内閣制では安定的多数派（「機能する多数派」＜ワーキング・マジョリティ＞）を生み出すことが議会選挙の重要な役割であるとして、この代表制を主張した。民主政治は「多数決の政治」であり、少数派が次の機会に再び挑戦できれば、特に問題ないとした。

それに対して、比例代表制は「世論を鏡のように反映する議会」を目指すことこそが公正な選挙の役割だとして、票数に比例させて議席を配分するもので、J.S.ミルが代表的な提唱者である。

多数代表制、比例代表制はそれぞれいくつかのタイプに細分化される。

多数代表制には、相対多数でかまわないとするものと、絶対多数にこだわる制度とがある。イギリスの小選挙区制では、候補者が多い場合、票が割れてトップの得票者も過半数に達しないことがあるが、それでも当選となる。これが相対多数代表制である。それに対してフランスでは、過半数に達しない場合、上位者で決選投票が行われる。これを絶対多数代表制という。2回投票することから「2回投票制」とも呼ばれる。

比例代表制では、政党名簿を中心に行う名簿式比例代表制が多いが、そうでないものもある。アイルランドでは、候補者に投票し、当選に必要な票数を上回った場合には、同じ党の他の候補者に票を回してやり、政党全体としては比例的に議席を得る制度となっている。これを移譲（委譲）式比例代表制という。

政党名簿を中心にする場合も、候補者間の順位が予め決まっている拘束名簿式（クローズト）のほかに、順位が変動しうる非厳正拘束名簿（フレキシブル）や、日本の参議院が採用したような非拘束名簿式（オープン）などがある。

ちなみに日本で長く採用されていた中選挙区制は、定数が３〜５なのに単記制という独自の制度で、例外的な「日本的制度」である。定数３で３名連記とすると、理論上は多数政党が独占でき、小選挙区を三つまとめて行う多数代表制と同じだが、そうでなかったので、中小政党にも議席獲得の可能性があり、日本では「少数代表制」と呼ばれた。

2＞ 政党制の類型

選挙制度により、政党のあり方が変わってくるという議論がある。次にその点を見るが、それに先立ち、政党制について最小限のことを述べておく。

政党の数や勢力関係を政党制という。政党システム（パーティ）の訳語であり、法律上の制度と無関係ではないが、現実に生じた状態をいうので、「政党制度」という訳語は誤解を招きやすく、避けられる。長らくフランスのM.デュヴェルジェの分類が有名だった。

　①一党制——単一の政党だけが存在し、支配しているもの。
　②二大政党制——二つの大きな政党が存在し、政権をめぐって競争しているもの。
　③多党制——三つ以上の政党が存在するが、どれも過半数を制しておらず、連立によって政権が形成されているもの。

この分類は長く用いられてきたが、次のG.サルトーリの類型が出されてからは、学界ではとって代わられている。そこでは政党間の競合性の有無を基準に、まず競合的政党制と非競合的政党制とに大きく分けられている。両者を分かつ基準は、ゲームのルールとしての選挙での競合の有無である。

　(1) 非競合的政党制は、選挙での競合がルールとして存在しない政党制であり、二つの類型（①、②）がある。

①一党制——単純な一党独裁の場合である。事実上、一つしか政党が存在せず、その党が支配している。旧ソ連、ナチス・ドイツなどがこれである（旧東欧諸国には支配政党以外にも政党が存在していたが、サルトーリは一党制に数えている）。

②ヘゲモニー政党制——あてはまる国は多くない。形式的には複数の政党が存在するものの、実際には一党が支配している政党制である。制度的に政党間の競合が著しく制限され、政権交代の可能性が排除されている。共産主義下のポーランドはこれに数えられている。野党は決して与党になれないし、野党の批判行動もあくまで許可されたものにとどまる。

(2) 競合的政党制には五つの類型（③〜⑦）がある。多党制についてデュヴェルジェは一括していたが、三つに分けられている。ほかに一党優位制という類型も立てられている。

③一党優位制——複数の政党が存在し、選挙でも競争が許されてはいるが、結果的に一党が他を圧倒し、競争の意味が薄らいでいるもの。1955年体制の日本などがそうで、ゲームのルールは競合的だが、実際には力に差があり、競合性が低くなっている。

④二党制——二つの大きな政党が中心をなしており、政権交代の現実的可能性があるもの。アメリカやイギリスが有名だが、西欧ではオーストリアもこれに近かった。日本では二大政党制とも訳され、訳語のニュアンスのためか、二つの党の議席が伯仲していないと二党制でないと考える人が多いが、小選挙区制ではその時々の議席の差は開くことが多く、伯仲状態はむしろ少なく、伯仲を条件とするのは誤解である。

⑤穏健な多党制——多党制には「穏健な多党制」と「分極的多党制」がある。穏健な多党制は、主な政党が3〜5で、政党間のイデオロギーの相違が大きくないものをいう。戦後のドイツ、オランダ、ベルギーなどがそうであり、フランスもこれに近い。

⑥分極的政党制——政党の数が六つ以上と多く、イデオロギーの相違も大きいもの。ワイマールのドイツがその象徴的存在だったが、戦後では長らくイタリアがそうであった。

⑦原子的状況——無数の政党が乱立し、政党の相違も大きい政党制。アジアのマレーシアやタイがこれに近いが、西欧ではあまり見られない。

3 >「デュヴェルジェの法則」

　選挙制度と政党制の関係については、一般に語られていることをデュヴェルジェがまとめて定式化しており、「デュヴェルジェの法則」といわれる。批判も多いが、大まかな傾向をつかむ上で参考になるので、そのまま紹介しておく。
　①比例代表制には、多くの政党を形成する傾向がある。
　②相対多数代表制には、二党制をもたらす傾向がある。
　③２回投票制（絶対多数代表制）は、多くの政党を互いに連合させる傾向がある。

　比例代表制では、小党も議席獲得が容易なので、政党の数が増える傾向があるという。逆に、小選挙区制など相対多数代表制では、トップしか当選しないから、有権者も死票になるのを嫌って中小政党の候補者に入れない。また、第三党以下が多少、得票しても、議席は極端に少なくなり、結果的に二党制になるという。フランスのような２回投票制では、１度目は各党がそれぞれ闘いながらも、決選投票では議席獲得のために選挙協力をするので、政党間の連合が促される、というのだ。

　この定式化には批判も多い。最も重要な批判は、S.ロッカンなど政治社会学者からの批判である。社会構造と政党制の関連を重視しなければならないとする立場からの批判である。社会には、経済的な利害以外にも、政治を大きく規定するクリーヴィッジ（対立基軸）がありうるのであり、例えば、宗教や言語やエスニックな対立がそれである［参照「クリーヴィッジ理論」p.197］。

　政党制は、このような要因で決まってくる対立のあり方を反映したものであり、選挙制度とはある程度、独立して決まっているという。例えば、以前のオーストリアでは、カトリック勢力と世俗的勢力の対立が重要なので、二党制となっており、そこでは選挙制度が比例代表制でも、小党分立の現象が見られなかった。

　そして、政党制に合った形の選挙制度が選ばれる傾向もあるのだから、それらを無視して、「小選挙区制にすれば二党制になる」といったように、選挙制度によって政党制が規定される、というのは誤っているというのである。

4 > 政党制の規定要因

　政党制がどのようにして決まるかについては、デュヴェルジェの重視する選挙制度のほかにも、ロッカンらが重視した社会構造上の要因の作用も見落とせない。各社会の内部で対立を引き起こす要因としては、マルクスなどが強調する社会階級が有名だが、他にも人種、言語、宗教など、多様な要因がある。各社会ではそれぞれ重要なクリーヴィッジが異なり、それによって異なる政党制ができているというのである。

　ロッカンの理論の重要な点は、これらクリーヴィッジがそのまま政党制を形成するわけではないとしたことである。つまり、社会対立がそのまま政治対立になるわけではない、としたのだ。問題によっては政党制につながらない（経路づけられない）社会問題もあるかもしれず、何を政治問題として取り上げ、何を取り上げないかは、政党をはじめとする政治的なアクターの活動によって決まってくるとされている。

　このような観点から、ロッカンはリプセットとの共同論文で、戦後西欧諸国の政党制は1920年代に形成された対立、つまり社会階級を中心とする対立が、長期にわたって維持されているという「凍結仮説」を提示した［参照p.198］。

5 > 選挙制度の作用

　このように、選挙制度の作用については、これを大きいものと見る立場と、限定的なものと見る立場がある。両者を包括的に総合しようという理論もあり、例えば次のサルトーリの理論がそれである。

　彼は、政党制と選挙制度につき、それぞれ二つのタイプを分ける。政党制では、政党が社会によく根を下ろした「強い政党制」と、あまり根を下ろしていない「弱い政党制」が分けられる。組織的大衆政党が発達した国と、議員政党的な国との相違である。

　選挙制度では、小選挙区制のように、拘束性の「強い選挙制度」と、比例代表制のように拘束性の「弱い選挙制度」がある。小選挙区制は、有権者に選択肢が少ない状態で選ばせるものであり、政党の数を減少させるような「強い選挙制度」とされる。逆に、比例代表制は政党がバラバラでも闘えるので、拘束性の「弱い選挙制度」とされる。

それぞれ二つのタイプの組み合わせで四つになる（下の図）。

Ⅰは、政党が社会に根を下ろしている国で、小選挙区制を採用した場合であり、イギリスのように、そこでは政党削減効果が作用し、二党制に近くなる。

Ⅱは、社会に政党が根を下ろしている国で、比例代表制を採用した場合だが、二党制のオーストリアのように、強い政党制によって、選挙制度（比例代表制）の政党数増殖作用が相殺されてしまい、作用は強くならない。

Ⅲは、政党があまり社会に根を下ろしていない国で、小選挙区制が採用される場合である。政党が根を下ろしていないので、各選挙区により勢力関係がまちまちで、全国的にみて二党制となるようなことはなく、選挙制度の作用は弱くなる。

Ⅳは、政党が社会に根を下ろしていない国で、比例代表制が採用させる場合だが、現状の政党制がそのまま続くと考えられ、選挙制度はあまり作用しない。

このような方向で整理していくと、選挙制度と政党制の関係はより適切に説明されるようになると考えられる。

		選挙制度	
		強い（拘束性が強い）（小選挙区制など）	弱い（拘束性が弱い）（比例代表制など）
政党側	強い（社会に根を下ろしている）	Ⅰ 選挙制度がもつ政党数の削減効果が働く	Ⅱ 政党制が選挙制度の作用（増殖作用）を防止する
	弱い（社会に根を下ろしていない）	Ⅲ 選挙区の事情が働き、選挙制度の影響はあまりみられない	Ⅳ 選挙制度の影響はあまりみられない

6 ＞ 政党制と連立政権

　最後に、政党制と密接な関係をもつ連立政権（連合政権）にふれておこう。西欧各国でも連立政権が多くみられる。

　連合、連立はともに「コアリション」（coalition）の訳語で、異なる党派がある目的のために一時的に協力関係を結び、統一行動をとることをいう。選挙や議会など多様なレベルでの連合がありうるが、やはり重要なのは政権レベルでの連合たる連立政権であろう。

　一般に、連立政権は不安定とのイメージが強く、「多党制→連立政権→不安定」との考えが根強いが、民主諸国の政権の形態と安定度を分析したドッドによれば、このような考えは「神話」にすぎないという。条件によっては連立政権も安定し、不安定とは限らないのである。

　連立政権の規模が重要な要因の一つであり、過半数に満たない「過小規模内閣」が不安定なのは確かである。だが、過半数を有し、しかも過半数確保に不必要な政党を含まない「必要最小規模内閣」（最小勝利内閣）は比較的安定しているという。第二次世界大戦後の西欧では、ドイツがこのタイプである。これに対して、過半数確保に不必要な政党をも含む「過大規模内閣」は不安定との傾向が出ている。戦後のイタリアが長らくこの傾向にあった。

　このほかにも、連立政権に加わる政党が少ないほど安定するとか、与党間の政策上の相違が小さいほど安定するとかいわれ、これらの要因によって安定度が異なるのであり、一概に不安定というのは誤っている、といわなければならない。

　　　　　　　　　　　　　　　　　　　　　　　　　　　　　（加藤秀治郎）

［参考文献］

加藤秀治郎編訳『選挙制度の思想と理論：Readings』芦書房、1998年

G.サルトーリ、岡沢憲芙・川野秀之訳『現代政党学』早稲田大学出版部、1992年

G.サルトーリ「選挙制度の作用」、S.M.リプセット＋S.ロッカン「クリヴィジ構造、政党制、有権者の連携関係」　加藤秀治郎ほか編『政治社会学［第5版］』一藝社、2013年

25 クライエンテリズム
Clientelism

1＞ 政治的クライエンテリズム

クライエンテリズムは、「パトロン・クライアント関係」、「パトロネージ・システム」などとも呼ばれ、「恩顧主義」などと訳される。一般的には、社会経済的に優位にあるパトロンと劣位にあるクライアントとの、非対称的互酬関係を意味して使用される。

パトロン・クライアント関係は、古代首長制社会から現代にいたるまで、世界の様々な地域において、多様な様式で存在が指摘されている。例えば、中世ヨーロッパの封建社会では、富と力を有する有力者（パトロン）が、有力者の所有地に居住する庇護民（クライアント）の安全と基本的欲求を満たす一方で、これらの庇護民は有力者に対する忠誠を誓い、労働力・農産物を提供するほか、必要に応じて、外敵と戦うことにより、有力者の所有地を守った。

このように、伝統的なクライエンテリズムは、富、権力、地位、身分などにおいて優位に立つパトロンと劣位に位置するクライアントとの間に、①第三者を介さない二者関係、②相互的ではあるが対等でない（非対称）関係、③経済的関係、契約関係とは異なる多面的な社会的関係、④利益、便益などの直接的交換関係が存在することが共通して認識されている、と言ってよい。

さらに、パトロンはより上位に位置する別のパトロンのクライアントとなり、

全体として、パトロン・クライアントのヒエラルヒーが成立することが多いことも共通して指摘される。

　政治学においては、パトロン・クライアント関係が発達した政治システムの中に組み込まれたクライエンテリズム、つまり政治的クライエンテリズムが研究対象となる。それゆえ現代の政治システムにおけるクライエンテリズム、いわば現代的なクライエンテリズムは、伝統的なクライエンテリズムと異なる点が多い。

　まず、本来的に個人間の関係であった伝統的なクライエンテリズムに対して、パトロンとクライアントのどちらか一方あるいは両者が個人でない場合、つまり組織、団体である場合もクライエンテリズムに含める。また、伝統社会におけるパトロン・クライアント関係が垂直的であったのに対して、現代社会においては両者の関係は水平的である。

　現代的なクライエンテリズムについては、研究者間でクライエンテリズム概念の完全な一致を見ているわけではなく、一義的理解が困難なタームの一つと言える。

　例えば、伝統的なクライエンテリズムを、名望家を中心とする伝統社会における「古い」クライエンテリズムないし名望家クライエンテリズムと呼び、それに対して、現代デモクラシー諸国に見られるクライエンテリズムを、「新しい」クライエンテリズム、政党クライエンテリズムと呼ぶ研究者もいる。また、パトロンが政党・党派組織などの場合には政治マシーンという用語を用いるべきだという主張もある。さらに、パトロン、クライアントのタームを使用せず、それぞれを供給側、需要側と捉えたり、呼称したりすることもある。クライエンテリズムという概念を避け、パトロネージ・システムと呼んだり、水平的二者関係と認識すべきであるという意見も存在する。

　呼称についての意見は一致しないが、一般的には現代社会における政治的クライエンテリズムは、パトロンである政治エリート・政党とその支持者である個人・集団との二者関係として認識されることが多い。パトロンは、クライアントに対して、選挙での投票や政治資金の提供といった政治的支援や物質的サポートを求める。他方で、パトロンは、その影響力を利用・行使して、クライアントに対して、職の斡旋、契約、助成といった政治的恩顧・便益を供与する。このような二者関係を、広義のクライエンテリズムということができよう。

2 ＞ クライエンテリズムの多様性

　クライエンテリズムは、世界中のほとんどすべての政治システムにおいて体制を問わず、見いだすことができる。

　ラテン・アメリカやアフリカの国々では、中央政府の政治的権威の基礎としてクライエンテリズムが機能している。貧困や部族対立などに起因する政治・経済・社会の不安定にさいなまれるこれらの国では、貧困層・低学歴層が、職、住居の確保、教育、医療サービス等を享受し、生活の安定を確保するためには、パトロン・クライアント関係の中に入ることが最善の方法と認識される。しかし、そのことによって、これらの国々の発展と民主化が阻害される。

　クライエンテリズムはまた、先進デモクラシー諸国においても指摘される。日本政治に見られる国会議員の個人後援会は、その一例とされる。議員は、後援会員や後援会員の関係者に、政治・経済・社会的な様々な便宜（補助金の供与や規制強化・緩和、職業の斡旋、あるいは後援会会員に対する娯楽の提供等）を供与する一方で、後援会員は、集票、政治資金の提供などで、議員への支持を表明する。後援会は、議員と支持者との個別的なパトロン・クライアント組織とみなされる。

　アメリカにおけるクライエンテリズムが、都市政治でみられた。19世紀後半から20世紀初頭にかけて、政治マシーンと呼ばれる組織が、都市政治を牛耳ることが多かった。そこでは、政治マシーンを支配するボスと呼ばれるパトロンが、クライアント——多くの場合、労働者階級と移民——が必要とする職の提供、財政支援、その他の政治的恩顧の供与を行うことによって、自身への政治的支持を獲得していた。

　ボスは、クライアントの政治的支持を背景にして、都市の公職を独占し、それを政治資源として、またクライアントに便益を供与することによって、クライアントの政治的支持を強化した。こうしたボス政治の多くは、政治腐敗を糾弾する革新運動のもとで消滅していくが、シカゴでは、デイリー市長の政治マシーンが1950年代半ばから70年代半ばまで機能していた。デイリーが1976年に没すると、この連合は様々な人種、エスニック集団へと破片化した。

　アメリカにおいて、クライエンテリズムは都市政治だけに見いだされるわけではない。鉄の三角同盟と呼ばれる議員・官僚・利益団体の相互関係も、広義

ではクライエンテリズムの一類型とみなされる。議員はパトロンとして、選挙キャンペーンへの貢献を見返りに、クライアントである特定の産業、特定の団体に有利な法案を起草する。議員だけでなく、委員会、小委員会もパトロンとして、クライアントである特定の利益団体とその団体に便宜を図る。パトロン・クライアント関係は、委員会ないし小委員会の議員との間にも成立する。他方で、政府の関係部署もクライアントとして、パトロンである委員会がコントロールする予算その他の便益の継続との暗黙の交換で、利益団体への規制強化を避けていたことも指摘される。さらに、大統領候補者が当選したときに、選挙運動に貢献した者を高級官職に就けること（スポイルズシステム）がみられるが、これもクライエンテリズムの一例と言えよう。

イタリアでは、現代政治の中心的装置である政党がパトロンとして、クライアントである有権者から票を獲得することと引き替えに、便宜を供与してきた。中心にいたのは、キリスト教民主党で、同党は1950年代以降、政権党として活用できる公共資源、国家資源を、自らの政治基盤の強化に活用してきた。特に経済的に後進的な南部では、財政赤字の増大にもかかわらず、中央政府の南部開発事業、社会保障給付金の予算を、有権者の票と交換に、配分、運用していたのである。

以上のような多様性をもつ政治現象を、全てクライエンテリズムとして理解すべきではないとする意見もある。しかし、クライエンテリズムを詳細に定義すれば、特定の政治システムにおいてのみ存在する政治様式となり、クライエンテリズムというタームを用いた比較研究は困難になる。

3＞ クライエンテリズムとデモクラシー

クライエンテリズムは、以上のようにアメリカをはじめとするデモクラシー体制の国を含む多くの国において確認されるが、研究者やジャーナリズムによって、多くは批判的に扱われてきた。それは、クライエンテリズムがデモクラシーの原理に抵触すると考えられたからである。

第一に、特定個人・団体への便宜供与は、社会全体の一般利益の実現を目指すデモクラシーの理念に対立するとされる。第二に、パトロンとクライアントとの関係は不平等であることが多く、また、あるパトロンが他のパトロンのクライアントとなることによって、パトロン・クライアントのヒエラルヒーが構築される

ことになることも見られるが、これらはデモクラシーのもつ政治的平等性に反すると考えられる。第三に、スポイルズシステムなど、特定個人へのコネを利用した公職配分は、現代官僚制の成績主義の考え方から逸脱する。第四に、パトロンとクライアントとの間での便宜等の供与は、賄賂の提供、暴力の使用など、ときに非合法的手段が用いられ、法の支配の原理にも抵触し、政治腐敗を生み出す。実際、アメリカの政治マシーンやイタリアの政党クライエンテリズムは、政治腐敗の元凶として糾弾された。

　政治学においてクライエンテリズムの研究が進展するのは、1950年代以降のことである。クライエンテリズムを反デモクラシー的な、あるいは後進的な政治慣行とする見方は、初期の研究がラテン・アメリカ諸国や南ヨーロッパ諸国といった、デモクラシーの発展において後進的と考えられた国々の政治を対象にして進められたこととも関係しよう。

4> 社会の変容とクライエンテリズム

　現代デモクラシーにおいてクライエンテリズムが見いだされることは、近代化の進展が伝統的クライエンテリズムを解消せず、むしろ現代デモクラシーの進展の中で、政治的クライエンテリズムとして発展、強化されてきたことを証左する。

　制限選挙の時代においては、パトロンである政治エリートは、貴族、大土地所有者、法律家、大学教授といった身分・職業がもつ個人的資源をもっぱら活用し、少数の有権者であるクライアントからの支持・敬意を獲得していた。しかし、選挙権の拡大と工業化の進展によって、特に都市で有権者が増大すると、名望家政党は、組織政党への変容が迫られた。こうして、政党クライエンテリズムの道が開けた。有権者の増大は、積極政治の展開、福祉国家化と重なるが、それらもまた、票との引き替えで便宜を供与するクライエンテリズムの促進要因の一つとなった。こうして伝統的なクライエンテリズムは、社会の変化に応答して、現代的な政治的クライエンテリズムへと変容したのである。

　注意すべきは、クライエンテリズムは、政治システム全体ではないことである。クライエンテリズムは、公的な政治制度の不備を補完する政治的手段の一つとして考えられるものである。そのため、外部者から見れば非合理的に見えるパトロン・クライアント関係が、当事者間においては合理的な関係として存在しうるのである。

さらに、クライエンテリズムが全国的な政治システムに広まっている、あるいは支配的な政治的慣習であったとしても、パトロン、クライアントともに、クライエンテリズムがとりうる唯一の政治戦略であるわけでもない。例えば、就職のためにクライエンテリズムが有効であったとしても、賃上げの場合にはクライエンテリズムは必ずしも最適ではなく、むしろ、組合活動の方が適している場合が多いであろう。

（池谷 知明）

［参考文献］
小林正弥『政治的恩顧主義論（クライエンテリズム）――日本政治研究序説』東京大学出版会、2000年
河田潤一編著『汚職・腐敗・クライエンテリズムの政治学』ミネルヴァ書房、2008年

26 宗教と政治
Religion and Politics

　本稿では西欧における政治と宗教の関係を見ていくが、西欧の場合、主要な宗教はキリスト教なので、大半をその点に割き、最後にイスラム教についてふれる。

　政治信念には、社会主義、自由主義のような非宗教的信念もあれば、宗教的世界観に基づくものもある。全ての世界宗教と同様に、キリスト教は内面にかかわる個人的信仰の側面を有するだけではなく、社会秩序や正義にかかわる外面的側面をも有しており、政治とも当然関係を有している。従ってキリスト教の諸教会は、政治に対して自らの立場を主張し、関係をもっている。また、西欧の民主政治の担い手は政党であり、キリスト教に基づく政党も形成されている。

　ただ、キリスト教は絶対的神の絶対的教義に基づく価値の世界であり、政治は妥協の世界であるので、両者の関係は単純ではない。17世紀に中部欧州を荒廃の地とした三十年戦争の後、カトリック勢力もプロテスタント勢力も、暴力でもって相手に信仰や世界観を押しつけるのは不可能であると認識し、それを断念するようになった。それ以来、一定の寛容的政策がとられ、それを保障すべく、国家の最高主権が認められるようになった。

1＞ 国家と宗教の関係

　国家と宗教の関係は、現在の西欧諸国では、フランスのように厳格な政教分離制度をとる国、英国や北欧諸国のように国教制をとる国、ドイツ、オランダ

などのように両者の中間的制度をとる国と、きわめて多様である。むろん、いずれの場合も信教の自由は厳密に保障されている。

　フランスでは、1905年の法律で規定された政教分離の原則に従い、国家は教会などの宗教団体を私的組織とみなしている。教会への干渉も資金援助も行わず、国家に対する教会の影響も許さない。公立学校では宗教の授業も行われない。ただ、カルト集団を除き宗教団体は、税制上優遇されており、学校は教会が学校外で宗教の授業を行うことができるよう、授業のない時間帯を設けている。また、宗教系の私立学校に対しては、国からの資金援助もある。

　イギリスでは——スコットランドとウェールズは別だが——、イングランドの国教制の下で、国王は「信教擁護者」であり、英国国教会の長となっている。国王も上院議長も国教会の信者でなければならない。国教会の2人の大司教と24人の司教は、上院に議席を与えられている。

　国王は、首相の助言に基づき大司教と司教を任命する。教会が議決した教会法案（教会内部の規則案）は、上下両院議長が任命する各15人の委員によって構成される英国国員会委員院で審成され、両院で承諾されると、国王の裁可により成立する。最近の例では、聖職者への道を女性にも開く改正がなされた。教会の主な財源は寄付と教会財産の運営であり、寄付には税制上の優遇がある。

　ドイツでは、基本法（憲法）で「国教会は、存在しない」と定めながらも、教会を公法上の法人として認めている。従来のプロテスタント教会とカトリック教会に加え、「組織および構成員数により団体の持続性が保障される」宗教団体は、申請に基づき公法人格が得られる。公法人の宗教団体は、教会税を徴収できる（教会により相違があるが、おおむね所得税の10％未満）。教会税は給与から天引きされる。もちろん教会に属していない人は払う義務はないが、洗礼を受けている場合、教会から離脱する手続きをとらなければならない。税務署が、手数料を取って教会税を徴収している。

　ドイツの教会の最も大きな財源は、教会税である。教会が経営する幼稚園、老人ホーム、病院など社会福祉事業に対しては一定の費用が公的に負担されている。また、1803年に教会の領地など膨大な財産が没収されているが、その補償が未だになされていないため、毎年一定の金額が支払われ続けている。

2＞ 教会の政治への影響

　キリスト教は先述のように、社会的側面をも有しているので、教会は教育、社会福祉など、社会のための多様な活動に従事している。その上、多くの場合、教会信者と国家市民は同じ人物でもあるので、教会は国家・社会に対する責任もあり、政治の根本問題に対して意見を表明する権利と義務を有している、とされている。

　カトリック教会は、時代時代の倫理や社会の根本問題について、教会の立場をローマ教皇の回勅などの形で発表している。プロテスタント教会もまた、教会やその委員会の覚書の形で、様々な時事問題に対して意見を述べている。

　しかし、教会のこの世における役割で最も重要なことは、妊娠中絶・安楽死・クローン技術など、科学技術の進歩に伴う新しい問題や、離婚・再婚・同性婚など、社会通念の変化に伴う諸問題について判断を下すことであろう。これらはいずれも政治と密接な関係をもつ問題である。

　教会が家族のあり方や、婚姻関連の諸問題に特に力を入れているのも、当然といえよう。後になって独立したプロテスタント教会はそうではないが、カトリック教会では12～13世紀以来、婚姻を人間が救われることに役立つ「七つの秘蹟」の一つと見なし、重視してきた。1563年のトリエント公会議以来、教会での結婚式が信者には義務づけられている。

　カトリック教会は今日なお、妊娠中絶はもちろん、離婚も認めないし、離婚した信者の再婚も認めない。現在では、西欧のどの国でも離婚は法的には可能だが、カトリック教会の影響が強い国々では、法的に認められたのは遅かった。スペインでは1981年に、アイルランドでは1996年のことであった。アイルランドの離婚法制定に先立って行われた1995年の国民投票では、50.3％対49.7％という僅差であった。

3＞ 宗教教育

　婚姻や家族の問題と並び、教会が特に力を入れているのは、教育問題である。教会の主要任務の一つが信者の教導であることを考慮すると、これも当然であろう。その歴史は古く、8世紀末にはカール大帝が教会に対し、男子の学校の設立を命じている。中世を通じて、教育の主な担い手は教会であり、ドイツの

場合は19世紀末の「文化闘争」まで、教会が教育の監督機関としての役割を務めた。

　教育は全人的営みであり、人格形成には、宗派別の宗教の授業だけでは不足であり、歴史、国語などの授業も、その宗派の精神で行わなければならないと、教会は主張し続けた。特にカトリック教会がそうであった。

　ドイツでは、以上のような考えに従い、第二次世界大戦後、しばらくは公立学校のほとんどがカトリックやプロテスタントなど宗派別の「宗派学校」であった。もちろん、地域で少数派の宗派の子供をも受け入れたが、当該生徒の数が一定に達すると、独自の宗派学校を設立しなければならなかった。さらには、親の要請があれば、宗派を超えた「キリスト教的混合学校」もつくれるし、「非宗教的学校」の設立も可能であった。そのため、スクールバスがない時代には、いろいろなタイプの小規模な学校が濫立することもあった。これでは授業に困難をきたすので、1960年代には、教育の不備により後進国に転落するおそれがあるということで、カトリック教会の強い反対を押し切って、大きな改革がなされた。「小規模学校」を廃止するため、「宗派学校」は原則的に廃止され、「キリスト教的混合学校」が標準的な公立学校のタイプとされたのである。混合学校もキリスト教的精神に基づいており、宗教教育は宗派別に行われる。

　ちなみに、宗教の授業の内容だが、当該宗派を中心にしており、宗派の信仰心を促そうとしているものの、反面、キリスト教一般につき、さらにはキリスト教に限らず宗教一般について、知識を与えている。ただ、信教の自由が保障されている以上、生徒が宗教教育を受けない権利、望まない教師が宗教の科目を担当しない権利は、保障されている。

　聖職者の養成は、国立（州立）大学のカトリック、プロテスタントの各神学部で行われる。神学は学問ではない、との批判もあるが、哲学、医学、法学と並んで、最も古い学問の一つであることもまた、事実である。

4＞　キリスト教系の政党

　これまで述べたように、キリスト教は、死後の世界での魂の救済だけに関心があるわけではなく、現世にも強い関心を払っている。したがって教会として、いわば外から国家に働きかけるのと並行して、民主政治の中で政党を形成し、国家の中から世論、議会、政府に影響を及ぼそうとする。

西欧のキリスト教系の最も著名な政党は、イタリアの旧キリスト教民主党（DC）と、ドイツのキリスト教民主同盟・社会同盟（CDU／CSU）であろう。両党はそれぞれの国で、戦後の復興と今後の繁栄に大きく貢献した。キリスト教系の政党ではそのほかに、ポルトガル、スイス、ベルギー、北欧諸国などにも存在しており、オランダでは３党も存在する。イタリアではDCが1994年に崩壊・分裂した後、小党となっている。

　ドイツとイタリアの例について述べる。あまり「キリスト教的ではない」という指摘が多いが、幅広い国民的支持を得ようとすると、厳格なキリスト教的価値体系を主張できないからである。確かに妊娠中絶など、生命倫理に関する問題で、キリスト教政党と教会との間には、まだある程度の共通性があるが、2003年のイラク戦争問題では、教会とドイツのキリスト教民主同盟では見解が分かれた。概して、キリスト教系の大政党は単なる保守政党に近く、キリスト教的性格は社会政策の根底にある人間像に見られる程度のことである。例えば、アメリカ型の露骨な資本主義を拒否する、という点がそれである。

　ドイツのキリスト教民主同盟は、戦前にあったカトリック政党「中央党」の伝統を受け継いでいたが、戦後の出発時にカトリックを超えた全キリスト教的政党になろうと試みたにもかかわらず、実際にはカトリック教会との関係が深い。それに対して、ドイツの社会民主党とプロテスタント教会との間には、一種の親近感がうかがえる。

　東ドイツの崩壊に先立つ政権批判の運動では、中核にはプロテスタント教会があったが、全体主義体制で精神の拠り所を提供できるのは教会だけであるから、それも当然であった。歴史的に旧東ドイツの教会はプロテスタントであったが、批判勢力の指導者となった牧師の多くは、統一の後、キリスト教民主同盟ではなく、社会民主党に加わった。現在東ドイツ出身で指導的地位にある政治家の多くは、元プロテスタント牧師であり、社民党に属している。

5＞　イスラムと西欧政治

　西欧での宗教と政治の関係に新しい問題をもたらしたのは、イスラム系移民の出現である。フランスでは、もともと100％近くがカトリックであったが、旧植民地の北アフリカから移民が急増したため、今日では住民の約７％がイスラム教徒となっている。

ドイツの場合は、1960年代からトルコの外国人労働者が増え、それに加えてイスラムの各国からの難民や政治亡命者も多く、今日ではイスラム教徒が5％を占めている。

　この新しい状況は、いくつかの実際的問題のほかに、根本的問題ももたらしている。キリスト教では当初から、国家と教会は別々に存在し、並存してきた。「皇帝のものは皇帝に、神のものは神に返しなさい」（「ルカ伝」20章25節）。中世における皇帝と教皇の権力争いは、その象徴であり、国教の時代でも、教会はもちろん別の組織として存続してきた。

　イスラムには、このような国家と「教会」の区別は歴史的にもなかったし、今日もない。そのため、先のようにドイツの基本法は、公法人格獲得の条件として「組織および構成員数により団体の持続性が保障される」ことを規定しているが、それにもかかわらず、イスラムには「教会」やそれに準ずる組織がないため、未だにイスラム系の宗教上の公法人は公認されていない。

　憲法で保障されている、公立学校で宗教教育を受ける権利も、ほとんど実現されていない。カリキュラム制定について交渉できるような、権威のある組織がイスラム側に存在しないのが、その大きな原因である。さらに、コーランがアラブ語で書かれているため、宗教教育に対する国家の監督権の行使が実際には困難なことも一因である。イスラムを教えるのに十分な知識と能力を有し、ドイツの学校で教える公式の資格をもっている人もいない（ただ、一部だが、ドイツの大学などにはイスラム教の講座が設けられている）。

　このような実際的問題に加えて、さらに困難なのは、イスラムとキリスト教の本質的相違である。西洋文化圏の諸国はキリスト教の価値体系に基づいて発展してきており、異質の価値体系を、その基盤に加えるのはきわめて困難である。さらには、移世の二世の間で、イスラムをアイデンテンティの中核とする傾向が顕著になってきており、周辺の社会に統合する意欲が薄いできている。

　フランスでは、1989年に公立学校でスカーフをかぶった女子生徒が、登校禁止・自宅学習の処分を受けた事件が象徴的事例だが、ほかにも生物学、スポーツなどの授業への参加拒否が続いている。フランス当局としては、先述のような国家の世俗性を堅持せざるを得ないし、生徒としては宗教上の戒律を守り、イスラム教徒としてのアイデンティティを堅持しなければならない。このような不毛な対立の中で、国家の世俗性を再解釈し、従来の非宗教的（時には反宗

教的）解釈に代えて、宗教的中立の立場に移行して、宗教の社会的役割を再び認めるような風潮が現れてきているようである。

　ドイツでも、スカーフに象徴される女性差別を理由として、イスラムが体質的に人権を尊重していないとの批判が多い。これに関連して、従来のイスラムから、「ユーロ・イスラム」へと変身することを期待する声が、内外から上がっている。イスラムは、人権尊重を中心とする現代国家の価値体系を認めていくべきだ、という主張である。

　しかし、このような主張をする人物が見落としている問題がある。それは、キリスト教世界の中にある同種の問題がそれである。例えば、カトリック教会の修道士、修道女の三大原則である「貧困、貞潔、および服従」の原則も、ドイツ基本法にふれる面がある。基本法第2条は、「自らの人格の自由な発展についての権利を有する」「人身の自由は不可侵である」と規定しているが、先の三大原則はこれに違反する。

　国家の価値体系と宗教の価値体系には、このように矛盾することがあり、だからこそ、個人の自由を保障する自由権も、信者の自由を保障する信教の自由も、ともに必要なのである。だが、このような価値の矛盾が意識に上ることさえなく、当然の現象とみなされるようになったのは、数百年にわたるキリスト教圏内での争いの結果である。

　このバランスを再調整し、イスラムのための居場所を確保するためには、今度はイスラムが、同じような問題と取り組まなければならないこととなっている。しかし、再調整の試みは、同時に西欧の国家社会にもキリスト教教会にも、大きな課題を突きつけるであろう。

（エルンスト・ロコバント　Ernst Lokowandt）

[参考文献]
ジル＝ケペル、中島ひかる訳『宗教の復讐』晶文社、1992年

27

国民投票
Referendum

1＞ 国民投票とは

　今日、国民投票は、世界的に実施回数が増える傾向にある。ヨーロッパにおいても、1970年代以降増加している。これに示されるように、国民投票は現代政治において一定の役割を担い、これへの期待も高まっていると考えられる。

　国民投票とは、「レファレンダム（仏語／英語 referendum）」の邦訳であるが、これ以外にも「人民投票」などの訳がある。また、国レベルのレファレンダムに加えて、地方レベルのレファレンダムもあり、前者を「国民投票」、後者を「住民投票」と訳し分けることが多い。

　また、フランス革命以来、フランスなどで利用されてきた「プレビシット（仏語 plébiscite）」も、レファレンダムと同じ意味で使われることもあるが、現在では、レファレンダムが好まれて使われている。

　その背景には、1930年代のナチス支配下のドイツにおいて、政治指導者ヒトラーの信任やオーストリア合併という政策の信任を、議会ではなく国民による直接投票で決した結果、独裁体制を生み出し、強化したという苦い経験がある。そのため、そうした行政権の肥大化、独走を招く国民の直接投票はプレビシットと位置づけられ、それと区別するためにレファレンダムが使われる傾向にある。

2＞ 直接民主主義と代表制民主主義

　民主主義制度の歴史的発展という観点から、国民投票の位置づけを考えてみよう。民主主義の制度は、直接民主主義と代表制民主主義に分けられる。近代民主制は基本的に代表制民主主義により機能している。これは、国民が選挙によって選んだ代議員を通して、国家、地方公共団体の意思決定に参加する政治制度である。代議制、議会制ともいわれる。

　この代表制民主主義は、17世紀以降の欧米における市民革命の結果、成立し定着した。これに対して、フランスの思想家ルソーが『社会契約論』（1762年）において説いたように、国民主権のためには直接民主主義でなければならないとの主張もあった。ルソーは、代表制民主主義の典型例としてイギリスを取り上げ、「イギリスの人民は自由だと思っているが、それは大まちがいだ。彼らが自由なのは、議員を選挙する間だけのことで、議員が選ばれるやいなや、イギリス人民はドレイとなり、無に帰してしまう」（『社会契約論』桑原武夫・前川貞次郎訳、岩波文庫、1954年、p.133）と酷評している。

　直接民主主義とは、国民が代議員を媒介することなく、直接に国家、地方公共団体の意思決定に参加する制度である。主権は譲渡できず、代表され得ないという民主主義思想を、最も体現した政治形態である。

　古代ギリシャのポリスは、奴隷を排除したものの、自由民の直接民主主義を行っていた。しかし、近代国家では全国民が集まり討議するには、その領域が広大であり、人口も膨大である。また、決定事項も膨大な数となり、内容も複雑である。そのため、直接民主主義の採用はきわめて困難となっている。現在では、スイスの一部の州（カントン）における住民集会（ランズゲマインデ）にその政治形態が残っている程度である。

　以上のように、現代では代表制が、民主主義の制度として一般的である。しかし、代議員が国民の多様な意思を必ずしも代表せず、代議員と国民との間で利害の不一致が生じる場合もあるため、それを是正する手段として、代表制を基本としつつも同時に直接民主主義的な手続きを制度化している国も多い。国民投票はイニシアティブ（人民発案）などとともにその重要な一つの手続きであるが、代表制民主主義の枠内で、それを補完する役割を担わされているのである。

3 > 国民投票の評価

　各国で採用され、実施されてきた国民投票であるが、それに対する評価は、大きく分かれているのが現状である。国民投票は、現代政治においていかなる意義と問題点を抱えているのであろうか。

　国民投票の意義として、第一に、決定への正当性付与による民主主義の強化がある。各国において多くの決定は、議会で政党を軸とした議論の末に議員の多数決でなされる。その決定は、常に国民の意思を代弁したものではなく、場合によってはその意思とかけ離れた場合もあろう。

　なぜならば、議会での最終的な決定は政党間の駆け引き、妥協を伴うことも多く、選挙時の議員、政党の立場と異なる場合もあり、また、議員の選挙で有権者は個々の政策よりも候補者個人の能力・実績や所属政党の様々な国内政策・外交政策などを総合的に判断して投票するからである。その結果、ある特定の争点について国民投票を実施することで、主権者である国民の意思を再確認し、議会の決定に反映させることにより、決定に民主的な正当性を付与できるのである。人民主権の基本原則を再確認する手続きといえよう。

　第二の意義として、権力の監視という役割もある。本来、国会が政府の政策を監視している。しかし、国会で政府与党が圧倒的多数を占めている場合、また、ある政策分野で与野党の間で多数派が形成されている場合、国民投票により、国民が国会を補うような形で直接政府を監視し、少数派の権利を守り、行政府の暴走に歯止めをかけることが可能になる。国民投票は、権力監視の最後の砦といってもよい。

　第三の意義として、国民に対する教育効果がある。通常、国民は議会の議員に決定を委ねており、判断材料の情報も少ないため、個々の決定について関心を払わないことも少なくない。それは、政治全体への無関心を生み出し、選挙での投票率低下などの問題を招いている。

　それに対して、国民投票は、単一の重要問題を争点に国民自身が参加して実施されるため、国民の関心を喚起し、選挙キャンペーン中には政府、与野党、マスコミなどが多数の情報を国民に提供する。その結果、国民投票をめぐる議論を通じて、争点について国民の理解が深まり、民主主義の質の向上に寄与すると考えられている。

しかし他方で、国民投票に対して問題点を指摘する声も多い。

第一に、各国で採用されている代表制民主主義を弱体化するのではないかとの懸念である。議会の側に立てば、政策の最終決定権は、主権者である国民により選挙で選ばれた議員にのみ与えられているのであり、国民投票がその議会を迂回する形で決定を行うとすれば、それは議員の権利を侵害し、さらには、議会の存在意義をも危うくしかねないとされる。

第二の問題点として、前述のプレビシットの説明で触れたように、国民投票が政治指導者や政府の信任の道具とされ、行政権の肥大化、独走を招く危険性がある。特に、国民投票で投票を行う国民は、争点に関して判断を下す上で十分な情報や専門知識を有しているとは限らず、政府、与野党、マスコミによる情報操作の対象になる危険性が高い。そのため、選挙キャンペーンでは情緒的な議論、単純な議論が大きな影響力をもちかねない。情報公開の徹底や政治活動の自由がない場合には、特に、その危険性は高まるであろう。議員が情報や専門知識をもち、十分な時間をかけて争点をあらゆる角度から議論するという、代表制民主主義の熟議の利点は期待できない。

第三の問題点として、国民の分断を助長する危険性も指摘できよう。国民投票は賛成か反対かの二者択一の選択を有権者に迫る場合が多いが、その選択肢ごとに国民を収斂させ、対立を激化させることもある。争点によっては、国民の価値観の違いを先鋭化しかねない。

また、宗教、民族、年齢、性差、居住地域（中心・周辺）、職業、学歴などの有権者の属性により態度の違いが鮮明である場合、国民投票キャンペーンを通じて国民の分断が進み、固定化することもありうる。特に宗教、民族が多様な多民族国家では、内戦や国家分裂などの深刻な事態を招きかねない。

4 > 国民投票の諸類型

では、国民投票にはいかなるタイプがあるのであろうか。たとえば、①争点、②実施手続きの法的根拠、③結果の拘束性という特徴から、様々な分類ができる。

まず、①争点であるが、国民投票が何を争点とするかである。イギリスの研究者バトラーらは、四つを挙げている。憲法問題、領土問題、道徳問題、その他である。憲法問題には、憲法制定・改正、選挙制度の改正などがあるが、この手続きでは、議会の承認とともに国民投票の実施を義務づけている国が多く、

新体制へ民主的な権威を与える手段となっている。また、領土問題には、国境問題の画定、かつてのソ連、ユーゴスラヴィアのような国家解体のほか、ヨーロッパ統合への主権委譲も含まれる。道徳問題では、禁酒、離婚、人工中絶などの問題である。その他、様々な問題が国民投票の対象となりうる。特に、有権者の請求で国民投票が実施できる国で、これは顕著である。現在では、様々な国際条約の批准や国内法の制定でも、国民投票が実施されることが多くなっている。

次に、②実施手続きの法的根拠は、国民投票の実施が法的に義務づけられているか、あるいは法的には任意のものかである。これも国により、また争点により異なる規定がなされることが多い。規定は、憲法、法律、条例などに見いだすことができる。

最後に、③結果の拘束性は、国民投票の結果が政策決定過程の中で拘束力をもつのか、あるいは拘束力をもたず、諮問的なものでしかなく、議会が最終決定を行うのかである。この点は、前述の代表制民主主義の弱体化という議論とも関連するものである。議会の決定権との調整は、きわめて重要になる。

たとえ諮問的な国民投票であっても、実施されると、議会の議員は、国民投票による正当性の付与を無視できず、その結果に心理的に縛られることが多い。

5 > 西欧における国民投票実施状況

西欧諸国において、国民投票の位置づけは多様である。第二次世界大戦後、政策決定過程の一部として国民投票を多用する国もあれば、全く利用しない国もある。全体的な傾向としては、西欧において国民投票はますます利用されている。

国民投票を多用する国としては、スイス、イタリア、アイルランド、フランス、デンマークが挙げられる。第二次世界大戦後に限定しても、これら5ヵ国は国民投票を多用している。スイスは西欧諸国の中で最も国民投票を実施しているが、同国は世界的に見ても、これまで世界で実施された国民投票のうち、その半数を占めるといわれるほど国民投票を実施してきた。連邦憲法の改正や集団的安全保障機構・超国家的共同体への加盟の問題では、国民投票の実施が憲法において義務づけられているが、可決には国民の過半数と州の過半数の賛成を要する。連邦制国家という性格から、より厳しい条件がつけられている。

逆に、第二次世界大戦後、ドイツは国民投票を実施していない。その背景に

は、ナチス体制下におけるプレビシットの歴史がある［p.242］。そのため、戦後ドイツの国政では、国民投票は排除され、代表制民主主義に基づいた政治が行われている（州、市町村レベルでは、住民投票が頻繁に実施されている）。

ドイツと同様に、第二次世界大戦後に国民投票を実施してこなかったアイスランドは、リーマン・ショックによる経済危機後の破綻銀行処理問題で2010年に国民投票を実施した。また、歴史的に国民投票を実施したことのなかったマルタ（1964年の独立前に3回の住民投票を実施している）、オランダ、ルクセンブルクも2000年代に入り、ヨーロッパ統合関連で次々に国民投票を実施している。マルタは、2003年にEU加盟をめぐり国民投票を実施し、オランダ、ルクセンブルクも2005年にEUの欧州憲法条約の批准をめぐり国民投票を実施している。特に、オランダは、フランスとともに同条約を国民投票で否決し、その後のEUに混迷をもたらした。

現在の西欧政治においては、EUの存在が大きくなっている。EUは、領域の拡大とともに統合の深化を図っている。それは、加盟国および加盟申請国にとって政治体制の根本的な変更をもたらすものであり、その一環で国民投票が実施される傾向が強まっている。EUへの加盟条約や基本条約の改正は、各国においてその憲法上の手続きに基づいて批准される必要があるが、今後も国によっては、その過程で国民投票が実施されることになろう。以上のように、西欧諸国において国民投票は基本的に多用される傾向にあり、西欧諸国の政治を見る上で重要性を増している。その分析に当たっては、その国の歴史的発展や政治体制を抜きには語れないため、個別の検証が欠かせない。

（吉武 信彦）

［参考文献］

吉武信彦『国民投票と欧州統合——デンマーク・EU関係史』勁草書房、2005年

吉武信彦「EU統合における国民投票制度」『都市問題』（公益財団法人　後藤・安田記念東京都市研究所）第104巻第8号、2013年

David Butler and Austin Ranney eds., *Referendums around the World: The Growing Use of Direct Democracy*, Macmillan, 1994.

Michael Gallagher and Pier Vincenzo Uleri eds., *The Referendum Experience in Europe*, Macmillan, 1996.

Lawrence LeDuc, *The Politics of Direct Democracy: Referendums in Global Perspective*, Broadview Press, 2003.

あとがき

　旧版の『西欧比較政治』第2版が刊行されてから、早くも10年が経過した。この間、西ヨーロッパでは、パリ郊外でのイスラム系住民の暴動に始まり、ユーロ危機の勃発、スコットランドやカタルーニャでの独立をめぐる住民投票の実施、さらに、今年に入ってからのフランスでのイスラム過激派による出版社襲撃事件や金融支援をめぐるギリシャと欧州諸国の駆け引きなど、めまぐるしく変化が繰り返されてきた。各国の首脳も入れ替わり、10年前とは隔世の感がある。

　この10年の間に旧版の改訂版を出版しようという話は出ていたが、なかなか実現しなかった。しかし、ギリシャ危機やドイツの強大化など、特に西ヨーロッパの政治は目下のところ近年にないほど注目を集めている。複雑なヨーロッパ政治を、大学生をはじめとする日本の読者に理解してもらうには、基本的な事項を紹介する『西欧比較政治』を再構成することが望ましいのではないかということで、新版の出版に至ったわけである。

　第2版までの編者・加藤秀治郎氏に加え、共同編者として池谷知明氏と河崎が加わり、また、10年の変化を鑑みて新たに紹介する国と項目も増やした。共同編者でありながら、実際の編集作業の大部分を加藤先生に頼ってしまい、恐縮の至りである。

　また、各国・各項目の執筆者には原則として旧版を担当していただいた方に引き続きお願いした。旧版との継続性を維持しながら全体の統一性も図ろうという意図ではあったが、十分に反映できなかったことをお詫び申し上げたい。改訂の機会に充実を図りたい。実際の編集作業の多くは一藝社の松澤隆氏にお世話になった。辛抱強く丁寧に仕事をして下さった松澤氏に感謝申し上げたい。

2015年8月

編著者　河崎　健

【編著者紹介】

池谷 知明（いけや・ともあき）
1960年生まれ
早稲田大学大学院政治学研究科博士後期課程退学
拓殖大学政経学部教授を経て、現在、早稲田大学社会科学総合学術院教授
専攻　政治学・比較政治学（イタリア）
主要著書　『イタリアの政治──「普通でない民主主義国」の終り？』（共著、早稲田大学出版部、1999年）、『近代イタリアの歴史──16世紀から現代まで』（共著、ミネルヴァ書房、2012年）など
　［担当：06イタリア、25クライエンテリズム］

河崎　健（かわさき・たけし）
1966年生まれ、博士（政治学）
早稲田大学大学院政治学研究科博士課程修了
現在　上智大学外国語学部教授
専攻　政治学・比較政治学（ドイツ）
主要著書　『ドイツの政党の政治エリート輩出機能──候補者擁立過程と議会・政府内昇進過程をめぐる考察』（コンラート・アデナウアー財団日本事務所、2015年）など
　［担当：03ドイツ、04オーストリア、05スイス、15ギリシャ、17右と左、23政党］

加藤 秀治郎（かとう・しゅうじろう）
1949年生まれ、博士（法学）
慶應義塾大学大学院法学研究科博士課程修了
京都産業大学教授、東洋大学教授を経て、現在、東洋大学法学部名誉教授
専攻　政治学・政治社会学
主要著書　『新版・政治学の基礎』（共著、一藝社、2002年）『憲法改革の政治学』（一藝社、2005年）ほか多数
　［担当：24選挙制度と政党制］

編著者・執筆者紹介

【執筆者紹介】（執筆初出順）

富崎　隆（とみさき・たかし）
　　　　［担当：01 イギリス］
1965年生まれ
慶應義塾大学大学院法学研究科博士課程修了
現在　駒澤大学法学部教授
専攻　政治学・数量政治学
主要著書　『日本の統治システム――官僚主導から政治主導へ』（共著、慈学社、2008年）

増田　正（ますだ・ただし）
　　　　［担当：02 フランス］
1967年生まれ、博士（法学）
慶應義塾大学大学院法学研究科博士課程修了
現在　高崎経済大学地域政策学部教授
専攻　政治学・フランス政治論
主要著書　『現代フランスの政治と選挙』（芦書房、2001年）

加藤 伸吾（かとう・しんご）
　　　　［担当：07 スペイン］
1976年生まれ
スペイン国立遠隔教育大学政治学・社会学部 社会史・政治思想史学科博士課程修了
現在　慶應義塾大学経済学部専任講師
専攻　スペイン現代史
主要論文　「モンクロア協定と『合意』の言説の生成（1977年6～10月）――世論、知識人、
　　　　　日刊紙『エル・パイース』」（『スペイン史研究』第27号、2013年）

西脇 靖洋（にしわき・やすひろ）
　　　　［担当：08 ポルトガル］
1976年生まれ
上智大学大学院グローバル・スタディーズ研究科国際関係論専攻博士後期課程修了
現在　山口県立大学国際文化学部准教授
専攻　国際関係論・比較政治学
主要論文　"Spanish and Portuguese Citizens' Attitude towards European
　　　　　Integration: The Role of "History" on the Perception Formation"
　　　　（『日本EU学会年報』第34号、2014年）

正躰 朝香（しょうたい・あさか）
　　　　　［担当：09 オランダ、10 ベルギー］
1969年生まれ
東京大学大学院総合文化研究科博士課程単位取得退学
現在　京都産業大学外国語学部准教授
専攻　国際関係論
主要著書　『グローバリゼーション国際関係論［第二版］』（分担執筆、芦書房、2014年）

白鳥　浩（しらとり・ひろし）
　　　　　［担当：11スウェーデン、12ノルウェー、13フィンランド、20クリーヴィッジ理論］
1968年生まれ
早稲田大学大学院政治学研究科博士課程退学
現在　英国オックスフォード大学ペンブローク・カレッジ客員フェロー、
　　　法政大学大学院公共政策研究科教授
専攻　政治学・現代政治分析論
主要著書　『現代欧州統合の構造――「新たなローマ帝国」と国民国家』（芦書房、2008年）

吉武 信彦（よしたけ・のぶひこ）
　　　　　［担当：14デンマーク、27国民投票］
1960年生まれ
慶應義塾大学大学院法学研究科後期博士課程単位取得退学
現在　高崎経済大学地域政策学部教授
専攻　国際関係論・北欧地域研究
主要著書　『国民投票と欧州統合――デンマーク・EU関係史』（勁草書房、2005年）

坂井 一成（さかい・かずなり）
　　　　　［担当：16 EU、19ナショナリズム、エスニシティ］
1969年生まれ
一橋大学大学院社会学研究科博士後期課程退学
現在　神戸大学大学院国際文化学研究科教授
専攻　国際関係論・エスノポリティクス
主要著書　『ヨーロッパの民族対立と共生［増補版］』（芦書房、2014年）

編著者・執筆者紹介

古田 雅雄（ふるた・まさお）
　　　　［担当：18 ネオ・コーポラティズム、21 多数決型民主主義と合意形成型民主主義］
1951年生まれ
神戸大学大学院法学研究科博士課程修了
現在　奈良産業大学ビジネス学部教授
専攻　政治制度論・政党政治論・国際政治論
主要著書　『現代政治イデオロギー序説——現代政治をどのように理解すればよいのか』
　　　　　（晃洋書房、2015年）

藤井 浩司（ふじい・こうじ）
　　　　［担当：22 福祉国家］
1955年生まれ
早稲田大学大学院政治学研究科博士課程修了
現在　早稲田大学大学院政治学研究科教授
専攻　比較公共政策
主要著書　『コレーク政策研究』（共著、成文堂、2007年）

Ernst Lokowandt（エルンスト・ロコバント）
　　　　［担当：26 宗教と政治］
1944年生まれ
ボン大学文学部博士
現在　元東洋大学法学部教授
専攻　国法学・国家学
主要著書　*Die rechtliche Entwicklung des Staats-Shintô in der ersten
　　　　　Hälfte der Meiji-Zeit (1868-1890)*（Wiesbaden : Harrassowitz, 1978.）

新・西欧比較政治
しん せいおう ひ かくせい じ

2015年10月5日　　新版第1刷発行

　　　編著者　池谷 知明・河崎　健・加藤秀治郎
　　　発行者　菊池 公男
　　　発行所　株式会社 一藝社
　　　　　　　〒160-0014 東京都新宿区内藤町1-6
　　　　　　　TEL.03-5312-8890
　　　　　　　FAX.03-5312-8895
　　　　　　　振替　東京　00180-5-350802
　　　　　　　e-mail:info@ichigeisha.co.jp
　　　　　　　HP:http://www.ichigeisha.co.jp
　　　印刷・製本　シナノ書籍印刷株式会社

　　　　　　　©Tomoaki Ikeya,Takeshi Kawasaki, Shujiro Kato
　　　　　　　2015 Printed in Japan
　　　　　　　ISBN978-4-86359-102-8 C3031

　　　　　　　落丁・乱丁本はお取り替えいたします

一藝社の本

政治社会学 [第5版]
加藤秀治郎・岩渕美克◆編

「政治社会学」は政治学と社会学の境界領域に位置し、政治不信の続く現代の状況を解明するものとして期待されている。複雑化する現代政治を解明するためには、政治と社会の関係を見直すことが不可欠であり、その上でさまざまな事象を分析していかなくてはならないのである。

第5版では、新たに重要な論文、サルトーリの「選挙制度の作用」とポパーの「民主制の理論について」を収録し、さらに充実した内容となった。

[目次]
第1部 政治社会学の基礎
第1章 政治と社会／第2章 政治過程／第3章 政治権力／第4章 政党と圧力団体／第5章 選挙・投票行動／第6章 政治の心理／第7章 世論とメディア／第8章 統計と調査
第2部 リーディングス
1 権力の二面性（P.バクラック、M.S.バラッツ）／2 クリヴィジ構造、政党制、有権者の連携関係（S.M.リプセット、S.ロッカン）／3 選挙制度の作用〜「デュヴェルジェの法則」再検討〜（G.サルトーリ）／4 民主制の理論について（K.ポパー）

A5判　並製　320頁　定価（本体2,600円＋税）　ISBN 978-4-86359-050-2

新版 政治学の基礎
加藤秀治郎・林 法隆・古田雅雄・檜山雅人・水戸克典◆著

本書は、政治学の全般的な理解を目的とした政治学の入門書・概説書である。単なる入門書にとどまらず、各種公務員試験などにも対応できるように、必須項目を網羅的に取り上げた。大学の基礎教養科目や短大のテキスト、また各種公務員試験などの参考書として最適な一書。

四六判　並製　280頁　定価（本体2,200円＋税）　ISBN 978-4-901253-24-6

行政学の基礎
風間則男◆編

本書は、行政の仕組みを知り、行政との付き合い方を学びたい人など、行政学を初めて学ぶ人たちのために書かれた入門書である。平易な記述により基礎的事項をわかりやすく解説し、公務員試験対策にも最適な内容となっている。

四六判　並製　294頁　定価（本体2,400円＋税）　ISBN 978-4-901253-83-3